RELIGIÓN E IMAGIN/

FORTUNATO MALLIMACI
ROBERTO DI STEFANO
(compiladores)

RELIGIÓN E IMAGINARIO SOCIAL

MANANTIAL
Buenos Aires

Diseño e ilustración de tapa:
María Wernicke

Hecho el depósito que marca la ley 11.723
Impreso en la Argentina

© 2001, Ediciones Manantial SRL
Avda. de Mayo 1365, 6º piso,
(1085) Buenos Aires, Argentina
Telefax: 54 11 4383-7350/4383-6059
E-mail: info@emanantial.com.ar
www.emanantial.com.ar

ISBN: 987-500-061-2

ÍNDICE

LOS GRUPOS RELIGIOSOS FRENTE A UN MUNDO QUE SE DERRUMBA
Los imaginarios cristianos de la década del treinta

ROBERTO DI STEFANO
FORTUNATO MALLIMACI

LA HISTORIOGRAFÍA SOBRE LA RELIGIÓN EN LA ARGENTINA

En muchas bibliotecas argentinas, incluso en algunas de nivel universitario y especializadas en la disciplina histórica, no existe la sección "historia de las religiones" en el fichero temático. En su lugar, y tratando de hacer sus veces, figuran "historia eclesiástica" y/o "religión" y/o "secta". Esta constatación, que podría parecer trivial, en realidad no lo es, ya que refleja un relativo atraso local de la historiografía en relación con el desarrollo que ha logrado esta disciplina en otros países. Por otra parte, lo de "historia eclesiástica" y "religión" en los ficheros temáticos es revelador de la amplia difusión, incluso en ambientes académicos, de una concepción muy restringida de lo que significa el estudio histórico de los fenómenos religiosos.

En cuanto a la historia del cristianismo, el indicador que señala el inicio de la sección "historia eclesiástica" antecede a las fichas de obras referidas a la Iglesia Católica Romana, confesión cristiana mayoritaria en el país por lo menos hasta el momento y a nivel estadístico. Pero incluso dentro del estudio del catolicismo, hablar de "historia eclesiástica" implica una visión del tema en el que las estructuras que conforman lo "eclesiástico", las instancias institucionales, aparecen en primer plano. Dos recortes que hacen que la historia del cristianismo se vea reducida de un plumazo a la de la "institución" "Iglesia Católica".

Bajo la categoría de "religión", en cambio, suelen figurar las obras referidas a estudios antropológicos de fenómenos religiosos "primitivos" o a trabajos históricos cuyos temas cuesta considerar "eclesiásticos", como los referidos a la religiosidad popular. Significativamente, entre estos últimos volúmenes las producciones argentinas escasean, cuando no están directamente ausentes.

Las razones de este tipo de ordenamiento bibliotecológico, decíamos, responden a una mentalidad que considera que la historia del cristianismo es sustancialmente traducible como historia de las instancias jerárquicas de la Iglesia Católica, es decir, a la de sus obispos. Esta concepción, a su vez, es reflejo de la aún irresuelta cuestión de las relaciones entre el Estado y la Iglesia Católica en la Argentina, vínculos cuyas ambivalentes vicisitudes han atraído la atención de los historiadores en forma muchas veces excluyente y poco académica. Dentro de este esquema, tanto para católicos como para no católicos, lo que realmente vale la pena estudiar es entonces la historia de las instancias institucionales católicas que influyeron de alguna manera en las relaciones con el Estado. A veces esta opción ha sido ampliada para abarcar vinculaciones de la Iglesia Católica con otros actores sociales, pero permanece firme el trasfondo político-institucional y, en última instancia, la cuestión del Estado, entendido éste, sobre todo, como aparato de gobierno.

Esta manera de analizar los fenómenos religiosos se traduce, más allá de la buena voluntad y/o concepción de los investigadores, en privilegio entonces no sólo del catolicismo por encima de otras confesiones hasta hoy por lo menos minoritarias, como las Iglesias evangélicas u ortodoxas, sino además de la jerarquía católica –conferencia episcopal, obispos y prensa "oficial"– por sobre otras realidades como grupos, comunidades y personajes menos notorios cuyas vicisitudes forman parte también, como en cualquier fenómeno institucional, de la historia del catolicismo. Al mismo tiempo, la idea de que hay que reservar los esfuerzos para estudiar "lo que cuenta", "lo que influye", proviene de una historiografía que tradicionalmente ha prestado atención casi exclusiva a los grandes acontecimientos –presidentes, guerras, golpes de Estado y debates parlamentarios– en detrimento de la vida concreta y cotidiana, de las percepciones, ilusiones y autopercepciones de los hombres y las mujeres "de la calle".

Lo institucional se complementa con una visión "mayoritarista" de lo religioso: lo que cuenta es la mayoría católica, y dentro de ella, los sectores que hegemonizaron el catolicismo. Los "otros" –protestantes, ortodoxos, grupos y corrientes disidentes de la misma Iglesia Católica– no cuentan porque no influyeron, aparentemente, en el desarrollo de esa trama principal protagonizada por cardenales, obispos católicos y partidos políticos, presidentes de la República. Esta exclusión de la disidencia se convierte en silencio casi total de las religiones no cristianas: mientras sobre budistas o islámicos comúnmente se escribe poco o nada, el caso de las comunidades judías suele gozar de una relativa mayor atención como consecuencia del antisemitismo que permeó y permea aún hoy a algunos actores sociales argentinos. Sin embargo, en estos casos también se estudia más sobre líderes e instituciones que sobre la vida cotidiana.

En el marco del trabajo de la cátedra de Historia Social Argentina de la Facultad de Ciencias Sociales de la UBA, teniendo en cuenta nuestras posibilidades y "el estado del arte" creímos conveniente comenzar con la historia del cristianismo argentino contemporáneo con una óptica superadora de las limitaciones que hemos descripto sumariamente. Nuestro objetivo es seguir avanzando hacia otros grupos religiosos durante los próximos años.

Encarar el hilo temático "cristianismo y problemas socio-políticos" implicaba hacer una concesión a la tendencia historiográfica tradicional en el sentido de conservar la preocupación por los grandes procesos sociales y políticos del último siglo, pero al mismo tiempo significaba incluir otras experiencias cristianas como protagonistas de esos procesos, dando de este modo la posibilidad de comparar, método privilegiado en los estudios de sociología histórica.

La propuesta, sustancialmente, fue analizar el modo en que los cristianos en plural –católicos, bautistas, metodistas, luteranos y valdenses– percibieron y enfrentaron algunos de los procesos políticos y sociales de la historia del país del último siglo. Hemos elegido centrar la atención sobre las mentalidades cristianas, a cuanto hay de imaginario detrás de las reacciones de grupos y comunidades frente a aquellos procesos políticos y sociales que caracterizaron el período.[1] Por ejemplo, se ha encarado el problema de cómo fue percibido el proceso de inmigración masiva a caballo de los siglos XIX y XX por parte de las distintas Iglesias; qué reflexiones sobre su propia experiencia hicieron las llamadas "Iglesias de trasplante", es decir, aquellas que a la identidad religiosa suman una fuerte identidad étnica: valdenses italianos, luteranos alemanes y escandinavos, anglicanos, presbiterianos escoceses, etcétera. Desde una perspectiva opuesta, cómo fue percibido el mismo fenómeno por los diferentes grupos católicos, que vieron ingresar, en un espacio religioso que consideraban propio, contingentes de otros cristianos junto con grupos de judíos, musulmanes, ortodoxos...

En pocas palabras, la propuesta fue la de adoptar una perspectiva que tuviera en cuenta la vida y la reflexión concreta de las comunidades religiosas, las dinámicas internas y los conflictos que los procesos sociales y políticos suscitaron en el interior del mundo cristiano, o mejor dicho, de los mundos cristianos. Además del tema de la inmigración se encararon otros, como el de la "cuestión social" a principios de siglo, el Congreso Eucarístico Internacional de 1934, el advenimiento del peronismo, la relación entre la fe cristiana y los procesos revolucionarios de los años setenta, la dictadura militar (1976-1983) y el fenómeno de los "nuevos movimientos religiosos".

LA DÉCADA DEL TREINTA Y EL CRISTIANISMO ARGENTINO: EN BUSCA DEL TIEMPO PERDIDO

La elección de la década del treinta como período privilegiado tuvo para el trabajo del taller sobre cristianismo una profunda significación, reflejo de la relevancia que la cuestión religiosa adquirió en aquellos años clave del pasado argentino. La crisis de las esperanzas en el progreso indefinido prometido por el positivismo, que como natural consecuencia de la Primera Guerra Mundial invadió las conciencias en el mundo entero, tuvo connotaciones específicas para el catolicismo, preocupado por recuperar posiciones frente a quienes lo habían desplazado de la esfera pública en nombre de la privacidad de las concepciones religiosas. Para el catolicismo, el desastre de la Primera Guerra confirmaba a la vez la idea de que el "mundo moderno" estaba mal encaminado y que los pontífices romanos habían acertado al pronosticarlo y declararlo en sus encíclicas en momentos en que pocos estaban dispuestos a admitirlo.

Esta confirmación de viejas concepciones –que habían primado en el catolicismo en detrimento de otras menos críticas del imaginario liberal– dieron nueva vitalidad a lo que luego habría de conocerse como "movimiento católico", basado sobre todo en la acción de un actor social relativamente reciente, el "laicado militante". Este nuevo sujeto, considerado cada vez más importante por la jerarquía eclesiástica para actuar en una escena a menudo fuertemente hostil hacia las sotanas, se convirtió en iniciador o protagonista de nuevas experiencias de organización canalizadoras de renovados anhelos de aquello que se planteaba como "recuperación de la hegemonía católica perdida", del "paraíso perdido" de años anteriores, fruto del accionar liberal y socialista.

Por otra parte los católicos antimodernos, en su crítica hacia el liberalismo, no estaban solos sino que, por el contrario, encontraban más nutridas compañías con el paso del tiempo: los años veinte vieron el nacimiento de las primeras experiencias políticas autoritarias en Europa como una de las posibles respuestas a la crisis de un mundo que, decían, "había creído tal vez demasiado en el progreso prometido". El imaginario comunista que veía en la Unión Soviética una primicia de lo que sería el futuro de la humanidad –concepción ésta por otra parte que era puesta por los católicos "en continuidad con la idea liberal del progreso indefinido"–, la Italia fascista, que en algunas reediciones de experiencias sociales del pasado advertía el germen de un "mundo también nuevo" aunque de signo opuesto, compartían con el catolicismo una creciente animadversión hacia el mundo liberal-burgués y sus instituciones.

En este sentido, los años veinte constituyen un período de acercamientos y confluencias que se reforzarán a partir de la crisis de Wall Street y sus múltiples consecuencias para la economía mundial. Sin embargo, para el catolicismo dominante no todas estas nuevas experiencias de generación de consenso político, organización social y gestión económica eran iguales: el antiguo antisocialismo romano señalaba un límite claro hacia la izquierda que no existía en principio en sentido opuesto, lo que se tradujo en una mayor sintonía de amplios sectores católicos con los regímenes que compartían su anticomunismo. Hitler y Mussolini, pero sobre todo Franco y Oliveira Salazar, captaron las simpatías de grupos católicos antimodernos durante muchos años, y en algunos casos las conservaron hasta el presente. Los pactos de Letrán, que resolvían lo que se llamaba desde 1870 "la cuestión romana" o bien las relaciones entre el Estado italiano y la Santa Sede, el concordato firmado con Alemania en 1933, parecían confirmar que tales simpatías eran compartidas por los más altos niveles institucionales de la Iglesia Católica.

Sin embargo, sería incorrecto concebir el catolicismo como una mole alineada con los regímenes totalitarios nazifascistas: ya en 1933 el mismo arzobispo de Munich, el cardenal Michael Von Faulhaber, advertía a sus fieles acerca del peligro del racismo nazi. Por otra parte, también en el protestantismo se verificó una convergencia parcial con el nazismo, lo que se tradujo en la polarización en Alemania de las Iglesias evangélicas por la cuestión de las relaciones con el Estado: en contraposición a los "cristianos alemanes" afines al régimen y a su Reichskirche se desarrolló en aquellos años la "Iglesia confesante" que reunía a personalidades de la talla de Karl Barth y Dietrich Bonhoeffer, víctima de la barbarie nazista.[2] La aplicación de las disposiciones tendientes a asegurar la identidad "aria" de los pastores protestantes dio lugar a persecuciones y discriminaciones, pero también al surgimiento de una red de solidaridades con los afectados.

Este complejo panorama ideológico repercutió en el cristianismo argentino con distintas resonancias según las distintas confesiones, pero también de acuerdo con las convicciones políticas y la matriz cultural y étnica de cada protagonista. Así, grupos católicos tendieron a buscar alianzas con los núcleos políticos nacionalistas y con sectores de las Fuerzas Armadas afines a ellos que, si bien fermentaban desde antes del golpe de 1930, después de este evento tendieron a consolidarse y a volverse hegemónicos. La crisis del liberalismo, en efecto, llevó en el país a una revalorización y creación de una tradición católica que, aunque nunca olvidada, había perdido consensos durante las décadas de auge del liberalismo. Tradición católica que comienza poco a a poco a manifestarse como "nacionalismo de sustitución" donde ser argentino y ser católico forman parte de la misma matriz cultural. Hacia 1934 este proceso se encontraba ya bastante avanzado, y la celebración en ese año del Congreso Eucarístico Internacional terminó por afirmarlo.

El redescubrimiento del catolicismo, alentado por las necesidades políticas de Justo pero menos contingente que ellas, fue visto con preocupación por parte de las Iglesias evangélicas, que habían ingresado al país gracias a la mayor distancia adoptada por los gobiernos liberales respecto de la Iglesia Católica y a pesar de la férrea oposición de ésta. Esta circunstancia, pero no sólo ella –no hay que olvidar la influencia de la corriente teológica liberal que, abortada en el catolicismo decimonónico por Pío IX, enraizó profundamente en el mundo protestante– indujeron al protestantismo argentino a alinearse con las concepciones liberales en retirada más que con las nuevas experiencias europeas. Mientras tanto, el catolicismo reproponía con renovados bríos integralistas, en un contexto ahora favorable, la idea de que las Iglesias protestantes eran ajenas a un "ser nacional" con profundas raíces en la tradición católica colonial: la brecha entre las Iglesias parecía entonces definitiva.

A pesar de estas diferencias, en todos los casos la década del treinta significó un momento clave para la conciencia cristiana –también– argentina: la crisis del concepto de unidad de intereses entre la Iglesia y el Estado que cobró forma posteriormente en el catolicismo nació asimismo, en parte, de una crítica de la experiencia de este período. Las Iglesias protestantes, por su parte, frente al proceso de redefinición de la identidad nacional en clave católica, debieron replantearse las modalidades de su inserción en la sociedad argentina y escrutar sus desarrollos con mayor atención. La década del treinta, entonces, por distintos motivos para católicos y para protestantes, puede considerarse un terreno común en el que ambas tradiciones hunden profundas raíces: quizá la necesaria contribución de las Iglesias cristianas al proceso de democratización argentino deba pensarse, paradójicamente, a partir de una relectura de la historia religiosa de esta época, tan signada por estímulos opuestos.

EL PRESENTE VOLUMEN: UN LIBRO QUE BUSCA "HACER MEMORIA"

Los trabajos que han sido recopilados fueron realizados en el marco de la actividad de la Cátedra de Historia Social Argentina. Iniciado como ejercicio de investigación, la experiencia de indagar y escribir temas del pasado religioso alcanzó puntos que superaron el alcance previsto inicialmente.

Consideramos que estos trabajos aportan conocimientos en áreas casi inexploradas y que pueden por lo tanto constituir un estímulo para otros investigadores del fenómeno religioso. Este, como todo hecho humano, requiere visiones múltiples e interdisciplinarias para ser comprendido, de manera que sociólogos e historiadores pueden trabajar en común.

Un hecho pasado que podría haber permanecido para siempre ignoto o pudo ser considerado trivial puede hablarnos largamente sobre las ideas de sus protagonistas, sobre su horizonte mental, sobre su imaginario. Para lograrlo hay que saber formularle las preguntas adecuadas. El trabajo de Amatriain, Foulkes, Vommaro y Wilkis parte de un evento secundario incluso para sus contemporáneos: el 6 de septiembre de 1930, mientras las tropas golpistas dirigidas por el general Uriburu llegaban al centro de Buenos Aires, se produjo un tiroteo frente al Colegio del Salvador entre un grupo de cadetes y no se sabe quién. El diario *La Prensa* responsabilizó a los jesuitas, quienes a su vez contaron con la defensa de la publicación católica *Criterio*, de reciente fundación. Dos medios de prensa, dos movimientos de opinión, dos imaginarios sociales, dos países. Una escaramuza que anunciaba futuras batallas entre la Argentina liberal en crisis y la Argentina católica emergente.

La relación entre la Iglesia Católica y las experiencias totalitarias en boga en los años treinta ha sido objeto de numerosos estudios. Sin embargo, el trabajo de Celia, Soler y Vázquez encara la cuestión desde una multiplicidad de ópticas, con las diferentes e inconciliables miradas de católicos, evangélicos, socialistas, nuevamente alrededor de un hecho puntual que esta vez acaece en el exterior: el concordato que en 1933 firmaron el Tercer Reich y la Santa Sede. ¿Cómo fue visto desde la Argentina? ¿Cómo fue interpretado por diferentes medios de comunicación católicos, por distintas Iglesias protestantes y por la prensa socialista? Las autoras buscaron respuestas a sus preguntas en una multiplicidad de fuentes escritas: la revista *Criterio* y el diario *El Pueblo* por parte católica, *El Estandarte Evangélico* y el *Sendero del Creyente* pertenecientes al universo protestante y el diario socialista *La Vanguardia*.

La Juventud Obrera Católica (JOC) es una experiencia internacional que fue lanzada en la Argentina a partir de 1941. Como se sabe, el catolicismo mantuvo conflictivas relaciones con la clase obrera, nueva protagonista social que en el siglo XIX había empezado a buscar los caminos que la condujeran a un paraíso que no podía encontrarse más que en la tierra. La JOC intentaba saldar esta ruptura: el mundo obrero y el mundo católico debían fundirse en una amalgama novedosa. En la Argentina la experiencia jocista es sólo unos pocos años anterior al surgimiento de ese gran movimiento de masas que compartiría muchas de sus premisas: el peronismo. Bottinelli, Bisaro, Ferreiroa, Gentile, Makón y Crojethovich decidieron indagar sobre un tema importante que, aunque parezca increíble, no fue estudiado por ningún historiador, ya que todavía no contamos con una historia completa de la JOC. ¿Cómo surgió este movimiento? ¿Qué prácticas, qué concepciones, qué formas organizativas, qué conflictos coexistían en su seno? ¿Ser jocista significaba ser un católico obrero o un obrero católico? Son preguntas por demás relevantes que los autores han tratado de responder con mucha dedicación y con gran habilidad.

¿Qué relación con la reconstrucción del pasado nacional estableció el catolicismo en la Argentina, un país obsesionado por su historia? ¿Cómo disputar al imaginario liberal el terreno fundamental de lo simbólico a través del discurso historiográfico? ¿Cómo redefinir acontecimientos importantes del pasado argentino de los que el imaginario liberal se había apropiado? Si la Iglesia de alguna manera "hizo" la Revolución de Mayo, los argentinos deben estarle eternamente agradecidos y deben demostrárselo tangiblemente, por ejemplo otorgando al catolicismo el lugar de religión de Estado, o reintroduciendo la enseñanza religiosa en las escuelas. Balladares, Blanco, Garriga y Martínez se acercan al problema a través de ediciones del diario católico *El Pueblo* que han sabido analizar proficuamente.

Dos de los trabajos se ocupan más específicamente del mundo protestante, ese universo que tan trabajosamente debió redefinir su lugar en la "Argentina católica" que se estaba edificando en la década del treinta. García Hamilton, Bauer y Reising eligieron el caso de la Iglesia Evangélica Luterana Unida (IE-

LU) porque en el período de entreguerras el peso de los acontecimientos internacionales muy a menudo superaba el de los internos, y la IELU estaba compuesta mayoritariamente por inmigrantes del norte de Europa. ¿Cómo veían desde el Río de la Plata lo que pasaba en su continente de origen? ¿Lo percibían e interpretaban de manera uniforme, o coexistían distintas tendencias y opiniones divergentes? ¿Cambió el discurso de la prensa de la IELU antes y durante la guerra? ¿Cómo se vivía el conflicto entre la identidad nacionalista alemana en la Argentina, cargada de nostalgias por la tierra natal, y el deseo de que Hitler perdiera la guerra?

Velázquez y Luzny le dan al libro una dimensión geográfica más amplia, rioplatense, al introducir el tema de la Iglesia Valdense, surgida a principios del siglo XIII como movimiento de oposición al catolicismo medieval y perseguida por ello encarnizadamente durante siglos. ¿Cómo llegó la experiencia valdense al Río de la Plata, a Uruguay y la Argentina? ¿Sobre la base de qué criterios eligieron sus lugares de asentamiento y sus actividades económicas? ¿Qué relaciones establecieron con otras Iglesias protestantes y con el catolicismo, en particular en la década del treinta?

El estudio de Moretta nos conduce a un tema de discusión permanente en la Argentina: los orígenes del peronismo. Mucho se ha escrito sobre él hasta el día de hoy, desde las más conocidas investigaciones de Germani, de Murmis y de Portantiero. Desde el punto de vista religioso, como se sabe, las relaciones entre el peronismo y el catolicismo constituyen una cuestión que ha dado lugar a otros innumerables debates. ¿La Iglesia Católica apoyó a Perón en 1946? ¿Por qué en 1955 ese supuesto "romance" inicial se transformó en tragedia, con la Plaza de Mayo bombardeada por aviones que llevaban cruces pintadas en la carrocería e incendios de antiguas iglesias en el centro? Moretta, en polémica con el historiador Robert Mc Geagh, se ocupa de rastrear el origen, el desarrollo, la consolidación y la difusión de los elementos simbólicos que, surgidos en el catolicismo, fueron incorporados por distintos actores sociales en los años treinta y desempeñaron un papel importante en los orígenes del peronismo.

El último trabajo pertenece al doctor Fortunato Mallimaci. En él se aborda la diversa presencia católica en el surgimiento de la experiencia peronista. Dado que la temática trabajada se relaciona con esta compilación, hemos decidido incorporarlo a este volumen.

Todos estos fragmentos de historia social y de religión fueron reconstruidos gracias a muchos esfuerzos y a una constante dedicación.

Evidentemente, el esfuerzo valió la pena porque este volumen contribuye a hacer conocer aspectos poco difundidos de nuestro pasado y aporta elementos para pensar nuestro presente, que mañana será historia.

Buenos Aires, 2000

NOTAS

1. En el presente volumen se han adoptado las consideraciones teóricas ofrecidas por B. Baczko en *Los imaginarios sociales. Memorias y esperanzas colectivas*, Buenos Aires, Nueva Visión, 1991. Siguiendo a este autor, el concepto de imaginario social utilizado en este libro hace referencia al sistema de representaciones colectivas por medio de las cuales los miembros de una sociedad elaboran una visión de sí mismos, legitiman sus prácticas y estrategias de poder, comprenden cuánto los une y cuánto los divide, perciben e interpretan el escenario social que los rodea. Sin embargo, el concepto de imaginario social ha sido aplicado en esta obra a diferentes actores del período estudiado y no a la totalidad del universo social, por lo que los autores hacen asidua referencia a sistemas de representaciones mentales definidos como "imaginario liberal", "imaginario católico" o "imaginario comunista", por ejemplo, que habrían coexistido en un mismo momento –y más o menos conflictivamente– en el seno de la sociedad argentina.

2. Karl Barth (1886-1968), uno de los teólogos protestantes más importantes del siglo XX, fue además un importante referente intelectual de las Iglesias confesantes, adversas al régimen nazi. Dietrich Bonhoeffer (1906-1945) teólogo luterano, discípulo de Barth, fue encerrado en el campo de concentración de Flossembürg por su participación en el complot organizado en 1944 para atentar contra la vida de Hitler, y allí murió ahorcado el 9 de abril de 1945, poco antes de que los aliados ocuparan el campo.

EL CONTEXTO HISTÓRICO: 1880-1946

Es conveniente, para facilitar la comprensión de los hechos que se analizan en los estudios incluidos en este libro, presentar al lector un panorama sucinto de los principales procesos económicos, políticos, sociales y culturales que se verificaron en nuestro país desde la consolidación definitiva del Estado nacional en 1880 hasta el advenimiento del peronismo en 1946. Pedimos disculpas de antemano por las inevitables imprecisiones y omisiones en que una síntesis tan apretada –dirigida exclusivamente al lector no familiarizado con la historia argentina del período– nos ha obligado a incurrir.

En la década de 1880 se logró la consolidación del Estado nacional argentino bajo el control de un sector que gozaba de una posición social privilegiada: la oligarquía terrateniente ligada a la exportación de productos agropecuarios, imbuida de las ideas del liberalismo. Este sector dominante supo compatibilizar en su proyecto la exclusión política de las mayorías para mantener el "orden", con la extensión a toda la población de las libertades civiles –como por ejemplo comerciar, transitar, habitar en el suelo nacional–. De esta forma se buscaba recorrer el camino de ese "progreso indefinido" que la concepción positivista preveía para la humanidad. El mismo positivismo se tradujo, en el terreno religioso, en un proceso de secularización institucional que puso en manos del Estado una serie de derechos y deberes que hasta entonces se encontraban bajo el monopolio de la Iglesia, como la educación o el control del registro civil.

Con respecto a la política económica predominaba la exportación de productos primarios y la importación de manufacturas en un marco de libre comercio y de crecimiento económico orientado hacia el exterior. En esas últimas décadas del siglo XIX, millones de inmigrantes fueron atraídos por la expectativa de convertirse en propietarios de tierras, un anhelo frecuentemente frustrado por el control que sobre las mejores tierras ejercía la elite tradicional. En parte por este motivo, la mayoría de los extranjeros se asentó en las ciudades del litoral, y muchos pasaron a formar parte del incipiente proletariado urbano que vivía en precarias condiciones de trabajo y de habitación (estamos en la época de oro del "conventillo" porteño). Para hacer frente a estas duras condiciones de vida los extranjeros elaboraron estrategias que reforzaron su identidad de grupo y significaron estrategias de adaptación a su nuevo hábitat: surgieron así distintas formas de asociación según criterios de nacionalidad, etnia y religión, como sociedades de ayuda mutua o clubes sociales y deportivos. Paralelamente, empezaban a tomar fuerza las organizaciones de carácter gremial combativo, lideradas en su mayoría por anarquistas y socialistas, que constituyeron la génesis del movimiento obrero argentino. Este inicio de la movilización obrera organizada fue acompañado por medidas de gobierno tendientes a preservar el orden establecido: se sancionaron así las leyes de Residencia (1902) y de Defensa Social (1910) para permitir la expulsión del país y hasta la eliminación física de los disidentes.

En cuanto a la Iglesia Católica, digamos que en ella convivían dos estrategias distintas para enfrentar un mundo que se había vuelto hostil: una proponía la conciliación con el liberalismo dominante y otra el enfrentamiento a todos sus postulados. El objetivo de esta última postura era lograr una sociedad organizada integralmente de acuerdo con los valores católicos, una política más activa que se expresó, por ejemplo, en la creación en 1898 de los Círculos de Obreros. Estos grupos, dirigidos por un sacerdote alemán, el padre Grote, predicaban el verdadero "paraíso", contrapuesto al "paraíso socialista", una alternativa de armonía entre las clases opuesta al "materialismo marxista".

Pero esta creciente actividad de la Iglesia Católica no era exclusiva de nuestro país, sino que debe ser comprendida como un reflejo de la situación del movimiento católico internacional. Recordemos que en las últimas décadas del siglo XIX ese movimiento surgió como sujeto político dispuesto a plasmar soluciones concretas en las más diversas áreas de la vida social. Esta postura se vinculó a la consolidación del poder papal –a partir del Concilio Vaticano I que se realizó en 1869-1870– y la resolución de enfrentar activamente el liberalismo, que tendía a relegar a la Iglesia al ámbito privado. La percepción de una descarnada lucha de clases –expresada paradigmáticamente en esos años por la Comuna de París– y el temor a la expansión del comunismo ayudaron a fortalecer esta posición.

Mientras tanto, como cuestionamiento a la política imperante en la Argentina, se produjo en 1890 la Revolución del Parque que obligó a renunciar al presidente Juárez Celman y dio origen a la Unión Cívica Radical, un movimiento político representante de sectores de la elite desplazados y de las clases medias en ascenso, que tenía como objetivo la realización de elecciones no fraudulentas y proponía la abstención electoral hasta conseguirlo.

Por su parte, las Fuerzas Armadas comenzaban a profesionalizarse: los oficiales comenzaron a formarse según los principios del ejército prusiano y asumieron la nueva misión de integrar y "argentinizar" a los hijos de los inmigrantes y a los jóvenes de todo el país, reclutados mediante la ley de Servicio Militar Obligatorio (1901). La clase dominante procuraba integrar en una "identidad nacional" a los hijos de inmigrantes mediante la educación y el servicio militar, pero se vio enfrentada cada vez más, en la medida en que surgían nuevas generaciones con plenos derechos cívicos, al desafío de sumarlos a la vida política. Desde su perspectiva, la incorporación del radicalismo al sistema político como primera minoría permitiría contener a las clases medias y conformaría una valla de contención frente al temido ascenso de los sectores obreros impregnados de "ideologías extremistas".

Fue por estos motivos que en 1912 los radicales lograron su anhelado objetivo al sancionarse la ley Sáenz Peña que establecía el sufragio universal, secreto y obligatorio, y la representación de la primera minoría. Se abrían así las puertas para la participación electoral que iba a permitir la llegada del radicalismo de Yrigoyen al poder en 1916. Yrigoyen gobernó sin un definido programa alternativo, mantuvo la continuidad con la anterior política económica y con la postura neutral ante la Primera Guerra Mundial, que favorecía los intereses económicos del país. Pero había sin embargo algunas novedades: si bien el presidente radical carecía también de un programa definido con respecto a los problemas del trabajo y conservó una posición ambivalente frente al mundo obrero, se mostró mejor dispuesto que sus predecesores para mediar en la solución de algunos conflictos puntuales. A pesar de ello, como respuesta a una huelga general convocada en 1919 por sectores anarquistas, Yrigoyen decidió la intervención del ejército en la represión, dando lugar a los hechos de violencia conocidos de la "Semana Trágica". Durante estos episodios las Fuerzas Armadas irrumpieron en la vida social y política de una manera distinta a la que habían asumido hasta entonces, y comenzaron a perfilarse como un actor social de mayor envergadura. Crecía en sus filas la idea de que el enemigo estaba adentro del país y no afuera: se pensaba que el comunismo que había triunfado en Rusia en 1917 era vehiculizado hacia la Argentina por los extranjeros, los partidos de izquierda y el movimiento obrero. Sobre la base de las mismas consideraciones surgieron organizaciones privadas de choque de inspiración antisemita y xenófoba, entre las que se encontraban la Asociación del Trabajo y La Liga Patriótica. Ambas contaban con la participación de oficiales del ejército y de antiguos colaboradores del presidente radical.

Ante la inminente victoria de Yrigoyen en las elecciones presidenciales de 1928, luego del interregno de Alvear, los conservadores y el ejército intentaron impedir legalmente su asunción e incluso llegaron a barajar la posibilidad de recurrir a las armas. Alvear desestimó estos recursos, e Yrigoyen accedió nuevamente a la presidencia con la misma vaguedad programática que en su gobierno anterior. El aumento del gasto público, sin embargo, se agudizaba como consecuencia de la política de clientelismo radical –que permitía garantizar el apoyo de las clases medias– y de la crisis mundial que empezaba a manifestarse: el comercio internacional, en efecto, declinaba ya en volúmenes y en precios, provocando el déficit de la balanza comercial y la fuga de capitales extranjeros.

En este contexto, y como reflejo del surgimiento de regímenes totalitarios en Europa, la crisis del liberalismo positivista abarcaba también los terrenos ideológico y político, y adquirían mayor fuerza los proyectos políticos alternativos, como los propuestos por los grupos nacionalistas de corte aristocrático que participaron en la preparación del primer golpe militar en la Argentina, el que derrocó a Yrigoyen. El golpe, concretado el 6 de septiembre de 1930, estuvo encabezado por el general José F. Uriburu y contó con la adhesión tácita de un amplio sector de la sociedad compuesto por conservadores, socialistas, militantes católicos y de otras Iglesias cristianas y sectores de la dirigencia obrera.

Los conservadores, deseosos de retomar el control político que habían ejercido hasta 1916, no estuvieron de acuerdo con la intención de Uriburu de reformar la Constitución e instaurar un programa corporativista. Contaban con el apoyo de la mayor parte de las Fuerzas Armadas que, fiel al modelo liberal, apoyaba la candidatura del general Agustín P. Justo. Sin puntos de apoyo políticos suficientes, Uriburu se vio obligado a llamar a elecciones en 1931 y ceder el gobierno al general Justo. Se iniciaba una era de proscripción política, fraude y represión.

Frente a la amplitud e intensidad de la crisis política y económica de los años treinta ningún sector lograba consolidarse como hegemónico, lo que dio lugar a la pugna entre diferentes modelos de país y distintas concepciones de la política. La Iglesia Católica, en tanto, consideraba que la única verdadera solución debía encarar los problemas de fondo, que sólo podían ser resueltos mediante una "recristianización de la sociedad". La estrategia adoptada para lograrlo fue la impulsada por los sectores integralistas a través de una agresiva confrontación con el modelo liberal.

En contraposición al lugar que éste había concedido al catolicismo, relegándolo a la esfera de la piedad privada, se pensaba ahora en la organización del laicado como un factor fundamental para llevar el catolicismo a todos los ámbitos de la vida privada y pública. Así se explica la creación, en 1931, de la Acción Católica Argentina, uno de cuyos objetivos más importantes era la presencia social del catolicismo a través de una acción organizada del laicado católico bajo el control de la jerarquía.

A partir de la celebración del Congreso Eucarístico de 1934 y como consecuencia de la falta de consenso político con que contaba el gobierno de Justo, la Iglesia Católica fue recuperando espacios públicos perdidos durante el régimen liberal, y algo similar ocurrió con respecto al protagonismo de las Fuerzas Armadas: a pesar de los intentos del presidente Justo por despolitizar y profesionalizar el cuerpo, la política había penetrado en la institución armada y el ejército se consolidaba como un factor de poder imposible de ignorar.

La política económica de Justo se inclinó en primer término hacia una recomposición del modelo agroexportador que permitiera preservar los intereses de la clase dominante, como resultó evidente en 1933 en el pacto Roca-Runciman, firmado para garantizar las exportaciones a Gran Bretaña. Sin embargo, esta política no fue suficiente para enfrentar la crisis, por lo que el Estado debió asumir un rol más activo como regulador de la producción y de la actividad económica en general. Paralelamente, comenzaban a hacerse sentir tímidos pronunciamientos en favor de una política estatal de apoyo a la industria, que estaba creciendo gracias al vacío creado por la disminución de las importaciones. Los productos de ultramar, en efecto, se habían encarecido demasiado como consecuencia de la crisis mundial, lo que dejaba un margen mayor a las manufacturas elaboradas localmente.

A lo largo de los años treinta y cuarenta la concepción industrialista será sostenida desde diferentes sectores, aunque para cada uno de ellos asumirá distintas implicancias. Mientras que para la clase dominante tradicional la industria era considerada a lo sumo en términos de sostén del modelo agroexportador, otros sectores comenzaban a pensarla como elemento fundante de un proyecto de nación: incipientes sectores empresarios industriales abogarán por la adopción de medidas para proteger el mercado interno y la industrialización sustitutiva de importaciones; los militares preconizarán la nacionalización de los recursos naturales y la creación de empresas estatales en los sectores estratégicos de la economía; desde la izquierda, por último, algunos intelectuales y estudiantes universitarios empezaban a proponer modelos nacionalistas y antiimperialistas que posibilitaran un desarrollo económico independiente.

Finalmente, y en mayor medida por fuerza de las cosas que como resultado de políticas deliberadas, terminó primando el modelo de desarrollo de la industria de bienes de consumo orientada al mercado interno. Los aportes de capital provenían ahora en su mayor parte de los Estados Unidos, en detrimento de las inversiones británicas. Con este primer desarrollo industrial la clase obrera cobró mayor peso numérico, por lo que sus reclamos fueron adquiriendo paulatinamente mayor importancia a nivel político. Este fenómeno se vio reforzado por la creación de una central obrera unificada a comienzos de la década de 1930: la actual Confederación General del Trabajo. El proceso de industrialización comportaba en tanto nuevos procesos sociales, como las masivas migraciones internas del campo en crisis a las ciudades en expansión, que dieron lugar a una transformación de la fisonomía cultural de las clases populares del litoral y al nacimiento de las precarias "villas miseria" alrededor de las principales ciudades, especialmente Buenos Aires y Rosario.

Las posturas nacionalistas, en tanto, tuvieron profundas implicancias a ni-

vel político y cultural: desde mediados de la década de 1930 hasta el advenimiento de la segunda experiencia golpista de 1943 fue cobrando fuerza un nuevo modelo de identidad nacional caracterizado por el desprestigio del modelo
liberal y su sistema político, definido despectivamente como "partidocrático".
En este proceso de redefinición identitaria la Iglesia y el ejército cumplieron un
rol fundamental, ya que ambas instituciones compartían varios puntos en común, considerados por muchos como ejemplares: a diferencia de los partidos
políticos que de por sí "dividen" al pueblo, se colocaban por encima de las partes en contienda y eran por lo tanto "garantía de argentinidad"; de hecho, habían estado presentes en la historia argentina desde sus albores, lo que les permitía proponerse como instituciones fundantes de la nacionalidad; por último,
compartían estructuras organizativas jerárquicas que contrastaban con el "desorden" del sistema político liberal.

En 1938 Roberto M. Ortiz, radical antipersonalista, llegó a la presidencia
de la república acompañado en la fórmula por Ramón Castillo, un conservador catamarqueño que pronto asumiría la primera magistratura por razones de
salud del presidente Ortiz. En Europa, en 1939, estallaba la Segunda Guerra
Mundial y los ánimos se agitaban también en la Argentina. Si bien el gobierno de Ortiz y de Castillo mantuvo durante el conflicto la posición neutral del
país, la oposición no se cansó de denunciar la presencia entre sus miembros
de simpatizantes del Eje. De hecho, como decíamos, la guerra agudizó los enfrentamientos ideológicos, que ya habían llegado a una gran polarización en
torno a la cuestión de la Guerra Civil española en los años inmediatamente
precedentes. Ahora el debate sobre la posición argentina frente a la guerra
–neutralidad o declaración de guerra al Eje– se complicaba por el hecho de
desarrollarse en un contexto de reestructuración económica –orientada a solu-
cionar los problemas derivados del agotamiento estructural del modelo
agroexportador, que sin embargo se veía momentáneamente favorecido por el
aumento de las ventas a los países beligerantes–, y en un clima de creciente
cuestionamiento de las medidas tendientes a mantener el statu quo, como el
"fraude patriótico".

Próximos a la fecha electoral, la alianza conservadora gobernante designó
como candidato a la presidencia a Robustiano Patrón Costas, un representante
liberal de las clases dominantes del interior. Esta elección, que pretendía conservar el frágil equilibrio entre conservadores y radicales antiyrigoyenistas
dentro de la Concordancia, se constituyó en el detonante del golpe militar del 4
de junio de 1943, en el que primó la orientación nacionalista-católica. La unión
de la Iglesia con el ejército quedaba así consolidada. Esta confluencia posibilitó la llegada de miembros conspicuos del catolicismo a altos cargos de la función pública y la promulgación de leyes favorables a la Iglesia, como la implementación por decreto de la enseñanza católica en las escuelas. Mientras tanto,
y a pesar de esta confluencia del catolicismo y el ejército en ciertas políticas de

Estado, las Iglesias cristianas evangélicas se fortalecían, a su vez, por la llegada de exiliados provenientes del norte de Europa.

En 1943 comenzaba a vislumbrarse el final de la guerra y volvía por lo tanto a la memoria colectiva el modo en que la anterior había concluido, en medio de grandes convulsiones políticas y sociales. Por eso, la necesidad de imponer un régimen capaz de resistir las previsibles crisis que podrían desatarse y enfrentar al mismo tiempo las amenazas de la agitación obrera reunió a contrapuestos sectores del ejército en una acción unificada que condujo al golpe.

Había en las Fuerzas Armadas, además, una nueva conciencia acerca de los problemas sociales del país. Frente a un mundo sindical débil y fragmentado (unos meses antes del golpe se había producido la división de la CGT), un sector del gobierno encabezado por el aún ignoto coronel Perón se hacía cargo del Departamento de Trabajo y Previsión, un organismo de importancia secundaria que el coronel lograría promover en breve al rango de Secretaría. Desde allí Perón, como es notorio, comenzó a tejer las redes de su movimiento político a través de la atención de algunas de las preocupaciones fundamentales de los trabajadores.

En 1944, ante las presiones de los Estados Unidos para que el gobierno argentino se pronunciara a favor de la causa aliada y abandornara su postura de neutralidad, fueron interrumpidas las relaciones diplomáticas con Alemania y Japón y, más tarde, el gobierno declaró la guerra al Eje. El prestigio militar declinaba y la oposición ganaba terreno en gran medida gracias al panorama internacional, en el que los regímenes totalitarios se derrumbaban y se anunciaba un retorno a formas democráticas de gobierno.

Las Fuerzas Armadas procuraron acercarse a distintos sectores políticos para elaborar una salida democrática acordada, pero tales intentos se veían obstaculizados por la polarización política y la creciente agitación social, que la Secretaría de Trabajo era acusada de alentar con el fin de fortalecer los proyectos políticos de Perón. Fue en este contexto que, en octubre de 1945, un alzamiento militar promovido por sectores del ejército opuestos a los partidarios de Perón –quien gracias a su creciente poder y prestigio se había convertido recientemente en ministro de Guerra y en vicepresidente de la Nación– exigió a Farrell la renuncia del coronel, que fue encarcelado en la Isla Martín García.

La movilización obrera del 17 de octubre en reclamo por la libertad de Perón dio lugar a un esquema político novedoso en el que el movimiento sindical se erigió como sujeto político pero al mismo tiempo fue sobrepasado por la irrupción de las masas obreras, que sin vinculaciones con ningún partido político tradicional se manifestaron exclusivamente leales a Perón. Éste, en los meses que siguieron a su puesta en libertad, solicitó el retiro del ejército y se dedicó a organizar un frente político articulado en torno al recientemente fundado Partido Laborista y a grupos de radicales renovadores, centros cívicos independientes, grupos nacionalistas y sectores de la Iglesia Católica. Los representantes de la política tradicional –desde el Partido Comunista hasta los varios partidos conservadores provinciales– se agruparon por su parte en la Unión Democrática con el objetivo de derrotar a Perón en las elecciones de febrero de 1946. Una causa perdida, como se sabe.

LA PRENSA CONTRA EL SALVADOR

Ignacio Amatriain
Esteban Foulkes
Gabriel Vommaro
Ariel Wilkis

RESUMEN

6 de septiembre de 1930. El general José Uriburu encabeza un golpe de Estado que derroca al gobierno de Hipólito Yrigoyen. Las tropas marchan hacia el Congreso por la avenida Callao. En las puertas del Colegio del Salvador se produce un tiroteo entre los cadetes y algunos desconocidos. Alguien denuncia haber visto cómo se efectuaban disparos desde el interior del colegio. La policía allana el edificio y encuentra armamento. El diario *La Prensa* se hace eco de las sospechas y sigue el caso atentamente, mostrando sus dudas acerca del proceder de los religiosos. Comienza entonces un fuerte enfrentamiento entre este diario y las autoridades del colegio y de la Orden de los Jesuitas, apoyados firmemente por la pluma de *Criterio*. Nuestro trabajo intenta, a partir de estos hechos, desglosar los enfrentamientos más profundos que comienzan a desplegarse en torno a estas acusaciones y agravios. El enfrentamiento, en definitiva, creemos que remite a otro enfrentamiento crucial de aquella época: el de dos actores, dos proyectos, dos construcciones imaginarias que pugnan por hegemonizar el sentido de la nueva realidad que irrumpe con los sucesos políticos recientes. *La Prensa*, vocero de la oligarquía agroexportadora, ferviente defensor del proyecto liberal que se había consolidado en 1880, frente al nuevo movimiento en el cual confluyen católicos nacionalistas y nacionalistas católicos, catolicismo integral que lucha cada vez con más fuerzas por una "Argentina grande", lo cual comienza a ser sinónimo de una Argentina católica.

Las relaciones de la Iglesia Católica con el Estado argentino derivan de un hecho de profunda raigambre histórica: la entrañable presencia del catolicismo en la vida social argentina... Estamos ante un hecho anterior a cualquier norma escrita, perteneciente a la constitución viva, no escrita, del país; a esa Constitución que ha podido resistir a los más variados desórdenes institucionales; a esa Constitución que no lograron destruir ni siquiera los liberales laicistas de fines del siglo XIX.[1]

LA JORNADA DEL 6 DE SEPTIEMBRE

"Estaba en el ambiente. Las manifestaciones de los días anteriores eran un presagio. El sábado amaneció sin nubes y el silencio que suele proceder a los grandes acontecimientos, fue interrumpido por el fragor de los motores aéreos que al volar sobre las terrazas de los edificios parecían anunciar una fiesta cuyo programa iban distribuyendo en volantes, que al planear por el aire, llevaron a todos los ámbitos de la ciudad la gran noticia.

Los guardadores del orden público habían desaparecido, pero la ciudad se iba animando como si se tratara de un día de fiesta. Poco después de empezada la tarde, la muchedumbre invadió la calle Callao. Varios coches con oficiales de la policía acompañados de civiles eran vitoreados y aplaudidos. De repente, la muchedumbre se movió vertiginosamente hacia la calle Córdoba. Al poco tiempo apareció la vanguardia del Colegio Militar, y el alborozo se transformó en delirio. De todas partes se les vitoreaba, se les aplaudía, se les cubría de flores. Poco después aparecieron en automóvil descubierto el general Uriburu, seguido de oficiales del ejército, y la Escuela Militar en correcta formación. El tráfico perdió sus cauces, y la calle entera era una caudaloso río que llevaba la misma dirección. Hacia la Plaza del Congreso. La caravana de soldados a caballo y a pie, y las ametralladoras, y la artillería, y los camiones blindados, y hasta las cocinas de campaña, todo iba desfilando lentamente en medio de la muchedumbre, que desfilaba también y la que lo contemplaba todo aplaudiendo y vitoreando.

Las puertas del colegio y de la iglesia del Salvador estaban abiertas de par en par; en aquellos momentos nadie sospechaba peligro alguno. De repente un nutrido tiroteo se propagó desde el Congreso hacia Córdoba, y de Córdoba hacia el Congreso. Fue un momento de pánico que heló los gritos en las gargantas y los aplausos en las manos, y la muchedumbre que no pudo ganar las calles laterales, se refugiaba en los zaguanes. La iglesia y el colegio del Salvador fueron entonces un refugio para los que trataban de guarecerse de la agresión. Las detonaciones, que se habían seguido como un reguero de granizada: después del estampido de una serie de cañonazos, fueron raleando, diri-

giéndose hacia el silencio. Los que venían corriendo gritaban: "¡Han tomado el Congreso!". Después la calma. Luego la marcha triunfal hacia la Casa de Gobierno, que en la Plaza de Mayo los recibía con bandera blanca.

Lo demás lo vocearon todos los labios. Nadie hubiera podido concebir una revolución así: con las resonancias de una entrada triunfal."

(*Revista El Salvador*, año V, N° 55, septiembre de 1930)

INTRODUCCIÓN

Es indudable la importancia que tiene en la historia de nuestro país la llamada *revolución de septiembre*. Es fácil comprender, por tanto, el porqué de la variedad y cantidad de estudios que sobre el tema se han realizado. Hemos observado, sin embargo, que lo que caracteriza a la mayoría de estos trabajos es el análisis macroscópico, es decir, el énfasis sobre ese momento como parte de un proceso que lo contiene: como el inicio de una era, como el intento de reinstauración del régimen oligárquico, como el exponente argentino de una tendencia continental.

Sin querer desmerecer la riqueza de tales estudios, de los cuales indudablemente nos nutrimos, nos proponemos en el siguiente trabajo realizar un análisis minucioso reduciendo la escala de la observación. Un análisis que se detenga en un acontecimiento. Elegimos para el caso un suceso acaecido el día mismo del golpe, el 6 de septiembre de 1930. Ese día, las tropas uriburistas marchaban hacia el Congreso por la avenida Callao, celebrando el derrocamiento de Yrigoyen. El Colegio del Salvador, ubicado en esa avenida entre las calles Lavalle y Tucumán, aguardaba con sus puertas "abiertas de par en par". Cuando las tropas desfilaban frente al colegio, se escucharon unos disparos de origen incierto e inmediatamente comenzaron los desmanes. Las tropas se defendían, pero sin saber desde dónde eran atacadas.

La gente que acompañaba la celebración se refugiaba donde podía, incluso dentro del mismo colegio. No hubo víctimas. Un grupo de vecinos efectuó una denuncia en la que decía haber visto que desde el interior del colegio se habían efectuado esos disparos. Al día siguiente, en un allanamiento realizado por la policía se encontraron armas y municiones, que fueron inmediatamente incautadas.

Detenernos en un acontecimiento. Pero –como afirma Pierre Nora– no alcanza con que haya tenido lugar un suceso para que se dé un acontecimiento, es necesario que éste sea conocido.[2] Lo que no es conocido no aconteció. Es en el proceso de publicitarse donde lo acontecido se define, donde el suceso se despega de sí mismo y se vuelve imaginario.[3] Lo imaginario se apodera de lo sucedido y lo dota de sentido. El hecho de que este proceso se despliegue en una escena pública hace que, debido a la indeterminación de este espacio, la imposición de un sentido sea, en realidad, una lucha por otorgarlo. En esa lucha lo que está en juego es la prevalecencia de un imaginario, de un campo de representaciones que funcione como ordenador de la realidad.

Entendemos, por tanto, que nuestro hecho se encuentra atravesado por un enfrentamiento más profundo en el que dos esquemas imaginarios luchan por dotar de sentido a la nueva coyuntura: el imaginario liberal y el del catolicismo integral. Un imaginario en crisis que intenta recobrar su capacidad aglutinadora en torno a sus propios valores, y otro que intenta abrirse paso sobre la base de un horizonte muy preciso: construir la nación católica. Ambos, liberales y católicos, vieron en el mismo suceso dos acontecimientos diferentes. Nuestro objetivo es vislumbrar a partir del tiroteo del 6 de septiembre, el despliegue de una lucha entre dos imaginarios contrapuestos, indagando las formas que adquiere, los argumentos utilizados y los símbolos comprometidos en ella.

Nos proponemos, para lograr nuestro cometido, realizar un estudio intensivo e interpretativo del material documental, principalmente de los dos medios que son voceros de los esquemas imaginarios en juego: *La Prensa* y *Criterio*. También nos proponemos realizar entrevistas con actores de la época para conocer, a partir de sus experiencias, la memoria de esta disputa.

LA PRENSA INFORMA

En la mañana del domingo 7 de septiembre, el diario *La Prensa* fue el único que publicó la noticia del tiroteo, iniciando así una larga serie de artículos que aparecieron en los distintos medios gráficos nacionales.

7 de septiembre

El diario matutino *La Prensa* publicó la noticia de los disturbios ocurridos frente al Colegio del Salvador. El artículo se centraba en la denuncia que, según este periódico, habían realizado algunos vecinos, la cual llegó a las autoridades del gobierno provisional. En la crónica se dejaba entrever la sospecha de que "desde el edificio que ocupa el Colegio del Salvador en la intersección de las calles Lavalle y Callao se habría hecho fuego contra las tropas y el pueblo que avanzaban hacia el Congreso por la última de las arterias citadas".

El diario vespertino *La Razón* publicó un artículo titulado "Una aclaración de la sociedad de ex alumnos del Colegio del Salvador". En el artículo se reproduce la carta de esa agrupación, en la cual descartaban la posibilidad de que los disparos hubieran sido realizados desde el colegio en virtud de las condiciones arquitectónicas, la voluntad de los directores y de haberse "probado este testimonio por la inspección llevada a efecto por el oficial de la armada en la mañana de hoy".

8 de septiembre

El diario *La Prensa* publicó la noticia del allanamiento, "inspección" según escribió el diario *La Razón*, realizado en el Colegio del Salvador, en el cual se encontraron armas y municiones.

9 de septiembre

El periódico *La Vanguardia* publicó también la noticia del allanamiento.

10 de septiembre

El diario *La Razón* publicó una carta de desmentida del rector del colegio, padre Domenech. El periódico *El Pueblo* publicó la misma carta.

11 de septiembre

La revista *Criterio* emitió una nota de desagravio al colegio en la que criticaba duramente a *La Prensa*.

17 de septiembre

El diario *La Prensa* publicó y comentó el contenido de la carta del Superior Provincial de la Compañía de Jesús en la Argentina, padre Luis Parola, dirigida a la Presidencia del gobierno provisional. En esa nota, Parola afirmaba que "carece en absoluto de verdad objetiva la denuncia de que desde el Colegio del Salvador se hayan hecho disparos de armas contra la tropa en la tarde del 6 de septiembre de 1930".

El diario *La Nación* publicó la misma carta sin realizar ningún comentario.

El periódico *El Pueblo*, en un artículo titulado "Expresan su adhesión al gobierno los padres jesuitas", comentó la carta de Parola.

18 de septiembre

El diario *La Prensa* publicó algunos fragmentos de la carta de respuesta del secretario de la Presidencia, teniente coronel Kinkelin, al comunicado emitido por la Compañía de Jesús el día 17 de septiembre. En ella se afirmaba que "en el ánimo del Presidente Provisional no han tenido jamás asidero las versiones acerca de que se habían efectuado disparos de fuego desde la azotea del Colegio del Salvador".

El diario *La Nación* publicó la carta completa.

19 de septiembre

El diario *La Prensa* publicó un artículo titulado "Respuesta que parece excusa" en el cual realizaba una detallada enumeración de las notas publicadas por ese diario con relación al hecho, tomaba una clara posición al respecto y enunciaba con contundencia la opinión del diario, cuestionando la actitud del gobierno provisional.

25 de septiembre

La revista *Criterio* intentó rebatir las críticas emitidas por el diario *La Prensa* en su artículo del 19 de septiembre.

De todos los medios consultados, dos son las voces que sonaban con más fuerza: *La Prensa* y *Criterio*, cada uno a través de sus artículos sobresalieron del resto tomando una postura clara frente al hecho.

LOS ACTORES

Una vez completadas la recopilación de las fuentes sobre el hecho, y las entrevistas a los actores de la época y a nuestro informante clave, nos enfrentamos ante un cúmulo de información que nos abrumaba. Nos preguntábamos ¿cuál es la especificidad de este enfrentamiento? Los discursos se nos presentaban ricos en contenido, pero a la vez desordenados, polisémicos e inconstantes. Comenzamos por reagruparlos de acuerdo con lo que intuíamos: la existencia de dos discursos, de dos proyectos distintos que se enfrentaban.

Entonces, tratamos de encontrar algunos ejes que mostraran las características de los actores y los significados del conflicto que parecía desplegarse a partir del acontecimiento que nos propusimos indagar.

El golpe del 6 de septiembre de 1930 contó con el apoyo de amplios sectores de la sociedad. Partidos políticos, grupos del ejército y la Iglesia, estaban aglutinados por un común denominador: desplazar a Yrigoyen del gobierno. Pero no fue un movimiento unidireccional y, por eso, derrocado el presidente radical, el velo que ocultaba las diferencias –o que al menos las mantenía en segundo plano– se descorrió. Si, como afirma Rouquié, la revolución de septiembre remite a un movimiento todavía circunscripto dentro de la tradición liberal,[4] no se puede desconocer la importancia de algunos sectores que pugnaban no por regenerar sino por cambiar de raíz el sistema político-institucional. La Iglesia, y dentro de ella los sectores del nuevo catolicismo integral, se había volcado abiertamente en favor del nuevo gobierno; al salir del letargo en el que había permanecido durante décadas, "quedaba claro que los hechos de aquel septiembre habían sido el comienzo de la revancha del catolicismo argentino".[5]

En este contexto, podemos entender la actitud de *La Prensa* como un intento por disminuir el papel protagónico que adquiere la Iglesia en ese momento. Tan sólo el hecho de haberse contemplado la posibilidad de que se hubiesen efectuado disparos contra el ejército y la gente que lo acompañaba desde un tradicional y reconocido colegio católico, implicaba deslegitimar la posición misma de la Iglesia con respecto al golpe. Para *La Prensa* librarse de Yrigoyen significaba librarse de la "chusma" y del personalismo, para reinstaurar el gobierno de la clase dirigente tradicional; dentro de este esquema, el lugar que le cabía a la Iglesia difería del que ella misma pretendía ocupar.

Nos parece importante detenernos aquí para entender el porqué de esta postura. El diario *La Prensa* había sido fundado por José Clemente Paz, vicepresidente de Bartolomé Mitre y personaje ilustre de la política argentina, el 18 de octubre de 1869. "Verdad, honradez: he aquí nuestro punto de partida.

Libertad, progreso, civilización. He aquí el fin único que perseguimos", semejante declaración de principios podía leerse en su primer número. Libertad, progreso, civilización, palabras que recorren el imaginario liberal que fue constituyéndose por esos años. Y *La Prensa* fue, sin duda, portador de estas ideas. Libertad, progreso, civilización, palabras que articulaban una representación del pasado, del presente y del futuro. Ante ellas había un enemigo claro: lo divino, lo bárbaro, lo oscuro. Y poco a poco la Iglesia, sostenedora de caudillos y tiranos según la visión de algunos intelectuales de la oligarquía ilustrada, comenzó a aparecer como ese otro que contenía en sí mismo todos aquellos males. Entonces, si el ataque no era directo, al menos se trataba de lograr un *modus vivendi* en el que la Iglesia ocupara un lugar subordinado, sin posibilidad de interferencia en el soñado avance ininterrumpido de la sociedad. El proyecto de toda una generación encontró en *La Prensa* un fiel vocero. Fortunato Mallimaci dice claramente al respecto: "El anticlericalismo [...] era expresado [...] por el diario *La Prensa* (vocero de los propietarios de la tierra y del *establishment*)".[6]

Los símbolos y las posiciones que recorrían las páginas del diario, tendrían efecto en las opiniones que se tuvieran sobre éste desde el campo católico. Marcelo Sánchez Sorondo,[7] figura emblemática del nuevo nacionalismo católico y militante, dijo sobre *La Prensa*: "Era un diario súper liberal, la expresión periodística del liberalismo más extremo".

Luego concluyó que, en realidad:

> [...] toda la prensa era liberal. Los diarios más importantes del país, *La Nación*, *La Prensa*, eran absolutamente refractarios a cualquier cambio de la visión del país, tanto doctrinaria como política.[8]

La documentación escrita también es elocuente al respecto. En 1926, el Arzobispado de Buenos Aires publicó un folleto titulado *La campaña anticatólica de* La Prensa,[9] en el que protestaba por los agravios que, según sostenía, había cometido el periódico contra algunas autoridades de la Curia. No es en vano aclarar la importancia del hecho de que la jerarquía eclesiástica haya emitido un documento dedicado a fustigar abiertamente a uno de los órganos de prensa más importantes del país. Años más tarde, la revista *Criterio*, pluma por excelencia del catolicismo integral, utilizará sus páginas para embestir en repetidas ocasiones contra el diario fundado por José C. Paz.[10] El padre Cayetano Bruno[11] expresó con elocuencia el lugar de ambos medios: "*La Prensa* siempre era izquierdista; en cambio, *Criterio* era de derecha totalmente".

Sin embargo, además de desencadenar un nuevo conflicto entre *La Prensa* y *Criterio*, los sucesos del 6 de septiembre incluyeron en la disputa al Colegio del Salvador, perteneciente a la poderosa Compañía de Jesús. Esta orden religiosa invocaba lugares, figuras, sentidos precisos dentro del imaginario liberal. Luego de su expulsión de las Indias en el siglo XVIII, los jesuitas habían retornado al Río de la Plata en 1836 con el permiso de Juan Manuel de Rosas. Ni más ni menos.

Si la Iglesia en su conjunto representaba para los liberales "el mejor sostén" del tirano "ante las multitudes ignorantes, fanatizadas por la religión y los caudillos",[12] la Compañía, que debía su retorno a Rosas, ganaría el lugar por excelencia de soldados de la causa rosista. Aunque luego haya sido el mismo Rosas quien los expulsó del territorio argentino,[13] ese distanciamiento no bastó para que la imagen de la Compañía quedase desligada de la del Gobernador. Años más tarde, cuando el Arzobispo de Buenos Aires intentó que se restituyeran algunas de las propiedades eclesiásticas que se les habían expropiado a los jesuitas en la época de la colonia, se desató la ira de medios periodísticos, personalidades ilustres y estudiantes. El 28 de febrero de 1875 se realizó un mitin en el teatro Variedades para analizar esta situación. Allí, bajo la presidencia del doctor Adolfo Saldías, se leyó una proclama redactada por la comisión de protesta: "Desde los tiempos más remotos, el jesuitismo ha merecido las condenaciones de los que rendimos culto a la libertad de pensar", exclamaba; y luego seguía buscando en la historia:

> Galileo, Juan Huss, Campanella, Jerónimo de Praga y tantos otros, víctimas ilustres de la intolerancia católica, fueron arrastrados al sacrificio en nombre de los intereses bastardos de esa secta.

Finalmente, pudo escucharse toda una declaración de principios: "Somos una generación que ha bebido en la fuente de la verdad las nociones del bien, y que no volverá al pasado ni se detendrá en su marcha, hoy que tiene ante su vista los horizontes infinitos del espíritu moderno".[14] Libertad, progreso, civilización. Al terminar la reunión, la gente enfervorizada, con un retrato de Rivadavia al frente, marchó hasta el Colegio y la Iglesia del Salvador para tomarlos por asalto y, finalmente, prenderles fuego.

Las luces de Rivadavia acabaron con la oscuridad jesuítica. Los nombres, los edificios, encuentran un lugar, un sentido y un cuerpo en los imaginarios. El 18 de mayo de 1876, poco más de un año después del incendio, Domingo Faustino Sarmiento diría al respecto:

> Los jesuitas no son una orden admitida en el país, y conceder nuestros favores para los jesuitas es darles el carácter legal que la Constitución les niega, que nuestras leyes les han negado: están bajo una condenación legal, confiscados sus bienes, expulsados del país por leyes que hemos heredado y que constituyen esta Nación.[15]

La orden de los jesuitas, aunque educará a lo más granado de la elite de nuestra sociedad, seguiría siendo para el imaginario liberal propietaria de las ideas más retrógradas, arcaicas y absolutistas. Varias décadas después, los "soldados de Loyola" continuarán su gesta produciendo hechos significativos para el movimiento integralista que nacía dentro del catolicismo. Sus miembros fueron protagonistas relevantes de los Cursos de Cultura Católica y referencia importante para la revista *Criterio*. Por otra parte, el padre Sáenz[16] nos refirió la vez en que los jesuitas se opusieron al nombramiento como arzobispo de Buenos Aires de Monseñor De Andrea, figura paradigmática del catolicismo que conciliaba con el orden liberal, en reemplazo de Monseñor Espinoza.

LA CRUZ Y LA ESPADA

El trabajo constante de acercamiento al ejército que había emprendido la Iglesia durante los últimos años de la década de 1920, inevitablemente, tendría que dar sus frutos con la llegada de Uriburu al gobierno. En este sentido, no se escatimaron esfuerzos para defender el espacio ganado. Y por ello fue tan contundente la reacción frente al intento de *La Prensa* de colocar al Colegio del Salvador, e indirectamente a la Iglesia en su conjunto, en el banquillo de los acusados. De esta forma, no sólo se la definía dentro del campo contrario al propio proyecto, sino también como integrante de las "fuerzas enemigas" al mismo golpe. Durante la jornada del 6 de septiembre –dice *Criterio*–:

> […] hubieron de lamentarse dos hechos criminales, como el de la Plaza del Congreso y el de la Avenida de Mayo, aquello fue casi un asesinato a mansalva contra el Ejército armado, es verdad, pero también contra el pueblo desarmado.[17]

La Prensa, según *Criterio* en forma "tendenciosa y maligna", sugirió que había existido otro hecho criminal pero, esta vez, sus protagonistas no eran los diputados adictos a Yrigoyen, sino que involucraba al colegio de los jesuitas. La respuesta a esta imputación no tardó en llegar y, a la vez, mostró una clara definición de la postura que "la poderosa Compañía de Jesús" había adoptado.

> Nuestra institución ha sido y será siempre defensora del orden y de la autoridad constituida [...]. Los jesuitas de la Argentina rogamos a Dios para que la gestión de V. E., redunde en mucho bien de la patria y mucha gloria del mismo Dios, rey de los pueblos.[18]

En el mismo número de *Criterio* en que se publicaron estas palabras del Provincial de la Compañía, se realizó una encendida defensa de la revolución triunfante, que entre la mañana y la tarde del 6 de septiembre de 1930 había derrocado "el orden y la autoridad constituida".[19] Al parecer, el gobierno de Yrigoyen no representaba la autoridad ni garantizaba el orden que los jesuitas pregonaban; en cambio, frente al nuevo gobierno provisional, los religiosos tomaron una postura decidida, mostrando, una vez más, que el acercamiento entre la Iglesia y el ejército, y las afinidades en torno a un mismo proyecto, eran procesos que, aunque disgustaran tanto a *La Prensa* liberal, no iban a ser fáciles de detener. Ya en tiempos de Yrigoyen la Iglesia había dado los primeros pasos en esta dirección. La conquista del ejército había empezado a ser un objetivo fundamental para este "despertar católico" que, frente al miedo creciente a la amenaza roja y a su histórico enfrentamiento con el liberalismo anticlerical, trataba de encontrar en él un aliado para sus propósitos. "Desde 1930 la Iglesia privilegió a las fuerzas armadas como vehículo de la recristianización nacional".[20] El idilio naciente se nos presenta en forma concreta cuando Uriburu, a través de su secretario personal –teniente coronel Kinkelin– responde inmediata y satisfactoriamente la nota que le envió el Provincial en la Provincia Jesuítica Argentina. Escribe el Padre Luis Parola:

> Me permito distraer por un instante la atención de V. E. de los graves asuntos que la reclaman en la hora presente, para formular, en mi carácter de superior provincial de la Compañía de Jesús en la Argentina, mi más sincera y enérgica protesta contra la versión calumniosa de haberse hecho fuego contra la tropa desde la azotea del Colegio del Salvador, en la memorable tarde del sábado 6 del corriente.[21]

Uriburu, por su parte, responde en estos términos:

> En contestación a la misma cúmpleme manifestarle que en el ánimo del Excmo. Señor Presidente no han tenido jamás asidero alguno tales versiones, compenetrado como está de los altos fines que esa institución persigue y elevado concepto de que goza en nuestro ambiente social e intelectual.[22]

La Prensa, espectadora de este fluido intercambio, no tardó en dar su opinión poniendo en tela de juicio el lugar privilegiado que la Iglesia se arrogaba y que el gobierno provisional parecía otorgarle.

> Si de acuerdo con la creencia del Jefe de Gobierno no existió el tiroteo denunciado, su única injerencia en la cuestión debe limitarse a expresar ante quien corresponda su deseo de que tales versiones se vean rápidamente esclarecidas, no sólo para dar satisfacción a un instituto determinado sino para dilucidar regularmente si el atentado ha sido cometido o no. Creemos que la contestación dada no es la forma que el gobierno ha debido adoptar para tranquilizar las inquietudes de los religiosos, puesto que aún no se ha hecho público el resultado de la denuncia. En el mismo caso de la citada institución se encuentran otras personas que han sido privadas de su libertad a raíz de hallarse en los establecimientos que dirigían armamentos que se sospechaban comprometedores, y tan perjudicadas se han visto estas en su prestigio como la Compañía mencionada, sin que por ello se les hayan dado satisfacciones prematuras.[23]

Este diario, que después de informar sobre el hecho había guardado silencio durante una semana, y que se había abstenido de publicar en forma completa las cartas recién citadas, cosa que sí había hecho el resto de los matutinos nacionales, ahora elige una de sus páginas centrales para presentar esta objeción. Aquí se puede leer una postura constante del liberalismo: "La religión o debe ocupar el espacio de lo privado o debe desaparecer. Por supuesto no debe mezclarse con lo político y social".[24] Al recluirla en ese ámbito, *La Prensa* otorga a la Iglesia tantos derechos y obligaciones como a cualquier otro particular y, por lo tanto, ésta no puede ser merecedora de "satisfacciones prematuras" ni de prebendas por parte del gobierno. Además las sospechas sobre la Compañía siguen en pie. La posibilidad de que los jesuitas hayan podido atentar contra las tropas del nuevo orden es la misma que la de esas otras personas a las que el gobierno todavía no ha exculpado. En el imaginario liberal que recorre la postura de *La Prensa*, la "Compañía mencionada" no está exenta de sospechas. La imagen de la sotana recalcitrante atentando contra el progreso y el orden vuelve a cada línea para cubrir a los jesuitas con un manto de sospechas.

La nueva realidad significó un escenario político en el cual los distintos actores que protagonizaron el movimiento revolucionario pugnaron por ocupar un lugar privilegiado. Es dentro de este contexto en donde hay que leer sus actitudes: cuando se presenta el conflicto por imponer un sentido a la nueva coyuntura, los actores se definen, definen al enemigo e intentan desplazarlo. Y aquí los elementos del imaginario que se ha ido constituyendo durante décadas, refuerzan y delimitan las concepciones presentes.

EL CONFLICTO DESDE LOS CATÓLICOS

Dos días después de la publicación de la noticia en el diario *La Prensa*, el padre Domenech, rector del Colegio del Salvador, se encargaba de explicitar la posición de esa institución frente al conflicto:

> Un poco, tan sólo, de sentido común y de amor nacional, y sobre todo la alta misión de nuestra investidura sacerdotal, que nos obliga a mantenernos ajenos a toda bandería política para dedicarnos con todo empeño a la formación cultural y espiritual de nuestros encomendados, nos habría impedido no sólo realizar, pero ni pensar en cometer tan imprudente, antipatriótico y execrable delito.[25]

La versión de *La Prensa* no solamente cuestionaba el apoyo de la Iglesia al nuevo gobierno y, de esta forma al "legítimo defensor de los intereses del pueblo", sino que también golpeaba en el punto que tal vez más dolía a los católicos: disparar contra el ejército y el pueblo significaba disparar contra la patria. Es por ello que Domenech se ocupó de dejar en claro lo impensable de esta posibilidad, al correrse del terreno en el que intentaba colocarlo *La Prensa*. No esgrimió más razones que su "alta misión", su misma existencia era la que llevaba la fidelidad a la patria al lugar de lo incuestionable. Estos son años en los cuales el imaginario patriótico se va ligando a través de pequeños y grandes actos al ser católico. *Criterio*, con su acostumbrada actitud de choque, descalificó ante sus lectores al órgano difusor de tales aberraciones. En un artículo titulado "Una mentira de *La Prensa*" afirma:

> Este episodio señala una vez más la política antirreligiosa de ese diario, que usufructúa tan malamente un prestigio de periódico serio, informado e infalible. Pero es ciertamente intolerable, y ya no pueden dudar de ello los católicos, aun los más remisos en cumplir su deber, que es no prestar ninguna clase de apoyo al periodismo tenaz y empedernido adversario de la verdad y de la Iglesia.[26]

La Prensa no era sólo adversaria de la Iglesia, y con ella de todos los católicos, sino que también era adversaria de la verdad.

Frente a este tipo de ataques, los católicos debían tomar alguna posición, tal como lo recuerda el padre Bruno al hablar sobre liberales y masones:

> [...] había que defenderse, andar con cuidado, no darle chance a ellos, no pedirles auxilio, porque esa gente es mala, el diablo es el diablo siempre.[27]

Por esos años, comenzaban a producirse importantes cambios en el catolicismo. En 1922 habían surgido los Cursos de Cultura Católica, donde se encontraron jóvenes nacionalistas y católicos antiliberales. Los cursos "[...] pronto se convirtieron en el laboratorio de la revancha católica".[28] En palabras de Sánchez Sorondo:

Los Cursos fueron muy importantes para la cultura argentina porque ahí se manifestó con profundidad un pensamiento absolutamente diferente, distinto de la tradición liberal. De manera que ahí tiene lugar el encuentro de un pensamiento sustancialmente religioso con una interpretación congruente del país.[29]

La incidencia de la Compañía de Jesús en los Cursos fue enorme; así lo comprueba el hecho de que Atilio Dell´Oro Maini, ex alumno del Colegio del Salvador, haya sido uno de sus precursores y de que la Compañía haya sido la orden que más cantidad de profesores aportó.[30] Según nuestro informante clave, el padre Sáenz, de la orden de los jesuitas:

Los Cursos de Cultura Católica eran la expresión más culta del catolicismo argentino [...]. Se sacan el lastre que podían haber tenido Goyena, Estrada. Además, como nos referimos a la época del triunfo de los movimientos de derecha en Europa, los cursos estaban influidos por eso.

En los cursos había muchos jesuitas: Pérez Acosta [...] era realmente un predominante influjo de ellos. Además, como ellos eran profesores, no estuvieron ajenos a los acontecimientos políticos.[31]

En 1928 el mismo Dell'Oro Maini, junto con otros miembros de los Cursos, funda *Criterio*, dándole a su actividad mayor contenido político e ideológico. Desde sus comienzos, *Criterio* se convirtió en la tribuna por excelencia de ese nuevo y combativo catolicismo integral. En su primer número, hace explícita esta postura:

Criterio nace de un movimiento de ideas [...] es un órgano nuevo, doctrinario y popular, para la difusión de la sana doctrina, para la exaltación de los principios esenciales de nuestra civilización, para la restauración de la disciplina cristiana en la vida individual y colectiva.[32]

Tanto los Cursos como *Criterio* significaron una profunda renovación ideológica y política en el catolicismo argentino. Hacia 1930, cuando tuvo lugar el hecho que estamos analizando, esta nueva vertiente aún no se había convertido en hegemónica, pero comenzaba a expresar un cambio muy importante en el panorama católico. Sostiene el padre Sáenz:

Ese movimiento tocó a la cultura argentina en general. No era sólo un movimiento católico encerrado, sino creo que tuvo mucha influencia hacia afuera [...]. Ese fue el grupo que rodeó a la Revolución del treinta.[33]

La renovación católica, entonces, se desarrolló a la par que comenzaron a elaborarse nuevas concepciones sobre la nación, la nacionalidad y el patriotismo. Y era precisamente este movimiento uno de los mayores impulsores del "despertar nacionalista" que vio con tan buenos ojos la revolución de Uriburu. El catolicismo como elemento fundante de la patria pasó a primer plano; en torno a él se produce una construcción simbólica del pasado y del presente. Para ligar la nación a la religión era necesario, al mismo tiempo, hacer una resignificación de la historia, y esto implicaba contrarrestar la elaboración que la tradición liberal había realizado sobre ella. El padre Cayetano Bruno, historiador de la Iglesia, es claro al respecto:

> Dicen que San Martín era masón. Son cuentos, son mentiras, no hay ningún documento que diga que San Martín era masón. Lo único que existió es que, cuando él llega a España en 1822, cuando se retira de la Argentina para siempre, no sé por qué cuestión los masones le dedican una medalla como si él fuese un masón. San Martín la habrá guardado por ahí, pero nunca dijo que era masón, por eso es que no lo es. Y Belgrano menos.[34]

Junto con la revisión de la historia, es el presente mismo el que interesa a estos católicos. Construir una nueva nación era en ese momento una idea-fuerza, uno de los pilares de la movilización política e ideológica de estos años. Sánchez Sorondo recuerda que:

> Eso era lo que nos movía y nos conmovía: la voluntad de hacer de la Argentina una nación como tal, con todos los atributos de una auténtica determinación.

La cuestión a resolver era qué atributos se incorporaban a esta idea de nación. Sánchez Sorondo hace explícito este punto:

> […] la defensa de los valores tradicionales del país, la visión de una Argentina grande, como decía Lugones.

Si esa tradición era el núcleo, el eje fundamental de estas nuevas concepciones, ¿cuáles son, entonces, aquellos valores tradicionales a los que hacía referencia Sánchez Sorondo?

> […] por lo pronto un sentido religioso de la vida. La Argentina del proceso liberal miró al margen de la tradición religiosa […] Nosotros incorporamos como parte de la identidad nacional los valores religiosos, la Iglesia Católica. Ése era uno de los ingredientes más determinantes. Para nosotros, España tenía una importancia determinante en la cultura argentina. Ése era otro tema de batalla: la hispanidad.[35]

A la luz de estas palabras es posible volver al hecho que estamos analizando y encontrar en él algunos elementos que se nos escapaban. A través de las declaraciones del padre Domenech pudimos ver cómo postulaba lo incuestionable de la defensa de la patria por parte de los católicos. Ahora vemos cómo, mientras el rector del colegio hablaba en estos términos, el nuevo movimiento católico daba un paso más allá: no sólo el catolicismo no es antipatriótico, sino que, además, es la patria misma, la patria es católica. La ligazón en este nuevo imaginario operaba con más y más fuerza. Años más tarde, la posibilidad de desconocer la tradición católica como fundamento de lo nacional llegaría a ser más que improbable.

LAS ARMAS LAS CARGA EL DIABLO

El hecho de que la policía haya encontrado armas en el Colegio del Salvador, produjo otro punto importante de enfrentamiento. *La Prensa*, en la nota de actualidad que ya citamos, pone en cuestión la legalidad de que un colegio religioso posea armamento en su edificio:

> Por otra parte armas y municiones de la Nación no pueden estar legítimamente sino en los cuarteles y arsenales y, en determinadas condiciones, en los polígonos de tiro. Su existencia en una casa de religiosos constituye por sí solo una grave irregularidad. Más que indagar si esas armas se emplearon el 6 de septiembre, corresponde averiguar cuáles fueron las personas que las llevaron a un instituto religioso, poniendo al mismo en un grave compromiso.[36]

El planteo de *La Prensa* manifiesta una idea que recorre todo el imaginario liberal: las armas son un símbolo de la nación, de la defensa de la nación, y corresponde al ejército llevarlas y emplearlas. Por eso este diario termina por admitir que lo esencial es, más allá de que hayan existido o no los disparos desde el colegio, que una "casa de religiosos" se arrogue un derecho que no detenta. De esto se desprende que es el Estado, y el ejército como institución estatal, el único encargado de la defensa de la nación, y por lo tanto queda excluida cualquier entidad religiosa en el ejercicio de esta función. Recordando un punto que analizamos más arriba, la Iglesia, que es llevada al lugar de los particulares, no encuentra espacio en un Estado que ha sido construido dándole la espalda a la religión. En definitiva, los principales pilares de la Argentina del proyecto liberal excluían al catolicismo como atributo indispensable. Es cierto que la religión católica era la religión que adoptaba el Estado, pero al momento de delinear instituciones fundamentales como el ejército y la escuela, la posición al respecto era muy clara: el laicismo abortaba toda posibilidad de participación religiosa.

Para los católicos esto era evidente, y era esta evidencia uno de los argumentos fundamentales de su reacción. El Estado liberal no sólo había excluido a la religión de su esfera, sino que también había renegado de la importancia de construir esa "Argentina grande" de la que hablaba Sánchez Sorondo. Y ambas cosas estaban evidentemente entrecruzadas. No podía construirse esa gran nación sin la guía de la cruz y la custodia de la espada. El ascenso del movimiento que lleva como bandera lo esencial de la nación y de una fuerte iden-

tidad nacional, entonces, se entrecruza con la idea de que la Argentina fue, es
y será católica. La patria católica como pilar de la nacionalidad está presente
en el conflicto que abordamos. Es cierto, las armas son de la nación, pero hablar de nación es hablar de catolicismo y, por tanto, el Colegio del Salvador es
portador legítimo de ellas, más aún si esas armas se empleaban para educar en
esa materia a sus alumnos. Qué mejor que unir la educación religiosa con la
enseñanza de las armas si, en definitiva, ambas cosas definen al buen argentino, al patriota que defiende los valores tradicionales de todo agresor. Cómo
concretar mejor la tan magnífica unión de la cruz y la espada. Ante el cuestionamiento de *La Prensa*, *Criterio*, paradigmático portador de estas concepciones, intenta refutarlo desde ese lugar:

> El 19 de este mes [*La Prensa*] publicó un suelto en el que se manifestaba asom-
> brado porque a los padres del Colegio del Salvador no los hubieran privado de li-
> bertad como a otras personas en cuyos establecimientos comerciales se hubieran en-
> contrado armamentos que se sospechaban comprometedores. En el mismo suelto
> aseguraba que las armas de la nación no podían estar legítimamente en una casa de
> religiosos, "lo cual constituye una grave irregularidad", y que "corresponde averi-
> guar cuáles fueron las personas que las llevaron al instituto religioso". Nosotros va-
> mos a darles gratis los datos que necesita. Los padres del Salvador no fueron priva-
> dos de libertad, al ser retiradas del colegio las armas que en él había, como otras
> personas en cuyos establecimientos se encontraron armamentos, porque esas armas
> eran armas de la Nación [...].[37]

Las armas de los católicos son las armas de la nación, la buena nueva que
trae *Criterio* implicará, algunos años más tarde, una movilización política impensable para aquellos que, como *La Prensa*, habían disfrutado durante décadas del paraíso liberal.

PALABRAS FINALES

El lector habrá percibido que a lo largo de todo el trabajo nunca nos preguntamos sobre la existencia de los disparos desde el Colegio del Salvador hacia las tropas golpistas. Falta grave en la investigación, se nos acusará. Sin embargo, como planteamos al comienzo de este trabajo, desde el preciso
momento en que ese suceso tomó carácter público se puso en movimiento una
dinámica de imaginarios sociales, todo un dispositivo simbólico que nos llevó
a cambiar el eje de nuestros interrogantes. La pregunta sobre la verdad del hecho nos ataba a una cuestión fáctica, nos imponía una investigación centrada
en la búsqueda de pruebas. La alternativa a esta forma de trabajo era poner
nuestra atención en los discursos y percepciones de los distintos actores involucrados en el hecho. Optamos, entonces, por una tarea interpretativa.

La intersección de los discursos se ubicaba dentro de un espacio simbólico e imaginario donde los actores buscaban elementos para lograr coherencia y legitimidad en el propio discurso y descalificar la posición del contrario. Cada discurso remitía a un imaginario, a una forma particular de ver el pasado, el presente y, por supuesto, el futuro. Los imaginarios sociales proporcionaban pautas cognitivas que permitían interpretar el acaecer nacional desde una perspectiva singular. Si nos detenemos en aquellos puntos que han sido articuladores de la presente investigación veremos cómo, en torno a los mismos problemas, se dieron soluciones contrapuestas. La posición de la Iglesia con respecto al golpe, la relación religión-Estado y el problema del fundamento de la nacionalidad, constituyen nudos problemáticos que sacan a la luz dos imaginarios en conflicto que encerraban proyectos imposibles de conciliar. En última instancia, lo que se ponía en juego en tal confrontación era la inexorable necesidad de imponer un sentido a la realidad. Esta dinámica de imaginarios es la que atravesaba los sucesos del Colegio del Salvador. En ellos se desplegaba todo un andamiaje simbólico que configuraba la disputa entre *La Prensa* por un lado, y el colegio y *Criterio* por otro. Las notas, las opiniones y las cartas fueron interpretadas teniendo en cuenta estas premisas.

Volvamos al principio. La omisión de la pregunta sobre la veracidad de los disparos en el Colegio del Salvador no ha sido un descuido. El desarrollo mismo de la investigación nos llevó a dejar de lado este interrogante. Optamos por estudiar el acontecimiento desde la particular perspectiva de los imaginarios sociales. Al encarar desde esta postura la interpretación del hecho, la pregunta sobre la verdad quedaba relegada a un segundo plano o, mejor dicho, desaparecía. Fueron los mismos actores, paradójicamente, quienes nos brindaron la pauta para excluir ese interrogante de este trabajo. Ellos ponían en evidencia lo irreductible de un acontecimiento a un solo significado. Sus discursos expresaban, a pesar de sus aspiraciones, la incapacidad de apropiarse y monopolizar el sentido de este hecho. Esto derivaba de una disputa no resuelta de más largo alcance, un enfrentamiento que iba más lejos que los tiros en el Colegio del Salvador. Hubiera sido imposible vislumbrar este conflicto si nos ateníamos a establecer la verdad del acontecimiento.

APÉNDICE

Los entrevistados

Cuando decidimos analizar este hecho, nos encontramos frente a un panorama bastante más abierto del que nos hubiésemos imaginado. Desde el comienzo ayudó el hecho de que uno de nosotros había sido ex alumno del Colegio del Salvador. Eso nos facilitó el acceso a la majestuosa biblioteca de esa institución y nos permitió realizar un contacto con el rector, quien nos contactó con el padre Alfredo Sáenz. Este clérigo, un intelectual jesuita prestigioso, miembro de la Junta de Historia Eclesiástica Argentina, nos sirvió como informante clave, puesto que pudo orientarnos en algunos temas y nos abrió las puertas ante los entrevistados.

Marcelo Sánchez Sorondo (1912). Cuando llegamos a su departamento, ubicado en el elegante Barrio Norte frente a la plaza de Montevideo y Juncal, fuimos recibidos por su ama de llaves, enfundada en el tradicional atuendo de personal de servicio de las familias adineradas. Los ambientes estaban cubiertos de fotografías históricas: Juan Pablo II, Juan Manuel de Rosas, Matías Sánchez Sorondo –su padre–, ceremonias religiosas, ceremonias militares y, detrás de la puerta que daba a la sala de estar, un enorme cuadro con el manifiesto de la agrupación juvenil Restauración, en la que el entrevistado militó durante la década de 1930. Sánchez Sorondo nos recibió junto con su abogado y, con el correr de la conversación, llegó otro amigo, algo más joven, que también participó del encuentro. La charla fue cordial y el entrevistado contestó en general todo lo que le preguntamos. Al final, se mostró muy interesado por conocer nuestra opinión acerca de la realidad nacional, e insistió para que le dejáramos nuestros nombres anotados en un papel.

Realizó una parte de sus estudios secundarios en el Colegio del Salvador, en la década de 1930 se graduó de abogado y, como dijimos antes, participó activamente de la vida política nacional desde, entre otros lugares, la agrupación Azul y Blanco. Fue profesor secundario y universitario. En la década de 1950 fundó la famosa revista *Azul y blanco*, que luego se transformó en *Segunda República*. Por estas actuaciones, el gobierno de Onganía lo encarceló varias veces. En 1973 fue candidato a senador nacional por la Capital Federal representando al FREJULI, y perdió ante Fernando de la Rúa.

Padre Cayetano Bruno (1912). Realizamos la entrevista en las oficinas que la orden posee frente al Colegio Pío IX. El padre nos recibió cordialmente. En algunos momentos, parecía estar cansado y, entonces, volvía sobre algunos temas que ya habíamos tocado. Nació en Córdoba, desde los nueve años estudió en el colegio de los salesianos de esa provincia. Al terminar sus estudios fue enviado a Italia a especializarse en derecho canónico. Es miembro de la Academia Nacional de la Historia, de la Academia Sanmartiniana, de la Junta de Historia Eclesiástica Argentina, de la Comisión Pontificia de Ciencias Históricas y del Instituto Histórico Nicolás Avellaneda, entre otras prestigiosas academias. Publicó numerosos libros, entre los cuales se destacan los diez tomos de *Historia de la Iglesia en la Argentina*. En 1992 recibió el Premio José Manuel Estrada otorgado por la Comisión Arquidiocesana de Buenos Aires para la Cultura.

BIBLIOGRAFÍA

Alameda, Julián: *Argentina Católica*, Buenos Aires, Padres Benedictinos, 1935.

Amestoy, Norman: "Orígenes del integralismo católico argentino", en *Cristianismo y Sociedad*, N° 108, 1991, págs. 7-33.

Baczko, Bronislaw: *Los imaginarios sociales*, Buenos Aires, Nueva Visión, 1991.

Furlong, Guillermo: *Historia del Colegio del Salvador*, Buenos Aires, Ediciones del Colegio del Salvador, 1944, tomo II, primera parte.

Giménez, Angel M.: *La Iglesia y el Estado argentino*, Buenos Aires, Imprenta de la Federación Gráfica Bonaerense, 1934.

Mallimaci, Fortunato: "El catolicismo argentino desde el liberalismo integral a la hegemonía militar", en AA.VV. *500 años de cristianismo en la Argentina*, Buenos Aires, Centro Nueva Tierra-Cehila, 1992.

Nora, Pierre: "La vuelta del acontecimiento", en Jacques Le Goff y Pierre Nora: *Hacer la Historia*, Barcelona, Laia, 1985, tomo I.

Rivero de Olazábal, Raúl: *Por una cultura católica*, Buenos Aires, 1987.

Rock, David: *El radicalismo argentino 1890-1930*, Buenos Aires, Amorrortu, 1992.

Romero, Luis Alberto: "Iglesia y sectores populares en Buenos Aires en la entreguerra", ponencia presentada en las V Jornadas Interescuelas Departamentales de Historia, y Jornadas Rioplatenses de Historia, Montevideo, 1995.

Rouquié, Alain: *Autoritarismo y democracia*, Buenos Aires, Edicial, 1994.

————: *Poder militar y sociedad política en la Argentina*, Buenos Aires, Hyspamérica, 1986.

Sarmiento, Domingo F.: *Discursos*, Buenos Aires, Tor, 1946.

Zanatta, Loris: *Del Estado liberal a la nación católica. Iglesia y ejército en los orígenes del peronismo, 1930-1943*, Quilmes, Universidad Nacional de Quilmes, 1996.

FUENTES

Diarios:
- *El Pueblo*, septiembre de 1930.
- *La Nación*, septiembre de 1930.
- *La Prensa*, septiembre de 1930.
- *La Protesta*, septiembre de 1930.
- *La Razón*, septiembre de 1930.
- *La Vanguardia*, septiembre de 1930.
- *Libertad*, septiembre de 1930.

Revistas:
- *Criterio*, marzo de 1928 y septiembre de 1930.
- *El Salvador*, septiembre de 1930.
- *Estudios*, publicación de la Academia Literaria del Plata, septiembre de 1930.
- *Revista Eclesiástica del Arzobispado de Buenos Aires*, septiembre de 1930.

Folletos:
– *La campaña anticatólica de* La Prensa, documento de la Curia de 1926.

Entrevistas:
– Entrevista al padre Cayetano Bruno, realizada el 5 de agosto de 1997.
– Entrevista a Marcelo Sánchez Sorondo, realizada el 29 de julio de 1997.
– Entrevistas al padre Alfredo Sáenz, realizadas entre los meses de julio y agosto de 1997.

NOTAS

1. Santiago de Estrada: *Nuestras relaciones con la Iglesia*, Buenos Aires, Theoria, 1963, págs. 55-56.

2. Pierre Nora: "La vuelta del acontecimiento", en Jacques Le Goff y Pierre Nora, *Hacer la Historia*, Barcelona, Laia, 1985, tomo I, pág. 223.

3. Acerca de la noción de imaginario, véase Bronislaw Baczko: *Los imaginarios sociales*, Buenos Aires, Nueva Visión, 1991. En el capítulo "Los olvidos y los recuerdos de la memoria" de este libro (págs. 141-164), también podrá encontrarse un tratamiento satisfactorio del concepto.

4. Cf. Alain Rouquié: *Poder militar y sociedad política en la Argentina*, Buenos Aires, Hyspamérica, 1986, tomo I.

5. Loris Zanatta: *Del Estado liberal a la nación católica. Iglesia y ejército en los orígenes del peronismo, 1930-1943*, Quilmes, Universidad Nacional de Quilmes, 1996, pág. 27.

6. Fortunato Mallimaci: "El catolicismo argentino desde el liberalismo integral a la hegemonía militar", en AA.VV., *500 años de cristianismo en la Argentina*, Buenos Aires, Centro Nueva Tierra-Cehila, 1992, pág. 203.

7. Al respecto de Marcelo Sánchez Sorondo, véase apéndice, pág. 53.

8. Entrevista a Marcelo Sánchez Sorondo, realizada el 29 de Julio de 1997.

9. Cf. *La campaña anticatólica de* La Prensa, Buenos Aires, Arzobispado de Buenos Aires, 1926.

10. Hemos extraído una pequeña muestra anterior al acontecimiento que estamos analizando, la cual nos sirvió para entender que las críticas y los choques que se producen entre ambos medios a partir del tiroteo del 6 de septiembre pueden remitirse a otros tantos conflictos anteriores. Cf. *Criterio*, año III, Nº 122, 123, 126, 127, 128 y 131, publicados entre el 3 de julio y el 4 de septiembre de 1930.

11. Al respecto del padre Cayetano Bruno, véase apéndice, pág. 53.

12. Tomado de Angel M. Giménez: *La Iglesia y el Estado argentino*, Buenos Aires, Imprenta de la FGB, 1934. En este libro podemos ver la interesante intersección entre "la noble y gloriosa tradición liberal argentina" y los "generosos ideales del socialismo", muy clara en cuanto a visiones del pasado y de la Iglesia.

13. En *op. cit.* se puede leer al respecto: " […]. Y la Nación entera sangrada por luchas civiles […] veía salir tranquilos, sanos de cuerpo […] a los últimos soldados de Loyola […]. No hubo una sola víctima de la mazorca entre los jesuitas".

14. Discurso pronunciado por el señor Balleto, el 28 de febrero de 1875. Tomado de

op. cit., págs. 114-115. Aquí puede obtenerse información minuciosa sobre los sucesos de febrero de 1875.

15. Domingo F. Sarmiento: *Discursos*, Buenos Aires, Tor, 1946.

16. Al respecto del Padre Alfredo Sáenz, véase apéndice, pág. 52.

17. *Criterio*, año III, N° 132, 11 de septiembre de 1930, sección "De jueves a jueves".

18. *Revista del Salvador, op. cit.*, pág. 212.

19. En la *Revista Eclesiástica del Arzobispado de Buenos Aires* del mes de septiembre de 1930 aparecen una serie de cartas con el título "Notas cambiadas entre el Excmo. arzobispo y el gobierno provisional", en las cuales el arzobispo José María Bottaro y el ministro de Relaciones Exteriores y Culto Ernesto Bosch intercambiaban manifestaciones mutuas de apoyo.

20. Loris Zanatta, *Del Estado liberal...*, *op. cit.*, pág. 35.

21. *La Nación*, 17 de septiembre de 1930.

22. *La Nación*, 18 de septiembre de 1930.

23. *La Prensa*, 19 de septiembre de 1930.

24. Fortunato Mallimaci, "El catolicismo argentino...", *op. cit.*, pág. 203.

25. *La Razón*, 10 de septiembre de 1930.

26. *Criterio*, año III, N° 132, 11 de septiembre de 1930.

27. Entrevista al padre Cayetano Bruno, realizada el 5 de agosto de 1997.

28. Loris Zanatta: *Del estado liberal...*, *op. cit.*, pág. 45.

29. Entrevista a Marcelo Sánchez Sorondo.

30. Cf. R. Rivero de Olazábal: *Por una cultura católica*, Buenos Aires, 1987. Según al autor, había 7 profesores jesuitas, 4 dominicos, 3 benedictinos y 2 franciscanos.

31. Entrevista al padre Alfredo Sáenz.

32. *Criterio*, N° 1, marzo de 1928.

33. Entrevista al padre Alfredo Sáenz.

34. Entrevista al padre Cayetano Bruno.

35. Entrevista a Marcelo Sánchez Sorondo.

36. *La Prensa*, 19 de septiembre de 1930.

37. *Criterio*, año III, N° 134, 25 de septiembre de 1930. Según esta revista, el decreto que autorizaba la tenencia de armas había sido emitido por el Ministerio de Guerra el 11 de enero de 1907.

EL CONCORDATO ENTRE EL VATICANO Y EL REICH. SUS REPERCUSIONES EN LA ARGENTINA

Lucía Celia
Lorena Soler
Karina Vázquez

RESUMEN

En el marco del análisis de las complejas relaciones entre la Iglesia Católica y los gobiernos totalitarios, este artículo intenta dar cuenta de las repercusiones que el advenimiento del nacionalsocialismo en Alemania produjo sobre la Iglesia Católica, con especial énfasis en el catolicismo argentino.

El 20 de julio de 1933 el Vaticano y el gobierno del Tercer Reich suscribieron un concordato. Se postula que en él subyace un conjunto de factores que intervienen en el momento en que, más allá del enfrentamiento entre doctrinas, surgen las disputas por el control de los espacios de poder y de los imaginarios sociales.

La firma del concordato por parte del nacionalsocialismo implicó legitimar un régimen que aún no contaba con sus propios espacios simbólicos, en tanto que para la Iglesia Católica significó la posibilidad de recuperar las vías por donde se canalizan las concepciones doctrinarias, más allá de la convergencia de intereses acerca de la común oposición entre el comunismo y el liberalismo.

En cuanto a los grupos protestantes alemanes y argentinos, no adoptaron una postura unificada, mientras que los socialistas se opusieron rotundamente al concordato.

INTRODUCCIÓN

El afán de indagar acerca de las complejas relaciones entre la Iglesia Católica y los gobiernos totalitarios, teniendo como eje el período 1930-1943, nos impulsó a interesarnos particularmente por las repercusiones que el advenimiento del nacionalsocialismo en Alemania produjo sobre la Iglesia Católica y las reacciones que estimuló en la Argentina, con especial atención en el catolicismo. La revisión de la bibliografía sobre el tema y de las fuentes de la época nos guió para centrarnos en el concordato suscripto por el Vaticano y el gobierno del Reich el 20 de julio de 1933.

Este tema de investigación se nos presentaba como especialmente atrayente debido a la diversidad de interpretaciones a que dio lugar y a la fertilidad de que gozaba para observar la disputa por los espacios simbólicos.

Para cumplir con este objetivo intentamos, en primer lugar, rastrear los elementos en juego que llevaron al Vaticano a pactar con un dictador totalitario. ¿Implicaba el concordato brindar apoyo al nazismo? Pero responder a esta pregunta significaba plantearnos si la verdadera naturaleza del acuerdo fue la mera defensa de intereses materiales, o era el miedo al comunismo, o la lucha contra el liberalismo o la protección de los católicos alemanes.

Por otro lado, y desde nuestro país, nos cuestionamos si la Iglesia Católica argentina acató el discurso con el que Roma justificó su accionar. Además, y contando con el antecedente de que la Iglesia Católica había apoyado el golpe militar-nacionalista-corporativista del general Uriburu, si apoyaría también a un régimen totalitario como lo era el nacionalsocialismo.

El devenir de las respuestas a estos interrogantes nos lleva a postular que el concordato no fue sólo un tratado de convivencia pacífica, tal como lo pretende la versión oficial de la Iglesia Católica, sino que en él subyace un conjunto de factores que entran a jugar en el momento en que, más allá del enfrentamiento entre doctrinas, surgen las disputas por el control de los espacios de poder y de los imaginarios sociales.

Además de los católicos, consideraremos también la actitud de algunos grupos protestantes alemanes y argentinos ante el nazismo, así como la posición adoptada por los socialistas ante la conducta de estos dos grupos religiosos.

Para resolver de manera tentativa estos problemas investigamos el estado de la cuestión, encontrando que si bien la bibliografía era escasa, los diarios y las revistas nos proporcionaban el material mas fértil. Debemos aclarar que cuando nos referimos a la Iglesia Católica en la Argentina nos estamos basando en las opiniones vertidas desde la revista *Criterio* y el diario *El Pueblo*.

En cuanto a los protestantes, nos guiamos por las publicaciones *El estandarte evangélico* y *El sendero del creyente*, y en lo que atañe a los socialistas la fuente utilizada fue *La Vanguardia*.

El trabajo se encuentra organizado de la siguiente manera:

- Situación socio-política mundial.
- Las causas del ascenso del nacionalsocialismo al poder y sus consecuencias en relación con los grupos religiosos.
- El Concordato y sus razones.
- Contexto socio-político argentino.
- Visiones y discusiones sobre el Concordato: católicos, protestantes y socialistas.
- Conclusiones.

LA CRISIS DEL LIBERALISMO

A partir de la Primera Guerra Mundial, el liberalismo como doctrina comenzó a resquebrajarse en el mundo entero, como consecuencia de una serie de elementos: la sangrienta lucha entre las potencias, la victoria de la Revolución Rusa, la abortada revolución comunista en Alemania, la aguda depresión económica de 1930 y un Estado liberal incapaz de acercarse a la gente y responder satisfactoriamente a sus demandas.

En el marco de esta crisis se ven afectados también los valores democráticos, a la vez que surgen alternativas que tienen como enemigos comunes al comunismo y al liberalismo, y que implementan gobiernos totalitarios y totalizadores en los cuales el Estado corporativo desempeña un papel central en todos los aspectos de la vida cotidiana.

LA SITUACIÓN ALEMANA

El ascenso del nacionalsocialismo al poder

Los factores que despejaron el camino que Hitler recorrió hasta obtener el poder absoluto debemos buscarlos, en parte, en los problemas que aquejaron a la República de Weimar surgida al término de la Primera Guerra Mundial: una crisis económica que provocaba altos índices de desocupación e inflación, el sentimiento por parte del pueblo alemán de que las cláusulas del tratado de Versalles eran injustas y humillantes para con el país perdedor y la amenaza del "fantasma del comunismo". Este descontento comenzó a canalizarse en forma creciente a través del apoyo electoral al NSDAP (Partido Obrero Nacionalsocialista Alemán) cuya ideología –que postulaba la superioridad de la raza aria y la eliminación de quienes no pertenecían a ésta, y el retorno a los valores *völkisch*, propios del pueblo alemán– traducía los sentimientos de esta nación herida por la guerra.

La repercusión de estos principios, unida a las políticas que prometían soluciones casi mágicas a la crisis socioeconómica, le otorgaron a Hitler un amplio poder, lo que condujo al presidente Hindenburg a nombrarlo canciller el 30 de enero de 1933.

El problema religioso

Los cristianos alemanes se distribuían principalmente en dos confesiones: los protestantes, que aunque constituían el 60% de la población se encontraban profundamente divididos,[1] y los católicos, que por el contrario se hallaban unidos y organizados institucionalmente.

La relación de Hitler con las distintas Iglesias fue compleja desde sus inicios, ya que en uno de los principios del programa del NSDAP estipulaba un cristianismo positivo, sin adherir a ningún credo en particular, a pesar de lo cual la libertad religiosa para todas las confesiones se permitiría siempre y cuando no pusiera en peligro la estabilidad del Estado ni ofendiera los sentimientos de moralidad y decencia del pueblo alemán.

Se ha interpretado[2] que las consecuencias lógicas de esta concepción serían, por un lado, unificar a los protestantes en una Iglesia Protestante Alemana y por el otro, constituir una Iglesia Católica Alemana, independiente de Roma. Posteriormente ambas deberían educarse en el cristianismo positivo y trabajar bajo la dirección del Reich.

Consideramos que no sólo el cristianismo positivo se apartaba de la doctrina cristiana (tanto católica como protestante) sino que la ideología nacionalsocialista se presentaba ante el pueblo como integralista y totalizante, con sus propios símbolos y rituales; podemos sostener que se entabló una lucha "no entre la Iglesia y el Estado, sino una larga batalla entre dos religiones distintas".[3]

Pero nos resta averiguar cómo se desarrolló esta lucha por los espacios de poder y los imaginarios y si se cumplieron los fines de unificar y subordinar bajo la religión del Reich tanto a los protestantes como a los católicos.

Los protestantes

En el protestantismo se perfilaban dos tendencias con actitudes diferentes frente a las propósitos del nacionalsocialismo: los cristianos alemanes, que aceptan la formación de una Iglesia del Reich, el cristianismo positivo y la defensa del ser nacional, y los que se nuclearon bajo la Iglesia Confesante, que se oponían a toda injerencia de la ideología nacionalsocialista en su credo. Como los cristianos alemanes eran mayoría se impuso su postura, y en consecuencia se organizó la Nueva Iglesia Evangélica Alemana (DEK), y con ello tuvo lugar la unificación y subordinación de los protestantes al Reich.

Los católicos

El análisis de la relación entre el nacionalsocialismo y la Iglesia Católica, considerando tanto a su jerarquía como a la comunidad de creyentes, no está exento de complejidad, debido a la gran ambigüedad desplegada por ambas partes.

Para intentar despejar los obstáculos de este árido camino, nos centraremos en los principales ejes sobre los que se articuló esta mutante relación: la fuerza política católica denominada Partido del Centro-Partido Nacionalsocialista, las organizaciones católicas-organizaciones nazis, las expresiones de violencia física y simbólica hacia los católicos, y, en aparente paradoja, la firma de un concordato entre el gobierno y la Santa Sede. En relación con el primer eje, los católicos estaban representados políticamente por el Partido del Centro, en el cual muchos dirigentes eran miembros de la jerarquía eclesiástica. El partido contaba con un peso considerable en el Parlamento hasta el advenimiento de Hitler al poder, razón por la cual éste intentó debilitar a quien veía como un potencial oponente.

Su propósito se vio favorecido básicamente por dos factores. Uno de ellos fue la asociación, en el imaginario colectivo, del Partido del Centro con el cumplimiento del tratado de Versalles. Por otro lado, los adherentes se planteaban la siguiente cuestión: si Hitler aludía explícitamente a la lucha radical contra el comunismo, al igual que la Iglesia, entonces ¿por qué no apoyarlo? Esta lógica trajo aparejada un éxodo de votantes y dirigentes del Partido del Centro hacia las filas del nacionalsocialismo.

El objetivo de Hitler de concretar un régimen de partido único fue facilitado por el apoyo que le brindó el propio Partido del Centro, lo que le permitió gobernar sin necesidad de acudir al Parlamento. El hecho de que el partido careciera ahora de la posibilidad de cumplir con su función política, sumado a la expectativa de llevar a cabo un concordato, que según suponían pondría fin a las persecuciones de las cuales eran víctimas los católicos, produjo su autodisolución.

El segundo y el tercer eje nos llevan a observar, en una primera dimensión, la disputa tanto por las ideologías mismas como por las vías donde éstas se canalizan, teniendo en cuenta la importancia que reviste este factor para todo régimen que necesita consenso para alcanzar la hegemonía.

En este nivel tienen una importancia decisiva la educación y el control sobre la juventud, así como también la necesidad de borrar todo vestigio de formas distintas, rivales, de "pensar" el mundo. El nacionalsocialismo se dedicó a atacar sistemáticamente los dogmas, los valores, los símbolos y las figuras sagradas de la Iglesia Católica, despreciando a los alemanes que respondían a un clero al que consideraban una "secta internacional que servía intereses distintos y opuestos a los de la Patria [...] alemanes indignos [...] traidores pacifistas".[4] Estos ataques se difundían a través de los medios de comunicación, que se encontraban bajo el monopolio absoluto de Hitler, y desde la enseñanza impartida en la escuela y en las Juventudes Hitleristas,[5] a las cuales era obligatorio afiliarse.

En una segunda dimensión, el conflicto entre el nacionalsocialismo y la Iglesia Católica se expresó mediante proscripciones a las organizaciones católicas juveniles y a los sindicatos de obreros católicos, así como también mediante persecuciones a los miembros de las congregaciones religiosas.

Esta serie de actitudes francamente hostiles del nacionalsocialismo para con la Iglesia Católica se contradecía con un discurso oficial que se mostraba predispuesto a permitir su libertad y autonomía, a la par que reconocía su decisiva relevancia en el desempeño del rol educativo.

La actitud de la Iglesia Católica para con el nacionalsocialismo tampoco conservó un lineamiento, ya que mientras a principios de la década se había prohibido la participación de los católicos en el partido nazi, y a sus miembros en las ceremonias religiosas y sacramentos, años más tarde se dejó sin efecto esta reglamentación.

El examen de la ambigua relación nazismo-Iglesia alcanza su punto culminante con la firma de un concordato entre ambas partes, representadas respectivamente por el vicecanciller Franz von Papen y el cardenal Eugenio Pacelli, secretario de Estado, el 20 de julio de 1933.

El concordato

La idea de un concordato no era novedosa, ya que se habían realizado tratados en forma particular con algunos Estados germanos, pero la oposición del Parlamento durante la República de Weimar había impedido la concreción de un acuerdo que rigiera para toda Alemania. En cambio, las nuevas condiciones políticas hicieron factible que éste se llevara a cabo a los pocos meses del arribo de Hitler al poder.

El concordato,[6] en sus puntos más relevantes estipulaba con respecto a las concesiones del Reich hacia la Iglesia: la libertad en el ejercicio de la religión y en su organización institucional, obligatoriedad de la enseñanza católica en las escuelas católicas y la continuidad de los subsidios estatales. Con respecto a las concesiones de la Iglesia hacia el gobierno, podemos destacar que los miembros del clero debían ser alemanes por origen y formación, y debían abstenerse de participar en política, que los obispos debían jurar fidelidad al Reich, que se disolverían las organizaciones políticas católicas y que la persistencia de las organizaciones sociales y profesionales quedaba sujeta a la decisión del gobierno. Además se creaba un cuerpo de capellanes militares designados conjuntamente por la Santa Sede y el gobierno.

¿Cómo se interpretó este acuerdo de "no agresión"? ¿Cómo lo fundamentaron las partes firmantes?

Las razones del concordato

Luego de firmado el concordato ambas partes explicaron los diferentes fundamentos que llevaron a suscribirlo.

Hitler se refirió públicamente a la necesidad de la interrelación entre la Iglesia y el Estado, ya que ambas debían conservar la salud corporal y espiritual de los hombres amenazada por el comunismo. Según Hitler, dado que la Iglesia no podía por sí sola detener el comunismo, se acercó a él en busca de protección. Sin embargo, en una reunión de gabinete su discurso parece alejarse al indicar que el concordato "[...] era una gran victoria para su política exterior, ya que su conclusión significaba el reconocimiento del régimen nacionalsocialista por parte del Vaticano, y él esperaba que el Vaticano con su ejemplo y su posición moral influiría sobre las otras potencias para actuar de la misma forma".[7]

Para la Iglesia Católica el concordato significaba unirse a un gobierno que no sólo combatía el ateísmo y la inmoralidad, sino que también tenía entre sus objetivos proteger a la Iglesia y la educación cristiana. Sin embargo, el cardenal Pacelli daba otras razones más convincentes: no sólo las concesiones ofrecidas por Hitler superaban ampliamente las que cualquier gobierno alemán anterior había otorgado, sino que, además, no aceptarlas implicaría la virtual eliminación de la Iglesia Católica en Alemania. Por otra parte, el concordato constituía una herramienta legal para utilizar en el caso de que el gobierno violara las cláusulas acordadas.

La "buena voluntad" demostrada por Hitler hacia la Iglesia fue efímera: seis días después de firmado el concordato, el nacionalsocialismo promulgó una ley de esterilización por la fuerza para quienes padecían enfermedades hereditarias, que vulneraba los principios más profundos de la doctrina católica. Además, el mismo concordato fue, desde entonces, continua y sostenidamente violado en todas y cada una de sus cláusulas.

LA SITUACIÓN ARGENTINA

Repercusiones de la crisis del liberalismo

La crisis económica mundial afectó a la Argentina mediante la caída de las exportaciones y la fuga de capitales extranjeros. Las medidas paliativas tomadas por el gobierno radical del presidente Hipólito Yrigoyen (1928-1930) resultaron insuficientes y sólo contribuyeron a desprestigiar aún más su mandato. Nos hallamos en un contexto donde la sociedad no encuentra respuesta a sus demandas y "[...] el poder militar es una realidad [...] lejos de despolitizarse realmente, toman partido".[8] También fueron adquiriendo resonancia, a través de diarios y de la formación de la Liga Republicana, los grupos nacionalistas de corte aristocrático, quienes se enfrentaban a "uno de los problemas teóricos más difíciles [...] que resultaba de la ardua tarea de armonizar la definición de los objetivos nacionales con la influencia del universalismo cristiano y la moda del fascismo europeo".[9] Estos grupos tuvieron activa participación en la preparación del primer golpe militar en la Argentina, encabezado por el general José F. Uriburu, que derrocó a Yrigoyen el 6 de septiembre de 1930 con la adhesión tácita de la mayoría de la sociedad (conservadores, socialistas, católicos, dirigentes obreros, etcétera).

La intención de Uriburu de anular la Constitución liberal no contaba con el apoyo de las elites conservadoras ni del ejército en su totalidad, lo que lo llevó a convocar a elecciones que permitieron al general Justo acceder el poder en 1932. Estas elecciones, al igual que las que se producirán a lo largo de la llamada "década infame", se desarrollaron en un clima donde se conjugaban la represión, la proscripción de partidos políticos y el fraude electoral.

El clima ideológico que creó y recreó este proceso estaba imbuido de concepciones nacionalistas que se caracterizaban por enfrentarse por igual con el liberalismo, la democracia, el comunismo, el protestantismo y el judaísmo, a los que consideraban responsables de los males del mundo moderno. Buena parte de estos nacionalistas adherían a su vez a la doctrina católica integral que propiciaba "[...] recristianizar la Argentina [...] penetrar con el catolicismo en toda la vida de la persona y de la sociedad, presencia pública del catolicismo [...]",[10] aunque los "nacionalistas católicos" se diferencian de los "católicos nacionalistas".

El catolicismo integral logró en esta etapa afianzarse en los sectores bajos y medios —en el imaginario social se asociaba catolicismo con argentinidad— a la vez que entró en estrecha relación con el Estado. Esta alianza se basaba en el presupuesto de que la Iglesia y el ejército eran las dos únicas instituciones que podían llevar adelante el proyecto nacional ya que a diferencia de los partidos políticos que "dividen", ambas se encuentran por encima de las partes, preconizan la "argentinidad", y son instituciones fundantes con estructuras organizativas jerárquicas.

Este "romance" entre la Iglesia y el Estado se evidenció con la celebración del Congreso Eucarístico Internacional en Buenos Aires en 1934, que contó con la participación activa del presidente, el general Agustín Justo.

El principal órgano de difusión de las ideas del catolicismo integral era la revista *Criterio*, cuyo director a partir de 1932 fue Monseñor Gustavo Franceschi, quien "[...] ve con agrado los nuevos movimientos nacionalistas que surgen en la Europa de preguerra. Pero llegado el momento, antepondrá el catolicismo a su nacionalismo [...]".[11]

¿Es posible corroborar esta afirmación? Si es así ¿por qué lo hizo?

Criterio y el concordato

Monseñor Franceschi en sus editoriales publicadas en *Criterio* durante los años 1933 y 1934 intentaba aclarar las dudas que le presentaban los feligreses acerca de la ambigua relación entre la Iglesia y el nacionalsocialismo.

Para responderles, Franceschi enumera una serie de motivos, razones y justificaciones que, a su entender y basándose en el discurso proveniente de Roma, llevaron a la Santa Sede a firmar el concordato.

En primer lugar, dejó sentado que un concordato no era una enseñanza dogmática ni moral, sino que era un instrumento de derecho público eclesiástico donde ambas partes otorgan concesiones.

En segundo lugar, sostenía que la Iglesia Católica podía atacar la doctrina del nacionalsocialismo cuando éste era sólo un partido, pero una vez devenido en gobierno se había convertido en autoridad pública a la que había que someterse.

En tercer lugar, consideraba que la Iglesia, para poder ejercer su influencia en la sociedad (en el culto, en la educación, etcétera) necesitaba "libertades" que había perdido y que sólo por este medio podría recuperar.

En cuarto lugar, la firma del pacto trajo aparejada tranquilidad a muchos católicos alemanes cuyas conciencias "[...] se sentían desgarradas entre el intenso movimiento de reivindicación patriótica que significaba el nazismo y su fe religiosa".[12]

En quinto lugar, el discurso de Hitler había cambiado a partir de su llegada al poder, reconociendo la importancia moral de las dos confesiones cristianas y comprometiéndose a respetarlas y a cooperar con ellas. Ese discurso fue tomado por la Iglesia como una intención del nacionalsocialismo de corregir sus errores doctrinarios.

Toda esta serie de razones motivaron la firma del concordato, "prudentísimamente" negociado por el cardenal Pacelli, "y por ello se justificaba el regocijo con el que lo aceptaron los católicos de Alemania".[13]

Sin embargo, Monseñor Franceschi advertía ciertos peligros intrínsecos en la situación alemana que podían empañar el cumplimiento del acuerdo, y que eran fruto de tres factores: el ambiente –donde los protestantes prevalecían numéricamente–, las personas –ya que Hitler no podía prescindir de quienes lo rodeaban y por lo tanto era "más la expresión de un grupo que una personalidad dominadora"–[14] y por último, la doctrina nazi a la que le criticaba la teoría de la raza. Según Monseñor Franceschi, la doctrina adolecía de dos aspectos: por un lado, el totalitarismo de Estado que como una herencia del luteranismo ponía a la religión bajo su dominio. Por otro lado, la teoría de la raza, cuyo principal objetivo era la purificación de la raza aria y la prédica del catolicismo nacional. Esta prédica, que identificaba la raza con la religión, era un importante punto de disidencia con la doctrina católica.

Pero si bien Monseñor Franceschi apoyó explícitamente el golpe de 1930 en la Argentina, e inicialmente fue benevolente con el régimen alemán ¿por qué a fines de la década de 1930 comenzó a denotar su disconformidad con el nazismo?

Él mismo nos puede ofrecer la respuesta: los regímenes no son ni buenos ni malos *per se*, sino que sólo se pueden aplicar estos calificativos de acuerdo con las doctrinas que los sustentan. Además sostenía que existen dos tipos de dictaduras: las que carecen de doctrina y las que las poseen. Las últimas pueden ser juzgadas como negativas si son totalizadoras, si subordinan el papel de la Iglesia, si niegan el orden sobrenatural de las cosas (que sería finalmente el caso de Alemania) y como positivas, en caso de adecuarse a los requerimientos del catolicismo integral. En este último tipo de dictadura Franceschi incluyó a la del general Uriburu, que había tenido como ideal la organización corporativa del Estado, a pesar de haberse visto obligado a abandonar posteriormente su programa doctrinario para dedicarse a "tareas inmediatas".

Deberíamos aclarar aquí que la Iglesia Católica no advirtió la perversidad intrínseca de los regímenes totalitarios, sino que adhirió a ellos en la medida en que éstos le permitieron recuperar "sus propios espacios" de poder en la sociedad, que el Estado liberal le había vedado. De esta lógica se desprende la respuesta de por qué la Iglesia no juzgó a los totalitarismos ni mejores ni peores que las democracias liberales, de manera que "el problema ya no era si el Estado era o no era totalitario, si no si era o no católico".[15]

Sin embargo, a nuestro entender, otros factores que podemos observar entre líneas desempeñaron un papel importante en el viraje de la actitud de Monseñor Franceschi ante el régimen nacionalsocialista. Uno de ellos fue el incumplimiento de las cláusulas del concordato por parte del Reich, y otro fue la progresiva radicalización del régimen nazi.

Esto mismo podemos observarlo en otro de los órganos de difusión de los católicos, el diario *El Pueblo*, en el que encontramos una actitud similar hacia el nazismo. Así es como, antes de la firma del concordato, *El Pueblo* se hizo eco del clima de incertidumbre imperante ante el desconocimiento de las intenciones de Hitler, pero luego de su firma expresó que "[...] ahora Alemania se une al concierto de los pueblos que ven en el Papado la cátedra más alta y el solio más esplendente de Autoridad moral sobre la tierra [...]. Y hay un fulgor de esperanza que pronuncia los claros días de la unidad con el Pontificado de Roma".[16] Sin embargo, resulta paradójico que un mes después de este entusiasta y elogioso artículo *El Pueblo* reproduzca una nota del diario *The Times* fechada el 7 de mayo, previo a la firma del concordato), en relación con las declaraciones de los obispos de Baviera, quienes expresaban "[...] nos hemos de oponer en principio a cualquier acto de injusticia y desigualdad ante la ley contra ciudadanos [...]", y consideraban que "[...] ellos tienen ahora el deber de señalar los abusos de la autoridad que son también una violación de los derechos sobre los cuales está asentada la sociedad".[17] A nuestro entender, la publicación tardía de ese artículo se debió a que el concordato había sido violado y a la fuerte represión de la que fueron víctima los católicos alemanes.

En síntesis, podemos observar que Monseñor Franceschi desde las páginas de *Criterio* y fiel a sus principios anticomunistas y antiliberales, vio con agrado en un primer momento el régimen alemán que proponía una alternativa, aunque luego las "prácticas nazis" le demostraron que las relaciones entre el Estado y la Iglesia Católica no podían prosperar en ese contexto. Por otro lado, y respondiendo a estas mismas convicciones, se solidarizó con el gobierno del general Uriburu porque lo consideraba capaz de borrar el "fantasma rojo", presente en el imaginario social de la época, así como también de reorganizar el Estado y la sociedad "en sintonía" con el proyecto integralista católico, lo que le permitiría a la Iglesia recuperar el lugar simbólico que consideraba propio y que había perdido con la llegada de las ideas liberales positivistas de la mano de la generación del ochenta.

Si bien Monseñor Franceschi, como hemos visto, era consciente de la imposibilidad de conciliar el nazismo y el catolicismo, el Episcopado mantuvo una posición ambigua frente a los regímenes totalitarios de derecha. Según Loris Zanatta, la Iglesia Católica no consideraba peligroso el totalitarismo en nuestro país, ya que los nacionalistas estaban íntimamente emparentados con ella. De allí que, "en noviembre de 1938 los obispos condenaron por primera vez en términos perentorios al estado totalitario y el racismo, y censuraron aquellas formas de nacionalismo que llegaran hasta el desconocimiento de los derechos inherentes a la persona humana".[18]

Esta "actitud silenciosa" de la Iglesia Católica hacia el régimen nacionalsocialista no sólo se evidenció desde la Iglesia misma sino que estuvo presente en los distintos periódicos de la época (*El Diario, El Mundo, La Argentina, La Prensa, La Razón*), que se limitaron a informar sobre los sucesos que dieron origen al concordato sin adoptar actitud crítica al respecto.

Una vez analizada la actitud de los católicos, nos queda por recorrer e indagar la posición que adoptaron algunos de los grupos protestantes radicados en nuestro país.

Los protestantes y el concordato

La Iglesia Evangélica Metodista a través de su órgano oficial de difusión, *El estandarte evangélico*, y en el marco de su oposición a la creciente influencia del catolicismo integral en las distintas dimensiones de la sociedad, expresaba que "[...] en los concordatos no interviene para nada la masa del pueblo, el pueblo es ajeno a todos esos conciliábulos de cancillerías".[19] Pero es importante no olvidar que este grupo religioso fue el primero en solidarizarse con las persecuciones de las cuales fueron víctimas los judíos, así como también en repudiar al régimen nacionalsocialista: "[...] el poder de los nazis en Alemania y su tendencia antisemita hace que el terror se apodere de los judíos [...]".[20]

Los evangélicos que publicaban la revista *El sendero del creyente*, expresaban que el antisemitismo del régimen nazi era digno de una época de "semibarbarismo". Por lo tanto criticaban duramente a los cristianos alemanes por haberse sometido a Hitler y haber circunscripto el cristianismo a las fronteras de una nación, ya que ellos sostenían que el verdadero cristianismo no podía ser nacional y que una Iglesia nacional puramente de raza "equivaldría a decir guerra y muerte". La posición adoptada por este grupo protestante constituyó una analogía con algunos de los fundamentos que más tarde la Iglesia Católica desarrolló para desacreditar el régimen nacionalsocialista.

En contraposición con esta postura, los luteranos nucleados en el Sínodo Evangélico Alemán del Río de la Plata (SEARP) aceptaron anexarse a la Nueva Iglesia Evangélica Alemana (DEK) y se hicieron partícipes de los sucesos de Alemania como reivindicación de "viejas injusticias" (en referencia al tratado de Versalles). Es necesario tener en cuenta, a la hora de analizar la actitud de este grupo, no sólo los vínculos puramente religiosos, sino también el componente étnico como factor de cohesión en este grupo, que estaba compuesto básicamente por fieles de origen alemán. Esto se refleja en los sermones pronunciados por el pastor Emil Hagedorn, de índole filonazi, quien sentía un marcado entusiasmo por el cambio político en Alemania "exhortando a asumir disposición al sacrificio".

Según la investigación realizada por Pablo Münter,[21] es posible afirmar que muy pocos fieles (nueve aproximadamente) concurrían a escuchar los sermones del pastor Emil Hagedorn, pero sin embargo, fueron más los pastores perseguidos y acusados por propagar la ideología nacionalsocialista.

Por otra parte, es interesante observar como parámetro de comparación el punto de vista adoptado por un grupo no religioso: los socialistas.

Los socialistas y el concordato

Los socialistas, a través de su órgano de difusión, *La Vanguardia*, y fieles a sus principios anticlericales denunciaban que el concordato era una alianza entre dos "fuerzas reaccionarias", la Iglesia y el Estado, que le permitía a la primera salvaguardar sus privilegios y sus intereses materiales, aunque esto trajera aparejado ataques humillantes a su doctrina. Además consideraban que este acuerdo tenía como objetivo impedir el avance de movimientos sociales "democráticos y renovadores". Los socialistas pensaban que, a pesar del concordato, la Iglesia Católica no había logrado un gran triunfo, en comparación con los protestantes "que siguen desde hace años los caminos de Hitler" y de esta manera habían podido preservar su independencia. Años más tarde, ante la pretensión de Hitler de restaurar los antiguos mitos germanos (excluyendo los mitos judíos y cristianos) los socialistas dirán que "la intransigencia de un culto con respecto a otro no responde a una necesidad específica del pueblo".[22]

CONCLUSIONES

- La firma del concordato por parte del nacionalsocialismo implicó legitimar un régimen que aún no contaba con sus propios espacios simbólicos. Además estaba presente la intención velada de lograr el reconocimiento de su gobierno en el exterior. La habilidad de Hitler para manipular la situación le permitió jugar simultáneamente con las dos caras de una misma moneda: por un lado, vigilaba, perseguía y castigaba dura y persistentemente a los católicos, y por el otro, se exhibía públicamente como defensor de los principios morales religiosos y los derechos de igualdad para con el cristianismo. Este doblez le otorgaba la oportunidad de crear un consenso pasivo en la sociedad, a la vez que recreaba elementos míticos del pasado, que reformulaba con un sello propio, novedoso y original, con lo que iba sentando las bases de una nueva religión.
- La firma del concordato, para la voz oficial de la Iglesia Católica, implicaba únicamente apoyar un gobierno que respetaría sus derechos y sus tradicionales espacios de incumbencia, como la educación y las diversas organizaciones que ella patrocinaba. Sin embargo, además de la posibilidad de recuperar las vías por donde se canalizan las concepciones doctrinarias, también estaban presentes otros factores. Uno de ellos era la agresiva presión ejercida por el nacionalsocialismo mediante las persecusiones que se pensaba evitar a partir de la firma de este acuerdo. Otro era la convergencia de intereses (Iglesia-nazismo) acerca de la común oposición ante el comunismo y el liberalismo, y de un proyecto alternativo que postulaba un Estado corporativo.
- La Iglesia Católica de la Argentina –considerando a monseñor Franceschi como uno de sus exponentes más destacados– se plegó a las razones de la firma del concordato aducidas por la Santa Sede. A pesar de eso, es posible destacar que Monseñor Franceschi desde un comienzo sembró sospechas sobre el eventual incumplimiento del tratado (lo que posteriormente fue confirmado). Estas sospechas se basaban principalmente en que la doctrina nazi contenía elementos opuestos a los principios católicos, lo que produjo finalmente su radical oposición al régimen nacionalsocialista.
- Este mismo criterio de la Iglesia Católica de juzgar o calificar a los gobiernos de acuerdo con la doctrina en la cual se basan, sin tener en cuenta si su régimen es democrático o dictatorial, condujo a la Iglesia Católica de la Argentina a solidarizarse con la dictadura del general Uriburu, porque consi-

deraba que la orientación doctrinaria que éste quería imprimir a su gobierno sería compatible con el proyecto católico integralista.
- Los distintos grupos protestantes en la Argentina no adoptaron una postura unificada. Los metodistas que se nucleaban en *El estandarte evangélico*, se opusieron tanto al régimen nacionalsocialista como a la actitud adoptada por los católicos ante el acuerdo. Los evangélicos, cuyo órgano de expresión era el *El sendero del creyente*, estaban primordialmente interesados en denunciar a los cristianos alemanes por haberse sometido a Hitler y su cristianismo positivo. Los luteranos reunidos bajo el Sínodo Evangélico Alemán del Río de la Plata aceptaron en cambio anexarse a la Nueva Iglesia Evangélica Alemana, lo que implicaba su eventual apoyo al régimen.
- Los socialistas en la Argentina, fieles a sus tradicionales concepciones anticlericales, se opusieron rotundamente al concordato, así como también manifestaron desde un comienzo su aversión al nazismo.

BIBLIOGRAFÍA

Buchrucker, Cristián: *Nacionalismo y Peronismo*, Buenos Aires, Sudamericana, 1987.

Cantón, Darío; Moreno, José Luis y Ciria, Alberto: *La democracia constitucional y su crisis*, Buenos Aires, Hispanoamérica, 1986.

Franceschi, Gustavo J.: *Obras Completas*, Tomo I, Totalitarismos, Buenos Aires, Difusión, 1945.

Mallimaci, Fortunato: "El catolicismo argentino desde el liberalismo integral a la hegemonía militar", en AA.VV., *500 años de cristianismo en Argentina,* Buenos Aires, Centro Nueva Tierra-Cehila, 1992.

Münter, Pablo: "Proclamación evangélica y nacionalsocialismo en Argentina. Un estudio de caso: '*los sermones patrióticos*' del pastor Emil Hagedorn en Rosario", Santa Fe, 1933-1945, Buenos Aires, Tesis de licenciatura presentada en la Facultad de Teología del ISEDET, 1993.

Neré, Jacques: *Historia Contemporánea*, Barcelona, Labor Universitaria, 1980.

Plotkin, Mariano: *Mañana es San Perón*, Buenos Aires, Ariel, 1994.

Power, Miguel: *La religión en el Reich. Las persecuciones nazis contra el cristianismo*, Buenos Aires, Difusión, 1941.

Rouquié, Alain: *El poder militar y la sociedad política en Argentina,* Buenos Aires, Emecé, 1981.

Stehlin, Stewart: *Weimar and the Vatican 1919-1933*, Nueva Yersey, Princeton University Press, 1983.

Zanatta, Loris: *Del Estado liberal, a la nación católica*, Quilmes, Universidad Nacional de Quilmes, 1996.

FUENTES

Criterio, N° 266, 6 de abril de 1933.
El Diario, N° 15.915, 4 de julio de 1933; N° 15.919, 8 de julio de 1933; N° 15.929, 20 de julio de 1933; N° 15.931, 22 de julio de 1933, y N° 15.932, 24 de julio de 1933.
El estandarte evangélico, 20 de julio de 1934.
El Mundo, N° 1.871, 9 de julio de 1933 y N° 1.883 del 21 de julio de 1933.
El Pueblo, N° 11.779, 30 de junio de 1933; N° 11.798, 22 de julio de 1933; N° 11.799, 23 de julio de 1933; N° 11.802, 26 de julio de 1933; N° 11.819, 12 de agosto de 1933; N° 11.824, 17 de agosto de 1933; N° 11.833, 26 de agosto de 1933 y N° 11.850, 12 de septiembre de 1933.
El sendero del creyente, N° 1, 15 de enero de 1933; N° 8, 15 de agosto de 1933 y N° 24, 15 de diciembre de 1934.
La Argentina, N° 10.900, 1 de julio de 1933; N° 10.901, 2 de julio de 1933; N° 10.905, 6 de julio de 1933; N° 10.907, 8 de julio de 1933; N° 10.908, 9 de julio de 1933; N° 10.919, 21 de julio de 1933 y N° 10.921, 23 de julio de 1933.
La Prensa, N° 23.154, 21 de julio de 1933; N° 23.155, 23 de julio de 1933 y N° 23.162, 30 de julio de 1933.
La Razón, 19 y 20 de julio de 1933.
La Vanguardia, 23 y 26 de julio de 1933 y del 2 de octubre de 1937.
Luz y Verdad, N° 151, año 1933.

NOTAS

1. Principalmente en Iglesia Prusiana Unida, Iglesia Luterana, Iglesia Reformada, a su vez subdivididas en veintiocho regiones religiosas, sobrevivientes de la antigua tradición que permitía al príncipe reinante determinar la fe de sus súbditos.
2. Así lo entiende Miguel Power en *La religión en el Reich. Las persecuciones nazis contra el cristianismo*, Buenos Aires, Difusión, 1941.
3. A este respecto cabe señalar el siguiente extracto citado por Miguel Power, *op. cit.*, pág. 11. tomado de *El mito del siglo XX* de Alfredo Rosenberg: "La nueva fe que hoy nace es la fe [...] La sangre nórdica manifiesta aquel misterio que ha superado y sustituido los antiguos Sacramentos".
4. Miguel Power, *op. cit.*, pág. 25.
5. Véase anexo documental, pág. 76.
6. Véase en el anexo documental, pág. 76, el texto completo del concordato.
7. Stewart Stehlin: *Weimar and the Vatican 1919-1933*, Nueva Yersey, Princeton University Press, 1983, pág. 442 (la traducción nos pertenece).
8. Alain Rouquié: *El poder militar y de sociedad política en Argentina*, Buenos Aires, Emecé, 1981, tomo I, pág. 171.
9. Alain Buchruckerx: *Nacionalismo y peronismo*, Buenos Aires, Sudamericana, 1987, pág. 123.
10. Fortunato Mallimaci: "El catolicismo argentino desde el liberalismo integral a la hegemonia militar", en AA.VV., *500 años de cristianismo en Argentina*, Buenos Aires, Centro Nueva Tierra-Cehila, 1992, pág. 259.

11. Fortunato Mallimaci, *op. cit.*, págs. 278-79.

12. Gustavo J. Franceschi: *Obras completas*, tomo I, *Totalitarismos*, primera parte, "Nacionalsocialismo y fascismo", Buenos Aires, Difusión, 1945, pág. 201.

13. Gustavo Franceschi: *op. cit.*, pág. 203.

14. Ibídem.

15. Loris Zanatta: *Del Estado liberal a la nación católica*, Quilmes, Universidad Nacional de Quilmes, 1996, pág. 281.

16. *El Pueblo*, 22 de julio de 1933.

17. *El Pueblo*, 17 de agosto de 1933.

18. Loris Zanatta: *op. cit.*, pág. 274.

19. *El estandarte evangélico*, 20 de julio de 1934.

20. *El estandarte evangélico*, 11 de enero de 1933.

21. Pablo Münter: "Proclamación evangélica y nacionalsocialismo en Argentina. Un estudio de caso: los 'sermones patrióticos' del pastor Emil Hagerdon en Rosario, Santa Fe, 1933-1945", Tesis de licenciatura presentada en la Facultad de Teología del ISEDET, Buenos Aires, 1993.

22. *La Vanguardia*, 2 de octubre de 1937.

ANEXO DOCUMENTAL

EL CONCORDATO ENTRE LA SANTA SEDE
Y ALEMANIA CONTIENE TREINTA Y CUATRO ARTÍCULOS[1]

Art. 1) El Imperio Alemán garantiza la libertad de confesión y el público ejercicio de la religión católica. Reconoce a la Iglesia Católica dentro de los límites de las leyes válidas para todos, el derecho de reglamentar y administrar sus asuntos en forma autónoma, a emitir dentro del margen de su competencia instrucciones y leyes que ligan a sus miembros.

Los artículos de los dos concordatos firmados en 1924 con Baviera, en 1929 con Prusia y en 1932 con Baden continúan subsistiendo y los derechos y libertades que se le reconocen a la Iglesia Católica en dicho Estado no sufren ningún cambio para los otros Estados. Las estipulaciones contenidas en el presente concordato son aplicables en su totalidad y obligan también a los tres Estados mencionados en lo que concierne a los puntos reglamentados en concordatos particulares y en cierta medida los completan.

En lo futuro la conclusión de concordatos por los Estados alemanes sólo podrá efectuarse mediante un acuerdo entre el gobierno alemán y la Santa Sede.

Art. 4) Acuerda a la Santa Sede toda libertad para comunicarse por correspondencia con los obispos, con el clero y los fieles de Alemania que igualmente que los obispos y las autoridades eclesiásticas dispondrán de toda libertad en el ejercicio de su ministerio para publicar órdenes, cartas pastorales y otras comunicaciones dirigidas a sus fieles.

Los arts. 5 y 6 aseguran a los eclesiásticos la protección del Estado y los dispensa de aceptar ciertos empleos públicos incompatibles según el derecho canónico con su estado eclesiástico.

Art. 7) Prohíbe a los eclesiásticos la aceptación de empleos públicos sin la autorización de las autoridades canónicas.

Art. 8) Las rentas de los eclesiásticos no pueden ser embargadas.

Art. 9) Dispensa a los eclesiásticos de responder a la Justicia sobre cuestiones que conciernen a hechos de los que han tenido conocimiento en el ejercicio de su ministerio sacerdotal.

Art. 10) Prohíbe usar vestido eclesiástico a las personas extrañas a la Iglesia y también a los sacerdotes que estén suspendidos en el ejercicio de su ministerio.

Art. 11) Prevé el mantenimiento de la división de Alemania en diócesis tal como existe actualmente. En caso que haya necesidad de modificar esto, deberán realizar nuevas modificaciones entre el gobierno alemán y la Santa Sede.

Art. 12) Ciertas modificaciones de detalles que no están comprendidas en el artículo anterior, pueden ser realizadas por la Iglesia de acuerdo con el Estado y las autoridades locales.

Art. 13) Reconoce la capacidad jurídica de las comunidades católicas, de las asociaciones diocesanas, de las sedes episcopales, de los capítulos, órdenes y asociaciones religiosas así como de todos los establecimientos, donaciones y bienes pertenecientes a las órdenes eclesiásticas.

Art. 14) La Iglesia tiene el derecho de proveer en principio a todas sus funciones y sus beneficios sin participación del Estado y de las autoridades civiles. En tanto que los concordatos citados en el artículo segundo no lo dispongan de otro modo.

Para el nombramiento de sedes episcopales el procedimiento establecido por el metropolitano de Friburgo es aplicable a las sedes de Rotterburgo, y Maguncia. Además los eclesiásticos católicos que ejerzan su ministerio o funciones de enseñanza en Alemania deben ser primero nacidos en ese país, segundo, deben poseer diplomas alemanes, tercero deben haber estudiado por lo menos tres años en la universidad o en las escuelas eclesiásticas alemanas o romanas.

La bula del nombramiento de los arzobispos, obispos y coadjutores con derecho a sucesión, será entregada después de haber sido comunicada hasta Statalter del Reich y de haberse constatado que no existe en el candidato ninguna objeción de orden público.

Art. 15) Reglamenta el derecho de visita de los superiores de órdenes religiosas antes de que éstos vayan a residir en el extranjero en establecimientos religiosos alemanes, y prevé que los superiores provinciales de órdenes religiosas alemanas deben ser de nacionalidad alemana.

Art. 16) Anuncia el juramento que deberán prestar los obispos al Statalter antes de entrar en funciones: "Ante Dios y sobre todos los santos evangelios juro y prometo como conviene a mi calidad de obispo ser fiel al Imperio alemán y al Estado. Juro que prometo respetar al gobierno constitucional y hacerlo respetar por mi clero, que me esforzaré en el desempeño de las funciones eclesiásticas que me sean confiadas, trabajar por el bien del Estado alemán y protegerlo contra todo daño que podría amenazarlo".

Art. 17 y 18) Reglamentan la protección de los bienes de la Iglesia.

Art. 19 y 20) Reglamentan las condiciones en las cuales son mantenidas las facultades de teología católica y otros establecimientos de enseñanza católica.

Art. 21) La enseñanza religiosa católica en las escuelas primarias, profesionales y superiores es una materia regular de enseñanza y ésta se dictará de conformidad con los principios de la Iglesia Católica. En la enseñanza religiosa se tratará con especial empeño de formar a los alumnos con el concepto consciente de sus deberes políticos, civiles y sociales y se les inculcará la doctrina católica en un espíritu concordante con el espíritu de conjunto de la enseñanza escolar. Los textos de enseñanza religiosa escolar serán elegidos de acuerdo con las autoridades eclesiásticas.

El nombramiento de los profesores católicos para la enseñanza religiosa y el mantenimiento de las funciones de las nuevas escuelas católicas están reglamentados por los artículos 22, 23, 24 y 25. Los profesores católicos deberán nombrarse de común acuerdo entre los obispos y los gobiernos locales.

Art. 26) Autoriza a los sacerdotes a celebrar casamientos religiosos antes de los casamientos civiles en determinados casos excepcionales.

Art. 27) El ejército alemán será constituido en un cuerpo pastoral exento de las autoridades de las diócesis locales y a la cabeza del cual estará un obispo militar.

El nombramiento de ese obispo será efectuado por la Santa Sede de común acuerdo con el gobierno del Reich. El obispo militar nombrará a los curas y otras autoridades eclesiásticas de común acuerdo con las autoridades del Reich. Estos últimos reciben de origen la autorización para entrar a formar parte del cuerpo de capellanes militares si ejercen derechos pastorales con relación a las tropas y a los miembros del ejército.

Art.29) Para los servicios religiosos, la enseñanza y las organizaciones eclesiásticas, las minorías nacionales en Alemania no deberán ser tratadas menos favorablemente que los católicos de origen.

Art. 30) Prevé que se rezará una oración para el bienestar de la nación alemana en los principales oficios religiosos.

Art. 31) El Reich y los estados no deberán oponer ningún obstáculo para que los miembros de las organizaciones deportivas o de otra índole practiquen libremente la religión católica. Y no deberá presionarse a éstos a fin de que lleven a cabo actos que sean contrarios a sus convicciones y deberes religiosos o morales.

Art. 32) Prohíbe a los sacerdotes ser miembros de partidos políticos así como de efectuar cualquier acto en pro de esos partidos.

Art. 33) Prevé la iniciación de nuevas negociaciones entre la Santa Sede y el gobierno alemán en caso de haber divergencias en puntos de vista sobre ciertos puntos particulares.

Art. 34) Estipula que el concordato entrará en vigor el día en que se habrán cambiado las ratificaciones entre la Santa Sede y el gobierno alemán.

EL NUNCIO ANTE EL GOBIERNO DEL REICH ES UN DECANO DEL CUERPO DIPLOMÁTICO[2]

Ha sido dado a la publicidad un párrafo adicional que forma parte integrante del concordato entre el Reich y el Vaticano.

Un aditivo al artículo 3 del mismo confirma que de acuerdo con los términos de las notas cambiadas entre la Nunciatura de Berlín y el Ministerio alemán de Relaciones Exteriores el 11 y el 27 de marzo de 1930, el nuncio ante el gobierno del Reich es el decano del cuerpo diplomático.

Un aditivo al artículo 13 confirma que el Estado garantiza a la Iglesia Católica un derecho de percibir impuestos.

Un aditivo al artículo 14 puntualiza que el Estado puede en un plazo de veinte días presentar objeciones contra cualquier candidato a funciones eclesiásticas, sin que por ello le sean reconocidos al Estado el derecho al veto.

Un aditivo al artículo 29 recuerda que los privilegios acordados a las minorías de lengua extranjera en Alemania deben constituir un precedente jurídico para todas las negociaciones futuras entre la Santa Sede y los demás estados en materia de concordatos.

EL CULTO DEL SUPERHOMBRE[3]

Somos la alegre juventud de Hitler,
Para nada necesitamos la virtud cristiana.
Nuestro Führer Adolfo Hitler
Es nuestro Salvador y nuestro Mesías.
Ni el cura ni nadie nos impedirá
Sentirnos hijos de Hitler.
No a Cristo seguimos, sino a Horst Wessel.
¡Fuera el incienso y el agua bendita!
Cantamos tras las banderas de Hitler;
Sólo así dignos de nuestros Padres.
No soy ni cristiano ni tampoco católico;
Yo voy con S. A. por todas partes.
Que se robe a la Iglesia.
La cruz svástica me hace feliz en la Tierra
Y la seguiré paso a paso.
¡Baldur von Schirach, llévame!

NOTAS

1. *El Pueblo*, 23 de julio de 1933.
2. *El Pueblo*, 23 de julio de 1933.
3. Gustavo J. Franceschi: *op. cit.*, pág. 239.

LA JOC.
EL RETORNO DE CRISTO OBRERO

LEANDRO BOTTINELLI
EMILIANO BISARO
VICTORIA FERREIROA
FLORENCIA GENTILE
ANDREA MAKÓN
MARÍA CROJETHOVICH

RESUMEN

La JOC constituyó una amalgama novedosa y particular de "lo católico" y "lo obrero", privilegiado antecedente de la exitosa construcción imaginaria realizada por el peronismo.

Para que esta construcción sea posible debieron operarse cambios durante la década de 1930 en los movimientos católico y obrero, que permiten entender cómo fue posible el surgimiento de la JOC y una práctica como la suya: hegemonía del integralismo católico y de la corriente sindicalista que involucró cambios ideológicos y culturales en el movimiento obrero.

El proyecto jocista nació con una estrategia: la de privilegiar la formación de líderes obreros en la doctrina católica con el objetivo de penetrar e influir en el movimiento obrero para invitarlo a participar del "nuevo orden social cristiano".

En su mundo coexistieron, no sin tensiones, dos concepciones imaginarias: una más propia de la jerarquía católica y otra de los militantes. Esto se comprende a la luz de la resignificación de lo católico como consecuencia de la práctica laica en el ambiente obrero. Sin embargo, nos interesa indagar en la última, pues precisamente allí se logra la fusión de las dos tradiciones.

Compañeros: mes a mes se alza en la República una voz viril, serena y enérgica a la vez, para recriminar los abusos que se cometen contra la clase trabajadora y para alentar a los trabajadores a luchar sin descanso por la dignidad de una clase obrera nueva [...] Siempre hemos sostenido y sostendremos que el obrero, además del pan de cada día tiene necesidad imprescindible de una educación integral, moral, espiritual, física y profesional, para conseguir el respeto de la clase patronal. Y ésa es cabalmente la misión de la Juventud Obrera Católica.

(Diario *Juventud Obrera*, Nº 23, mayo de 1945)

INTRODUCCIÓN

Si dejamos que nuestro sentido común se traslade a los conflictos sociales argentinos de las primeras décadas de este siglo, acudirá sin demora a nuestra mente la siguiente idea: obreros y católicos en lados opuestos de las barricadas.

En efecto, el vago conocimiento que podamos tener sobre la importante difusión del anarquismo en ese tiempo, de las grandes huelgas de las primeras décadas del siglo o de la llamada "Semana Trágica", nos permiten imaginar un escenario donde los católicos en esa época, hombres estrechamente ligados a la oligarquía y a las señoronas de Barrio Norte, miraban con profundo recelo y desagrado las intransigentes protestas de los trabajadores. Y a la inversa, también es posible pensar a las organizaciones del movimiento obrero denunciando las alianzas de los curas y los patrones. Hasta aquí el sentido común.

Es cierto que esta visión de la realidad social de principios del siglo XX resulta excesivamente reduccionista y simplista, y no logra dar cuenta de las tensiones y los conflictos que había en los movimientos católico y obrero. Si nos quedáramos sólo con este enfoque dejaríamos de ver los diferentes matices que existían en cada uno de ellos a la hora de pensar al "otro". Si bien un análisis más profundo pudiera descubrir puntos de menor conflicto y de mayor acercamiento entre ambos actores, es difícil pensar en las primeras décadas de ese siglo la existencia de una doctrina o movimiento que conjugara exitosamente en su construcción imaginaria la experiencia de lucha de la clase obrera junto con concepciones católicas. No obstante, hacia mediados de la década de 1940 esa amalgama se concretó, y con gran repercusión, en el peronismo. La pregunta que surge aquí es: ¿qué cambios se produjeron para que esto fuera posible?

Esta fusión de "lo obrero" y de "lo católico" que se operó con gran éxito bajo la figura carismática de Perón, y que parece continuar en la realidad de la Argentina actual, creemos que tiene algunos antecedentes. La Juventud Obrera Católica de la Argentina es tal vez el más importante de ellos. Por eso conocer sus características puede ser un aporte interesante para acercarse y entender buena parte de la historia y de la actualidad argentina.

La Juventud Obrera Católica (JOC) fue una forma de apostolado de laicos en la sociedad dirigido a los jóvenes obreros. Su objetivo primordial no era crear un sindicato católico para obreros sino formar a los jóvenes trabajadores en la doctrina católica para la penetración de éstos en el conjunto del movimiento obrero. Y fundamentalmente su misión era formar líderes capaces de dirigir las diferentes organizaciones de los trabajadores.

Nuestro interés por la experiencia jocista no reside tanto en su magnitud (cantidad de militantes, difusión y poder dentro del movimiento obrero) como en su peculiar característica de fusionar dos tradiciones, la obrera y la católica, en algún aspecto muy diferentes entre sí. En este trabajo, en primer lugar, describiremos brevemente algunos elementos que aparecieron en los movimientos católico y obrero durante la década de 1930, y que fueron los que, a nuestro entender, permiten explicar el surgimiento y parte de la prácticas jocistas. Luego nos dedicaremos más detenidamente a describir y a analizar lo que fue la experiencia de la JOC, sus concepciones, sus objetivos y todo lo referente a su proyecto, organización y características. Las afirmaciones que hacemos sobre la JOC se refieren al período que va desde su fundación en 1941, hasta la llegada de Perón al poder.

Movimiento Obrero

Durante la década de 1930, la Argentina vivió importantes cambios que afectaron al movimiento obrero en cuanto a su propia composición, su identidad y su relación con el resto de la sociedad.

Uno de los factores que influyó en la clase trabajadora fue el paulatino progreso de *industrialización* de la economía argentina, que expresó el pasaje del modelo agroexportador al de sustitución de importaciones con primacía en los bienes de consumo. A medida que avanzaba el proceso, el movimiento obrero experimentó un incremento en términos cuantitativos.[1] Junto con esto, los trabajadores adquirieron mayor centralidad en la economía argentina, y fueron, por lo tanto, redimensionadas las potencialidades de su protesta.

Otro cambio significativo fue la modificación en la composición de la clase obrera en relación con su origen. Mientras que, a principios de siglo, los trabajadores eran en su mayoría extranjeros (europeos), hacia la década de 1930 la tendencia se revirtió, y el interior del país se constituyó como el principal lugar de proveniencia.[2]

Al tener el movimiento obrero una expansión extraordinaria, "nacionalizándose" en su composición e instalándose paulatinamente en el centro de la economía argentina, se fue convirtiendo en una identidad político-social significativa. Esta situación no necesariamente fue acompañada de un aumento en la sindicalización. Si bien en 1930 se constituyó la Confederación General del Trabajo (CGT), todavía para el golpe de 1943 "el movimiento laboral existente

[...] estaba dividido y era débil".[3] Tal confederación (primera experiencia en el país de una central única), sin embargo, se constituyó ya en un indicio de organización de los trabajadores, que con el correr del tiempo ocupó un lugar importante en las negociaciones con el Estado.

Dentro de este movimiento ocurrió, por otra parte, un fuerte cambio respecto de su "actitud". Se produjo una serie de rupturas y desplazamientos de las ideologías y las concepciones sindicales dominantes entre los trabajadores. Éstas poseyeron el signo de una cada vez mayor moderación en sus exigencias, o por lo menos, una menor intransigencia y radicalidad en las prácticas.

A principios del siglo XX, el anarquismo se manifestaba mediante la acción directa que impugnaba el orden social en su totalidad. Los anarquistas entendían que sus conquistas sociales no serían plenas sin la transformación absoluta de la sociedad. Sus acciones se ubicaban dentro de un marco en el que la industria era casi inexistente. Prevalecían los talleres y las pequeñas manufacturas. La decadencia del anarquismo se asocia con la creciente industrialización del país; con la represión de la que fue objeto; con el detenimiento del caudal inmigratorio, y con la existencia de una perspectiva de movilidad ascendente por buena parte de los trabajadores.

> El rechazo absoluto e intransigente de toda la realidad social existente en nombre de una hermosa utopía, la protesta simbólica y violenta precursora del estallido revolucionario donde los oprimidos se jugarían al todo o nada, iban perdiendo entonces sus adeptos frente a quienes preferían dirigir sus energías hacia la conquista paulatina de mejores condiciones de vida y de trabajo.[4]

Junto con la pérdida de estos ideales anarquistas, las protestas comenzaron a ser más moderadas y fue así como la práctica de los trabajadores empezó a redefinirse dentro de los marcos estrictamente reivindicativos. Esto significó el repliegue de la protesta radical, en tanto impugnación del orden social. La pelea se orientó principalmente hacia la adquisición de mejoras salariales y en las condiciones de trabajo.

El socialismo y el comunismo fueron otras corrientes importantes dentro del movimiento obrero. El *sindicalismo* fue, sin embargo, el que dejó la impronta sobre él y el que expresó de forma más cristalina una serie de cambios que más adelante permitieron el desarrollo del peronismo, y antes de él el de la Juventud Obrera Católica. Esta corriente poseía como uno de los elementos centrales de su concepción el de la "*prescindencia política*", entendida como el accionar exclusivo en el plano económico. Desde su óptica, la existencia de un partido político era innecesaria para representar a los trabajadores. La autonomía de la clase obrera respecto del ámbito político era, por el contrario, la garantía de que se pelearía sólo por sus intereses. Esa "prescindencia" era la condición necesaria para la preservación de la unidad de la fuerza sindical, ya que impedía la fragmentación o las rupturas a partir de debates "políticos-ideológicos" muy frecuentes en las primeras épocas del movimiento de los trabajadores.

En contraposición con el anarquismo, el sindicalismo tenía una predisposición mayor al diálogo y a la negociación. Esta disposición no implicaba aceptar las situaciones antes combatidas por los trabajadores, sino una cuota de pragmatismo que tenía por fin el trato directo con las autoridades correspondientes. Esta actitud más flexible dio paso a dos situaciones. La primera fue la de contener a todos los trabajadores decepcionados con los destinos de un movimiento obrero conducido por la intransigencia y la acción directa del anarquismo. Logró de esta manera capitalizar las frustraciones sufridas anteriormente. La segunda, fue el reconocimiento de la necesidad de conseguir apoyos o al menos la posibilidad de negociar con el aparato estatal para la obtención de las conquistas. Esta concepción será apuntalada por los logros alcanzados durante los gobiernos radicales –principalmente los de Yrigoyen– que, dado su carácter "populista" y su disputa con el Partido Socialista,[5] lo convertían en permeable a las reivindicaciones obreras. Esta nueva visión del rol del Estado en el conflicto social fue un elemento nuevo que se instaló dentro de las concepciones sindicales. Anteriormente el Estado era visualizado como una herramienta más de los "patrones". Luego se le fue asignando una relativa autonomía que lo habilitaba para la mediación en los conflictos laborales.

Dentro de las visiones sindicales se produjo otro cambio sustantivo: la irrupción del nacionalismo. En las posiciones tradicionales la corriente sindicalista no reconocía ningún tipo de distinción entre las diferentes nacionalidades del capital. Según su idea, todos los capitales eran iguales, cualquiera fuese su nacionalidad, y sólo "procuraban explotar y someter a los trabajadores".[6] El desprecio por la especificidad de lo nacional se modificó junto con la nueva lectura del Estado. Y este reconocimiento de un interés nacional va a hacer viable en ese momento la conjunción con el catolicismo.

El movimiento católico

Durante la década de 1930 el movimiento católico[7] argentino sufrió cambios importantes, a partir de los cuales se redefinieron varias de sus características, que dieron lugar a nuevos elementos. Por lo tanto, es importante a los fines de nuestro estudio señalar aquellos que influyeron en la creación de la JOC y que condicionaron su funcionamiento y sus características.

Como apunta Zanatta, en los años treinta es posible identificar una renovación y recambio generacional en los obispos católicos. Esa renovación fue acompañada por un cambio en su origen social: los nuevos obispos eran hijos de inmigrantes de primera generación. Con ello se evidenció un mayor distanciamiento del clero respecto de las familias tradicionales.[8] El nuevo tipo de sensibilidad social de estos obispos, la manera distinta de pensar el problema obrero que recuperaba elementos de la tradición de aquel movimiento, son aspectos importantes que permiten comprender el surgimiento de la JOC.

Un segundo factor importante para entender su aparición se relaciona con el proceso de industrialización que se fue afianzando en la década de 1930 y que trajo aparejado el aumento cuantitativo y organizativo de la clase obrera. Este dato no pasó desapercibido para la jerarquía católica. La percepción que el clero tuvo de este proceso es así otro hecho que creemos influenció sobre la JOC. Una parte de la jerarquía vio que su existencia podía ser un buen instrumento para atraer a ese actor en crecimiento hacia la doctrina de Cristo y hacia las "soluciones católicas" del problema obrero. De esta forma, se lo podía alejar de las posturas radicales.

El hecho de que la JOC estuviera dirigida a los jóvenes no fue por supuesto una casualidad. Fue más bien parte de un proceso que se dio en el movimiento católico argentino. En esa época comenzaron a cobrar vital importancia los movimientos y organizaciones apuntalados a formar a la juventud, y esto no sólo en el movimiento católico.[9] Junto con la JOC surgieron otros movimientos "especializados" de juventud (Estudiantil, Universitaria, Agraria) que, como señala Mallimaci, comenzaron a cobrar fuerza con el paralelo retroceso de las ramas de adultos de la Acción Católica Argentina.[10]

La JOC, nacida en 1941, se inscribía en el marco de la estrategia de lo que ha sido llamado el movimiento católico integral o integralismo católico.[11] En oposición a otras corrientes del movimiento católico argentino, el integralismo tenía una postura de confrontación total tanto con el liberalismo como con el socialismo. El nuevo orden social que proclamaba tendía hacia la organización corporativa de la sociedad. Su esquema reclamaba "toda la verdad para sí". Otros sectores católicos argentinos, menos intransigentes, si bien condenaban las nefastas consecuencias sociales, políticas y morales que había producido el liberalismo emergente desde Caseros (1852) y afianzado con la generación del ochenta, podían sin embargo convivir con él, conciliando y aceptando algunos de sus preceptos e instituciones. No ocurría lo mismo respecto del socialismo, ya que todos los sectores católicos coincidían en que con él no había conciliación posible.

Lo que hemos denominado integralismo es una de las corrientes dentro del catolicismo argentino que devino hegemónica del movimiento católico hacia la década de 1930. La JOC, en cuanto a su estrategia de penetración en el movimiento obrero y a otros aspectos de sus prácticas y concepciones, estuvo fuertemente determinada por las posturas integralistas.

Con la hegemonía integralista se afianzaron en el catolicismo argentino dos características que perduraron a lo largo de todo ese siglo. Por un lado, su alianza con las fuerzas armadas, por otro, su pretensión de aparecer, junto con éstas, como garantía de "argentinidad" y como la verdadera y eterna matriz cultural de la Nación Argentina. La idea de que lo verdaderamente argentino debía ser necesariamente católico, llegó a tener una importante trascendencia en el espacio público de nuestra sociedad. Esta postura permitió el desarrollo de concepciones fuertemente nacionalistas y llevó a los católicos integralistas a tomar como tarea la de señalar todo lo extranjero como enemigo del "ser nacional". En la JOC apareció con bastante fuerza la intención de difundir el valor del nacionalismo en el movimiento obrero, identificando por supuesto lo "argentino" y lo "católico". Esta operación de difundir el nacionalismo y de ligarlo a lo católico era una forma de combatir las doctrinas obreras "comunizantes y antiargentinas" que pretendían cooptar la voluntad de la clase obrera nacional.

La crisis del liberalismo hacia los años treinta dejó una puerta abierta. El integralismo católico la utilizó para llevar a cabo su estrategia de construir en la Argentina el nuevo orden social cristiano, sin conciliación posible con otras cosmovisiones, reclamando toda la verdad y la necesidad de recristianizar integralmente nuestra sociedad. Para esto, partió de la estrategia consistente en la penetración de diferentes espacios no sólo de la sociedad, sino también del Estado.

Como bien apunta Mallimaci "para que haya estrategia el requisito esencial es la existencia del actor capaz de llevarla adelante". "Recristianizar la Argentina, restaurar todo en Cristo, penetrar con el catolicismo en toda la vida de la persona y de la sociedad, presencia pública del catolicismo, reinado social de Jesucristo",[12] esta estrategia encontró en la Acción Católica Argentina (fundada en 1931) su actor fundamental. A ella se sumaron los Cursos de Cultura Católica, la revista *Criterio* y toda una red de instituciones y publicaciones católicas destinadas a ocupar el tejido social argentino para llevar a cabo la cruzada de la recristianización. La JOC fue así una de las instituciones de esa red destinada a ejercer su apostolado en un ambiente particular (el obrero) tradicionalmente difícil para el catolicismo. Su tarea fue la de invitar al movimiento obrero a participar de un nuevo orden social cristiano.

LA JUVENTUD OBRERA CATÓLICA

Nacimiento y organización institucional

Su fundador en Europa

La JOC fue un movimiento del catolicismo con alcance internacional que existía en Bélgica desde 1924. Para intentar echar un poco de luz sobre este fenómeno que fue la JOC, vamos a mostrar cómo fue su nacimiento en Europa, porque fue la JOC del viejo continente la que nutrió integralmente al jocismo en estas tierras. Para hacerlo trazaremos un breve perfil biográfico de Cardijn, sacerdote fundador de este movimiento en el país bajo.[13] Dado que su persona está indisolublemente unida al mundo de la JOC, al mismo tiempo que reconstruyamos su accionar y sus concepciones, se irá filtrando continuamente todo lo que hace a una primera aproximación de lo que fue la JOC: sus objetivos, el sentido de su creación y de su apostolado, su estrategia y el espíritu que animaba a sus impulsores y militantes.

Monseñor León José Cardijn, nació en Schaerbeek, Bélgica, en 1882. Sus padres, de origen obrero, le dieron una temprana educación cristiana. Cuando salió de la escuela primaria ingresó en el Seminario Mayor de Malinas. Durante sus primeros años de estudio religioso le impresionó la forma en que sus compañeros de la infancia, al ingresar en el mundo del trabajo, abandonaban rápidamente su fe y sus prácticas religiosas y se volvían contra la Iglesia. La precocidad con que sus amigos comenzaban a trabajar, sumado a la escasa preparación de esos jóvenes para enfrentar una ardua vida laboral eran los motivos que, a los ojos de Cardijn, contribuían al descarrilamiento de los jóvenes trabajadores.

En estas primeras líneas ya encontramos una concepción central del jocismo: la juventud era considerada una etapa vital de la vida pues en ella se afianzaban ciertas concepciones, valores y pautas de conducta. El hecho de que los jóvenes poco formados ingresaran a un ámbito tan duro como era el mundo del trabajo, sumado a la condición de miseria en que vivían, les producía una degeneración moral. Un ambiente adecuado y un mínimo de condiciones materiales era el punto de partida necesario para que el hombre pudiera practicar la virtud.

La JOC intentaba constituirse, en el movimiento obrero, como una instancia apostólica que brindara una adecuada (léase católica) formación al joven obrero, que le permitiera tanto luchar por condiciones justas de trabajo como llevar una vida privada acorde con la moral cristiana, para lo que lo anterior era un requisito fundamental. No era la JOC un sindicato sino, según el ex dirigente jocista Alfredo Di Pacce, una escuela de apostolado, una escuela de formación, un movimiento representativo, cuya acción y reflexión tenían en cuenta el aspecto moral y material del trabajador.

De acuerdo con el relato de un ex jocista, Héctor Sánchez, el padre de Cardijn era un minero belga que trabajaba en pésimas condiciones, y como consecuencia de su insalubre trabajo fue sorprendido por una muerte temprana. Transcribimos a Cardijn:

> Partí al seminario. Pero he aquí que un día recibo un telegrama: papá muy grave. Partí al instante y entrando al cuarto donde mi pobre padre estaba tendido sobre el pecho, me postré de rodillas junto a él. Extendió su mano de anciano, arrugada y encallecida por el intenso trabajo y me dio su bendición. Pude asistir a toda su lenta y dolorosa agonía. Entonces, ante el cadáver de ese hombre que fue tan valiente y tan grande en el silencio de su vida, hice el juramento de entregarme completamente, de dar mi vida por la clase obrera.[14]

La idea de un Cardijn profeta, vital y profundamente comprometido desde su juventud con la elevación y dignificación del trabajador y con la causa obrera fue muy fuerte en el imaginario jocista. Funcionó dentro de los militantes como importante mito movilizador. Intentaba mostrar que la JOC no era algo hecho por curas que nada entendían de las penurias cotidianas del trabajador. Al contrario, se trataba de hacer ver al joven obrero cuán parecida a sus miserias era la vida del creador de la JOC y por lo tanto, cuán legítima y verdadera la lucha por el trabajador de este movimiento.

Cardijn se ordenó sacerdote en 1906. Su intención de proveer a los jóvenes obreros una formación e instrucción (basadas en principios católicos) que les permitiera hacer frente a su vida de trabajo y poder mejorar dentro de su condición de obreros, comenzó a concretarse a partir de su trabajo con diferentes grupos de jóvenes. Siempre bajo los preceptos de la Doctrina Social de la Iglesia (estructurada en torno a la *Rerum Novarum* del "Papa Obrero" León XIII) Cardijn participó y organizó desde 1912 diferentes experiencias de militancia social cercanas al movimiento obrero: círculo de acción social, orientación profesional, sindicatos de aprendices, obra de colocaciones y juventud sindicalista. Después de estas experiencias, y de algunos encarcelamientos de Cardijn, logró que la jerarquía reconociera a la JOC como organización independiente en 1924, después de haber participado como movimiento en el seno de la Juventud Católica.

La fundación de la JOC a nivel internacional se dio al calor de la evolución del movimiento católico desde fines del siglo XIX. Fue un proceso de cambio que vivió el catolicismo, desde el *Syllabus* y la *Rerum Novarum*, y que determinó salir de la vivencia privada de la religión para preocuparse por la cuestión social y obrera, buscando intervenir cristianamente en los conflictos de la sociedad. Esta reestructuración de la estrategia del catolicismo en el campo social encontró en el padre Cardijn y en la JOC, actores fundamentales para promover la doctrina católica en el movimiento obrero.

Alois Simon, historiador de la religión en Bélgica, ve en la práctica iniciada por el padre Cardijn en el mundo obrero una radical diferencia con experiencias similares anteriores. Los católicos que durante el siglo XIX se habían volcado a trabajar en el movimiento obrero, se habían limitado a crear instituciones de carácter mutual o recreativas con el fin de sumergir al obrero en sus horas libres en una atmósfera religiosa que sirviera de contrapeso tanto a los discursos "comunizantes" como a la degradación producida en el trabajador por el ambiente de labor. Para evangelizar al trabajador se lo sustraía de su lugar natural de trabajo, de su "ambiente" de acción cotidiano.[15] La práctica jocista impulsada por Cardijn fue diferente desde el comienzo. La particularidad fue la de evangelizar en el "ambiente", en el medio donde se movía el obrero: la fábrica, la calle, el hogar, los lugares de descanso, etcétera.[16]

Esta forma de trabajo especializado o por ambiente fue también característica de los modelos de organización de AC que se adoptaron en Bélgica y en Francia, distinta de la de Italia y de la de la Argentina.[17] La JOC intentaba responder a esta forma de apostolado católico que respetara la tradición y la identidad obreras. Cardijn ya había puesto en práctica lo que años después propondría la *Quadragessimo Anno*: "Los primeros apóstoles de los obreros serán los obreros". Esta posición de militancia jocista al interior del movimiento obrero, participando activamente en los reclamos por el mejoramiento material de la situación del trabajador, provocó en un comienzo malestar en algunos obispos que veían en la labor sindical de la gente que movilizaba Cardijn un factor que podía favorecer los avances del socialismo. De todas maneras, el apoyo del Papa Pío XI posibilitó que la JOC se constituyera en 1924 como movimiento independiente y no subordinada a la Asociación Cristiana de Jóvenes Belgas (ACJB) como querían los que más temían el "independentismo" de Cardijn.

Nacimiento de la JOC en la Argentina

La JOC en la Argentina se creó con la aprobación del Episcopado argentino en 1941 (en Salta existía desde 1939, pero sólo desde 1941 surge a nivel nacional), tarde si pensamos que Cardijn había fundado el primer centro en Bélgica en 1924. Ésta es la época en que empezó a declinar la ACA (en especial las ramas de adultos)[18] y a surgir algunas experiencias apostólicas especializadas o por ambiente: la Juventud Estudiantil Católica (JEC), la Juventud Universitaria Católica (JUC) y naturalmente la JOC.

Los tres sacerdotes que fundaron el movimiento en nuestro país fueron Enrique Rau, Agustín B. Elizalde y Emilio Di Pascuo. La inquietud en ellos por la JOC había surgido un par de años antes, en especial en Rau. Este último, director del Seminario de La Plata, fue siempre el intelectual, el teólogo de la JOC[19] y fue probablemente el primero en tomar contacto con los estatutos y el material en general de este movimiento que se desarrollaba a nivel mundial.

Otro de los impulsores fue el padre Elizalde. Éste comenzó a trabajar en una parroquia en Ciudadela, donde fundó la primera sección jocista y donde se realizó en 1942 la primera Asamblea Nacional con la participación de cinco mil militantes. Fue el fundador de la Escuela de Dirigentes de la JOC.

Di Pascuo era, según Sánchez, "el corazón de la JOC [...]. Los primeros ejemplares del diario *Juventud Obrera* se hicieron con plata donada por él". Fue director nacional de enseñanza religiosa y llegó a ser asesor nacional de ese movimiento y también de ACA.

La JOC, al decir de Sánchez, "prendió mucho en Avellaneda, Wilde y Villa Domínico (zona sur del Gran Buenos Aires) y tuvo su pico organizativo alrededor de 1947-1948". Otro de los lugares donde tuvo mucha presencia fue –según Di Pacce– en Ciudadela. Estos sitios se caracterizaban por su incipiente desarrollo industrial.

Organización interna y algunas características de la JOC

La definición más adecuada para la JOC en tanto institución podía ser la misma que se usaba tradicionalmente para definir a la AC, esto es, "colaboración de los laicos en el apostolado jerárquico de la Iglesia". Sin embargo, esta definición es muy amplia y no da cuenta de algunas de sus particularidades fundamentales. A continuación hablaremos un poco de ellas.

La JOC se constituyó en la Argentina, según sus estatutos, como una Federación Nacional sobre la base de Federaciones Diocesanas. Éstas, a su vez, se formaron sobre la base de secciones, centros o círculos que en general tenían como sede una parroquia. Este modelo de organización expuesto era el mismo que tenía la ACA y gráficamente se ve así:

Nivel nacional	Comisión Central
Nivel diocesano	Comisión Diocesana
Nivel parroquial	Comisión Directiva

La máxima autoridad nacional de la JOC era la Comisión Central cuyos miembros eran elegidos en la Asamblea Federal. Ésta se realizaba cada tres años y reunía a los jocistas y sus asesores de todo el país que se desarrollaba cada tres años. En ella los jocistas oficializados elegían, por el voto directo, a las autoridades nacionales del movimiento.[20] El carácter democrático de este proceso, que es resaltado por Di Pacce, puede ser relativizado teniendo en cuenta que los militantes que se presentaban como candidatos debían ser previamente aprobados por los asesores. La dirección de las actividades jocistas en el ámbito diocesano estaba a cargo de la Comisión Diocesana, la cual también tenía su correspondiente asesor y su Asamblea Diocesana trienal. Ya a nivel parroquial en el centro o sección la autoridad era la Comisión Directiva, cuyos miembros se elegían en una Asamblea anual. También en estos dos niveles las autoridades eran elegidas por el voto de los militantes oficializados sobre una lista de candidatos previamente aprobada por los asesores.

Existía también una instancia organizativa a nivel internacional representada por los Congresos Internacionales de la JOC. Duraban aproximadamente una semana y en ellos, jocistas representantes de todo el mundo, podían ver y contactarse "con los problemas, las dificultades y también los éxitos logrados en otros países" por la JOC.[21] En ellos también participaban sacerdotes asesores y otros laicos, especialmente de AC.

A nivel parroquial se desarrollaban reuniones semanales (generalmente los sábados a la tarde) de las que participaban los militantes y dirigentes del centro de esa parroquia. Las reuniones comenzaban con una oración y eran el lugar por excelencia para la formación del militante; el lugar en el que el jocista se formaba religiosamente y aprendía, a partir de comentar experiencias reales y conocer los fundamentos de la Doctrina Social de la Iglesia (en particular todo lo que ella hablaba de la "cuestión obrera"), la manera de ser apóstol en el mundo obrero para colaborar desde su realidad con la recristianización de la sociedad. En este punto podemos marcar una diferencia importante entre el jocismo (y otros apostolados laicos especializados o por ambiente) y la ACA (por ramas) en cuanto a la formación de sus militantes.[22]

El militante de la JOC debía, como primera medida, trabajar, tener hasta veinticinco años y no estar casado. De los catorce a los dieciocho años formaba parte de la PREJOC (paralelo de los Aspirantes de ACA), sección que agrupaba a los aprendices y obreros más jóvenes que vivían realidades diferentes a los otros jocistas. También existía la sección femenina dentro de la JOC, que tenía su reunión semanal separada de la de los hombres, dado que también su realidad particular implicaba una formación acorde con ella. Esta separación por género –también característica de la AC– respondía a una concepción del catolicismo referida a la relación entre el hombre y la mujer.

El jocista tenía la obligación moral de pagar una cuota que contribuía a costear parte de las actividades y emprendimientos del movimiento. Se la debía pagar aunque costara, decía Cardijn, porque era un sacrificio que expresaba el amor del jocista por la institución. En el diario *Juventud Obrera*, de octubre de 1945, se le recordaba al jocista, en un artículo titulado "La importancia de la cuota": "Una organización gratuita es una mala organización. Jamás podrá pretender la autonomía, la independencia, el poder [...]. ¡Compañeros obreros! en la JOC no se obliga a nadie a pagar su cuota, el que la paga es porque sabe que tiene que hacerlo".

Cuando un joven obrero se integraba a la JOC, se lo invitaba a participar de las reuniones en el centro parroquial. Vivía un proceso a partir del cual, si los dirigentes y el asesor lo consideraban preparado, podía "oficiliazarse", esto es, como en la AC, pasar a ser miembro oficial de la institución y comenzar a llevar orgulloso en la solapa el distintivo que lo acreditaba como tal. A partir de ese momento podía empezar a desarrollar actividades de mayor envergadura e importancia; podía convertirse en dirigente y llegar a la conducción nacional.

El dirigente debía ser ejemplo y modelo de cristiano y de jocista; también auténtico obrero. La JOC –establece la Guía de la Comisión Directiva– "los ha tomado del seno de la vida obrera; los ha educado y ahora ya son un ejemplo vivo de jocista". El dirigente desempeñaba un papel fundamental en cuanto animador, rector, guía y coordinador del resto de sus compañeros. Existía como en la AC una mística de lo que debía ser un buen dirigente. Para ello se ponía especial énfasis en su formación mediante jornadas, cursos, campamentos o retiros. Él era la garantía de que el movimiento laico obrero en su conjunto estuviera orientado por personas suficientemente formadas en la doctrina cristiana y conscientes de la obediencia que se le debía a la jerarquía para que el apostolado fuera eficaz. En este aspecto la comparación que Loris Zanatta reconoció entre la forma organizativa del partido de cuadros leninista y la AC, puede hacerse extensiva a la JOC.[23]

La misa para el jocismo, como para cualquier otro movimiento católico, era fundamental. Dado que se la concebía como el momento central de la vida espiritual donde se renovaba la comunión con Cristo Obrero, los militantes y especialmente los dirigentes debían participar en ella. Sin embargo, Di Pacce nos dice que, sobre todo para los jocistas novatos, no era una cuestión determinante el hecho de que no quisieran participar de la misa, no se los echaba del movimiento por ello. Algún tiempo después de la creación de la JOC comenzaron a hacerse misas especiales para la institución. El hecho de que algunos jocistas no pudieran concurrir al oficio matinal a causa de su trabajo, llevó a que la JOC elevara un pedido a las autoridades eclesiásticas para realizar las misas especiales de la liturgia (por ejemplo la de Pascuas) en horarios nocturnos (a medianoche).

El diario de la JOC, llamado *Juventud Obrera*, empezó a editarse el 1º de mayo de 1943, dos años después de su surgimiento en la Argentina. "¡Bienvenido nuestro primer número de *Juventud Obrera*! Bienvenido porque es *el arma de combate* que necesitábamos para la defensa de los trabajadores argentinos [...]. Queremos que toda la juventud obrera vuelva a Cristo". El espíritu que animaba la mayoría de sus números era de lucha y cruzada de los jóvenes obreros católicos para construir, aportando desde el seno del movimiento obrero, una nueva sociedad, con justicia social y con Cristo a la cabeza.

El diario era la herramienta de difusión de la propuesta de la JOC en el movimiento obrero. Según Alfredo Di Pacce era una medio que contenía "expresiones de mayor independencia" de la jerarquía y con "planteos más de lucha" porque estaba hecho y dirigido por jocistas. Los militantes lo vendían a la salida de la fábrica, en la feria en el barrio. Era un instrumento fundamental, al igual que el escudo y el distintivo, para reforzar la identidad del movimiento. Lo central en él era la cuestión de la legislación obrera, la vivienda del trabajador, el nivel del salario, las condiciones de trabajo, la desocupación y la actividad sindical. Junto con estos temas se mezclaban artículos y comentarios de Cardijn y de la situación de la JOC a nivel internacional. No era raro encontrar algunas líneas donde se presentaban, principalmente a los comunistas, como a seres poseídos por el demonio.[24] Había una sección dedicada al prejocista y otra a la joven obrera. Algo que lo diferenciaba de otros periódicos obreros era que destinaba espacios e incluía notas que se involucraban con la vida privada del trabajador y prescribían, con arreglo a la moral cristiana, formas de conducta relacionadas con la sexualidad, la familia o el hábito de fumar. Era común encontrar también artículos donde se identificaba la cruzada de la JOC con una cruzada patriótica. Finalmente se presentaban las conclusiones de las asambleas realizadas a nivel nacional o diocesano y se mostraban los resultados de las encuestas realizadas por la JOC.

Entre los años 1946 y 1958 se editó también una revista de tirada trimestral llamada *Notas de Pastoral Jocista*, que era principalmente para los asesores y que les servía como guía doctrinaria para orientar al movimiento jocista.

La relación con la ACA

La ACA fue el pilar fundamental que tuvo el integralismo católico en la Argentina para emprender la recristianización total de la sociedad. Seguidamente intentaremos establecer algunos lineamientos generales de la relación entre esta institución y la JOC porque es un muy buen punto de partida para entender sus particularidades.

La Acción Católica Argentina se creó en el año 1931 y, a imitación del modelo de la AC italiana, por ramas. En un principio sólo existían cuatro ramas: las y los jóvenes y las y los adultos. En 1952 se creó la quinta rama, Asociación de Profesionales de AC (APAC), pero, paradójicamente, la forma de trabajo de ésta apuntó a la evangelización de una categoría de personas o ambiente particular, esto es, los profesionales (terciarios y universitarios). Con esta forma de organización la APAC respondía más al modelo de la AC belga, especializado o por ambientes. A continuación explicaremos en forma breve la diferencia entre ambos modelos (rama y ambiente) porque es de vital importancia para entender la forma de apostolado laico de la JOC.

En 1922 Pío XI creó la AC en Italia. Esta nueva modalidad de apostolado al servicio de la voluntad evangelizadora de la jerarquía, se extendió rápidamente a otros países de Europa. Pero no en todos los países en los que se estableció adoptó una misma forma organizativa. En cada país en el que se instaló la institución, la jerarquía pudo darle la forma que más conviniera a su situación nacional particular. De ahí la diferenciación de modelos.

En el caso de las que respondían al modelo italiano, la organización fue por ramas. Esto implicaba que los militantes se agrupaban en secciones según sexo y edad. Sucedía que según este criterio de agrupación, el militante compartía reuniones y experiencias de formación doctrinaria con otros que no necesariamente participaban en su vida cotidiana de las mismas realidades. Si bien no se perdía de vista que la formación del militante apuntaba a constituirlo como apóstol, con las herramientas necesarias para que pudiera realizar un apostolado efectivo en diferentes realidades sociales, diremos sin embargo que el momento de la formación teórica era anterior al de la práctica. No partía de ningún ambiente en particular del cual todos los militantes fueran parte y que permitiera resignificar, desde esa realidad, el catolicismo.

En países como Francia o Bélgica la situación histórico-cultural nacional, determinó una forma de organización de AC especializada. Los militantes no se nucleaban por ramas (sexo y edad) sino según su pertenencia a diferentes ambientes de la sociedad civil (universidad, fábrica, mundo rural). De esta manera, los militantes se formaban a partir de la necesidad que el ambiente exigía para ser cristianizado. De éste se tomaban su tradición y sus problemas particulares, para que desde ellos se resignificara el catolicismo, se lo "aggiornara", para que el apostolado no fuera una "bajada vertical" de la doctrina de la Iglesia en una realidad en la que difícilmente pudiera prender.

Los países que adoptaron este modelo de AC en general tenían una tradición en la que el aire más intelectual, menos dogmático, que se respiraba y la mayor importancia de prácticas protestantes respecto de Italia, determinaban que los laicos tuvieran otra relación con la jerarquía, por lo cual requerían que en su apostolado se les dejara mayor espacio propio para la reflexión, el juzgamiento de la realidad de su ambiente y la resignificación de lo católico desde éste. Por supuesto que la estrecha relación laico-jerarquía seguía existiendo (principalmente a través de los asesores), pero con un cierto matiz que permitió el surgimiento de prácticas apostólicas tan novedosas y particulares como la JOC.

Junto con la declinación de la ACA, a principios de la década de 1940, en la Argentina se notó el surgimiento de experiencias apostólicas fundadas en la concepción del modelo belga de la AC. La JEC, la JUC y también la JOC fueron ejemplos de ello.[25] Estos movimientos convivieron con la ACA por ramas. En toda la historia argentina, sin embargo, la ACA por ramas tuvo siempre preponderancia y mayor magnitud que las experiencias por ambiente.

En Europa, el movimiento jocista surgió a imitación del modelo de la AC belga. En la Argentina ocurrió lo mismo. Pero aunque la JOC respondía a la definición de ser una "colaboración de laicos en el apostolado jerárquico de la Iglesia", no era parte de la Acción Católica Argentina y por ende no dependía de las decisiones de su Junta Central a la que sí se subordinaban las cinco ramas ya mencionadas.[26] Sin embargo, desde la jerarquía, se insistía en que la JOC debía tener una relación de "estrecha colaboración" con la ACA, en especial con la JAC (Juventud de Acción Católica), aunque sin subordinarse a ella.

Algunas palabras con respecto al método

Dada su organización similar al modelo de la AC belga, la JOC se caracterizó por tener "un tipo de organización celular y una metodología que ya no parte de dogmas y verdades para ser llevadas a la acción sino que a partir de la realidad, buscan cómo llevar adelante su apostolado".[27] Esta concepción es característica del trabajo por ambientes, que suponía que no se podía conocer desde afuera los padecimientos y las gratificaciones propias de un ambiente determinado. Sólo los obreros podían llevar la verdad a otros obreros y, en general, no había conductas que pudieran censurarse o promoverse con anterioridad a la experiencia obrera específica y cotidiana. Por esta razón, las reuniones de la JOC se distinguían por la discusión de cada caso, cada tema en particular, y la solución sugerida para ese conflicto era específica y puntual.

Resultaba así que la formación teórica y doctrinaria de los militantes, gracias a que todos vivían una misma realidad o participaban de un mismo ambiente, partía y se resignificaba desde la situación de vida concreta de cada uno como obrero. Esta metodología y las concepciones y prácticas que originó es fundamental a la hora de explicar una gran cantidad de acciones de los jocistas que no parecerán adecuarse demasiado a la ortodoxia católica. Su aplicación fue parte central en la posibilidad de formación de este novedoso imaginario del jocismo que conjugó lo obrero y lo católico.

Su método era "ver, juzgar y obrar" y resultaba novedoso para las organizaciones laicas argentinas. Esta forma de llevar adelante el apostolado (mucho menos dogmática), era resaltada por ellos con orgullo. ¿En qué consistía el método jocista?

Ver lo que pasaba en la fábrica, en la calle, en la propia casa.
Juzgar si lo que veían estaba de acuerdo con la religión y la ley jocista.
Obrar llevando a cabo en todos los ámbitos las consignas resueltas en las reuniones.

Muchas veces se hacían encuestas nacionales sobre temas específicamente obreros (desempleo, situación del aprendizaje de los trabajadores, etcétera), enmarcadas en lo que sería el *ver*. De esta manera, se recopilaba información concreta para detectar la "verdadera situación de los trabajadores", y así pasar a los otros dos momentos. El *juzgar* en general se realizaba en las reuniones en las secciones bajo la orientación del asesor. El *obrar* consistía en acciones individuales en el lugar del conflicto (fábrica, familia, etcétera), en donde se obraba de acuerdo con lo resuelto entre todos.

A raíz de las peculiaridades del método, era difícil hallar un cuerpo doctrinario que definiera posturas generales de antemano, hecho que dificultó nuestra búsqueda de posiciones específicas de la JOC. Además, no solían pronunciarse sobre acontecimientos públicos de manera colectiva e institucional, sino que se dedicaban más que nada a la discusión interna en la sección, cuyas conclusiones serían realizadas de manera individual por cada jocista. Esta opción no era caprichosa, sino que resultaba coherente con su visión católica del mundo: la causa de los males no estaba en un sistema u otro, sino en el alejamiento de las almas de los individuos de los valores cristianos. De esta forma, las posiciones generales sobre los temas que incumben a este artículo (posibles de rescatar en sus periódicos) son bastante vagas. Esta particularidad les permitía su aplicación o no, hecho que estaba en estrecha correlación con las circunstancias específicas de cada ocasión (por ejemplo, decidir si la causa de una huelga era o no "justa").

JOC frente a Círculos Católicos de Obreros

Ya hemos hablado del tipo de labor de la JOC en cuanto a su novedosa forma de apostolado católico. Un vistazo al periódico *Juventud Obrera* permite corroborar esta afirmación. Muchos de sus titulares rescataban un ideal de lucha que en el imaginario tradicional correspondía más al mundo obrero vinculado a una tradición combativa antitética al catolicismo del templo, la oración y la resignación.

En este punto la JOC fue un momento de ruptura con respecto a anteriores formas de apostolado católico en la Argentina en el movimiento obrero. Nos referimos, claro está, a los Círculos Católicos de Obreros. Fundados en 1892 por el sacerdote redentorista alemán padre Federico Grote, respondían a una práctica que tendía más al paternalismo que a un genuino intento por brindar elementos al trabajador para que él mismo luchara por lo que era cristianamente justo. Esto se verifica en el hecho de que en sus filas convivían –como aclara Mallimaci– profesionales y obreros, aunque los primeros eran mayoría (por una concepción piramidal de la sociedad) en los principales cargos directivos.[28]

Surgidos al calor del despertar del movimiento católico los Círculos fueron definidos en 1884 por el Congreso de católicos que dispuso su formación como "centros en los que podían reunirse los asalariados para gozar de un ameno pasatiempo y evitar contagios doctrinarios nocivos".[29] Se buscaba presentar al obrero el "verdadero y eterno paraíso católico" en oposición al "nefasto paraíso socialista". En definitiva, los Círculos tenían un carácter mutualista, esto es, intentaban agrupar a los asalariados (y atraerlos al servicio de Dios) por medios como el socorro mutuo, la enseñanza gratuita, las diversiones, etcétera. Los Círculos impulsaron también, en conformidad con lo que planteaba la *Rerum Novarum*, la aprobación de leyes que mejorasen la situación de miseria obrera y reclamaron en general la intervención del Estado nacional en los problemas del trabajo.

Paulatinamente, los Círculos empezaron a ser vistos por las "señoras bien", y la elite en general, como una adecuada forma de arraigar buenas costumbres en los obreros descarriados, por lo cual apoyaron (muchas veces monetariamente) sus iniciativas. Conocieron así una época de esplendor hacia 1910 para luego comenzar a decaer en 1920. En definitiva los Círculos fueron más una obra de Iglesia para los obreros católicos que una obra de obreros de inspiración católica en el movimiento obrero. La JOC tendió a responder más a este segundo tipo de prácticas, insertando su apostolado en la estrategia integralista. Los Círculos en cambio, respondían más a una forma de apostolado característica del catolicismo de las primeras décadas del siglo XX, de corte más conciliador.[30]

Contraponiéndose al mutualismo de los Círculos, la JOC respondió al llamado de la *Quadragessimo Anno* (1931): "Los primeros apóstoles de los obreros serán los obreros". En las entrevistas a Sánchez y a Di Pacce y en el diario *Juventud Obrera*, aparece continuamente la idea de que la JOC era de los jocistas, de que el rumbo de ésta dependía en primer lugar del obrero jocista, que eran ellos mismos los que elegían a sus dirigentes, y que también (iluminados por la fe y orientados por el asesor) diagnosticaban la realidad y elegían un curso de acción para cristianizarla.

El verticalismo jerárquico de los Círculos no hubiera dejado demasiado espacio para el aire "participativo" que se respiraba en el seno de la JOC según dan cuenta las entrevistas y los periódicos. Los miembros de la jerarquía que impulsaron la JOC "tuvieron una clara conciencia" de que la mejor manera para recristianizar al movimiento obrero era que el apostolado, en este ambiente tan particular y tradicionalmente difícil para el catolicismo, fuera realizado por los mismos trabajadores, recuperando algunos elementos de la tradición de ese movimiento. Sin embargo, es importante resaltar que la época en que apareció la JOC era muy distinta a la del esplendor de los círculos. Hacia la década de 1940 el movimiento obrero había sufrido un cambio cultural (producto de las transformaciones económico-sociales de la década anterior), que facilitó en alguna medida la inserción jocista y que hubiera resultado muy difícil en épocas de pleno auge del anarquismo.

El parternalismo de los Círculos, el hecho de que fueran una obra de Iglesia para los obreros católicos que buscaba apartarlos de su ambiente, fue una estrategia ausente en la JOC. Ésta puede ser una clave para entender por qué en la constitución de la identidad jocista se rescató tanto el ser obrero como el ser católico, dando lugar a este original imaginario que nos interesa y que no pudieron lograr los Círculos.

Quedan ejemplificadas esas diferencias en la postura que ambas organizaciones para obreros sostenían respecto de la acción directa como forma válida para efectuar reclamos, teniendo estas medidas una larga tradición dentro del movimiento obrero. Mientras la JOC tenía entre sus objetivos disputarle la conducción gremial a los "comunistas", tomando sus militantes muchas veces la iniciativa en la dirección de una huelga (siempre que ésta fuera legítima),[31] los Círculos cumplieron a menudo la función de "rompehuelgas" en los conflictos obreros de principios del siglo XX. Ante la huelga que en 1901 protagonizaron los estibadores de todo el país, el diario *El Pueblo* (órgano entonces de los Círculos) transcribe un telegrama que reza: "Hoy todos lo patrones de embarcaderos, ferrocarriles, exportadores y agentes marítimos, lanzaron un manifiesto a los obreros, declarando que no reconocen la sociedad de resistencia [...] reservándose la libertad de aceptar o de despedir a los obreros, según su agrado, y determinar por sí condiciones de trabajo [...]. La sociedad de resistencia [...] ha resuelto impedir por la fuerza el que trabajen los no pertenecientes a esa sociedad [...]. A pedido de los patrones reunidos, el Círculo de Obreros envió esta mañana 350 obreros, aumentándose durante el día hasta 500. Un escuadrón de seguridad protegía a estos trabajadores. Los huelguistas hicieron varias tentativas de desorden, sin efecto alguno".[32]

La relación con la jerarquía

Al indagar sobre este tema (por cierto, uno de los de mayor interés) sucedió algo llamativo: desde la lectura inicial de los autores que mencionaban a la JOC en sus trabajos, hasta en las entrevistas y en los mismos documentos, encontramos ambigüedades y contradicciones a la hora de definir el tipo de vínculo que existía entre la JOC y la jerarquía eclesiástica.

Mientras Mallimaci sugiere que el movimiento de la JOC "no fue reconocido oficialmente por el Episcopado Argentino, mostrando la dificultad de aceptar 'la cuestión obrera' como algo central para la actividad pastoral",[33] Zanatta, por el contrario, establece que con la "aprobación de los estatutos de la Juventud Obrera Católica, el Episcopado cumplió el esfuerzo más acabado con relación al apostolado dirigido a la clase obrera".[34] En un principio nos vimos desorientados. Largas discusiones transcurrieron en donde nos vimos impelidos a defender una u otra postura. Luego advertimos que optando por alguna negábamos la realidad de la otra, y era un hecho que todas estaban sustentadas desde distintas fuentes. Finalmente llegamos a una conclusión, que es la que expondremos a continuación.

Existen dos tipos de visiones sobre la JOC: la visión oficial de la Iglesia, que da cuenta de las expectativas de la jerarquía sobre el por qué y el para qué de la creación de la JOC (visión identificable en los documentos de reglamentación como Estatutos, etcétera, y también en los discursos pronunciados por las autoridades), y la visión que los propios jocistas que participaban del movimiento tenían sobre sí mismos (observable en los relatos sobre experiencias de vida y en los diarios redactados por ellos).

Si bien no debemos olvidar que hablamos de una organización de la Iglesia y, por lo tanto, de la existencia de un natural verticalismo en los preceptos y posiciones que generaba una marcada continuidad entre las visiones de la autoridad y las de la masa de jocistas, es sustancial advertir las diferencias entre ellas. Pues si consideramos que existe una conexión íntima entre el comportamiento de un grupo y sus representaciones imaginarias, las diferentes visiones que encontramos dejan de ser peculiaridades discursivas y pasan a fundamentar y legitimar (o también deslegitimar) actitudes concretas y prácticas.

La visión oficial

La Iglesia, como toda institución de gran dimensión y de intrincada organización con una fuerte incidencia en la práctica social, está constantemente atravesada por procesos sociales que impactan sobre ella, y la obligan a tomar posiciones y a generar corrientes internas con opiniones propias. En algunos casos estas opiniones se basan en la diferente lectura de las fuentes doctrinarias. Esto ocurre a pesar de la voluntad universalista de la institución. Desde la visión dada por Sánchez, "[...] dentro de la Iglesia hay aspectos indiscutibles, a los cuales se les atribuye un don divino [...]. Había cosas que no se podían modificar porque eran de orden universal. Los obispos no podían aceptar por ejemplo el divorcio".[35]

Las distintas posturas en la institución eclesiástica –como hemos tratado de explicar– llevaban en todo momento repercusiones de carácter político. "En el catolicismo integral no se discutía si se hacía política o no, sino qué tipo de política se llevaba adelante a partir de los principios cristianos".[36] La Iglesia se convertía en un actor ineludible del juego político.

La existencia y práctica de la JOC pueden perfectamente pensarse como funcionales a aquellos objetivos recristianizadores de la institución eclesiástica de esa época. Pero el vínculo con el sector obrero no podía ser absolutamente vertical si pretendían tener éxito en su objetivo. Se tomó entonces una relación de "autonomía relativa" con el movimiento jocista. Este tipo de vínculo no implicaba un obstáculo para el ordenamiento y encuadramiento de los mismos obreros dentro de los valores católicos. Muy por el contrario, la JOC se presentaba con el compromiso activo y sistemático de realizar el apostolado entre los laicos. Representaba una herramienta con la cual realizar la "nueva tarea", la difusión de esos valores entre los trabajadores. Su existencia significaba un importante aporte a la creación de la hegemonía católica. La Iglesia obtenía a través de ella la capacidad de influir en la práctica de los obreros en su totalidad.

Queda manifiesto en los reglamentos el tipo de vínculo que la jerarquía pretendía con el movimiento. Los Estatutos de la JOC, por ejemplo, establecen como primera medida que su "dirección moral y religiosa pertenece a los sacerdotes nombrados por la Autoridad Eclesiástica", que eran los asesores. De esta manera, "la jerarquía superior era siempre la encargada de nombrar a los asesores", confirmó Héctor Sánchez. Los asesores tenían la función de ser la guía espiritual y doctrinaria de los militantes, y eran la garantía de que el apostolado jocista quedara bajo la voluntad de la jerarquía. "El asesor conoce mejor que nosotros el plan de la JOC; es como el arquitecto y nosotros como los albañiles" dice la guía de la Comisión Directiva.

En los Estatutos, la relación asesor-jocista, aparece como autoritaria y antidemocrática. En ellos queda expresada la capacidad de veto del asesor a las iniciativas de los militantes con las que no estuviera de acuerdo. "La jerarquía –de acuerdo con Sánchez– no se metía en los asuntos internos de la JOC, ya sea por ejemplo, para vetar la presencia de un militante particular. Esto estaba más bien en manos de los asesores".[37]

Reproducimos palabras textuales acerca de las relaciones con la jerarquía

de acuerdo con el Documento de la Primera Asamblea Arquidiocesana: "[...]
Nuestras relaciones con la Jerarquía han sido las de niños muy adictos con pa-
dres llenos de incansable bondad y paciencia. Estamos en la Escuela de Cristo
[...] Somos alumnos, y pretendemos ser buenos alumnos, de los de esta divina
Escuela. El Papa, el Señor Nuncio, Nuestro Arzobispo y Nuestros Sacerdotes.
Moriremos antes de apartarnos de ellos [...]. Queremos vivir y morir por Cristo
Obrero y sus ministros".

La visión de los jocistas

A partir de un comentario de Di Pacce las diferencias comienzan a notarse:
"El documento de la fundación era más intelectual y se notaba la presencia en
su elaboración de los curas. El diario, por el contrario, era más político. Expresaba los planteamientos de lucha y se podían ver ciertas líneas de trabajo en el
movimiento obrero. En el diario manifestábamos expresiones de mayor independencia de los curas. Estaba hecho y dirigido por jocistas". Agrega Di Pacce: "La JOC era para los jocistas y estaba dirigida por ellos". "Si bien contába-
mos con asesores, y bastante debemos a ellos por habernos agrupado y creado
la JOC, se sostenía que éramos nosotros los que vivíamos en el ambiente y los
que debíamos obrar en él. Nos daban muchas sugerencias, ilustraciones, pero
nosotros éramos los que actuábamos", nos dijo Sánchez.

Estos relatos dejan vislumbrar una construcción imaginaria de la relación,
en donde el horizonte de acción de los jocistas es mucho más amplio que el es-
tipulado por la jerarquía. Y esto dio la posibilidad de disenso e innovación alrededor de ciertas posturas teóricas y prácticas. Es un ejemplo de esto la anécdota descripta por Mario P. Seijo en su libro *En la hora del laicado.* Allí
cuenta que mientras trabajaba en el sindicato de la carne optó por comenzar a
participar del sindicato que en aquel entonces estaba en manos de los comunistas. Sus asesores, al tener conocimiento de esta decisión, lo convocaron por estar en desacuerdo con su postura. A esto Seijo respondió con el siguiente argumento: era mejor estar en un sindicato dirigido por marxistas pero sin masas
marxistas, "para convertirlos desde adentro", que estar en un sindicato católico
vacío. Su decisión no fue fácilmente aceptada: "A pesar de admirarlos, me tocó enfrentar las posiciones prácticas de Monseñor Miguel De Andrea y del padre Luis Sparza, que estaban por el sindicalismo cristiano directo".

Si bien intentamos rescatar la percepción que los jocistas tenían de su relación con la jerarquía como de mayor *autonomía*, nunca dejaron de tener presente que ésta era relativa. Di Pacce dice: "Después de los veintiséis años los
militantes quedaban fuera de la JOC por *una cuestión reglamentaria* que los
curas se encargaron de aplicar al pie de la letra ya que les incomodó el crecimiento y el grado de autonomía que iba adquiriendo el movimiento. Los jocistas *no lograron 'violentar ese reglamento'*, más bien pensaron en un movi-

miento que continuara fuera de la estructura, como por ejemplo la Liga Obrera Católica, la cual fracasó".

Sánchez agrega que "con respecto a la jerarquía no había oposición; no era posible. El que asumía una actitud de este tipo podía ser tildado de 'rebelde' [...] La relación se establecía más bien con los asesores. En mi caso particular nunca me pasó entrar en disidencia con la postura de la jerarquía. En aquella época la 'obediencia' era mayor. A la jerarquía no se le discutía en forma explícita".

Nuestra postura

Hemos atravesado los diferentes imaginarios en lo que respecta a esta particular relación (jerarquía-JOC). Finalmente, creemos que no es posible hablar de una relación unidireccional ni de un vínculo institucional ni tampoco de una autonomía absoluta por parte de la JOC. Es, por el contrario, más acertado pensarla como una relación dinámica, que daba lugar a rupturas y tensiones. Concebir a la jerarquía de la Iglesia como una unidad monolítica o de subordinación total de la JOC resulta empobrecedor a la hora de ver las especificidades de la organización y de su propuesta.

Prácticas e imaginario jocista

El imaginario. Su concepción teórica

Cada grupo naciente, nos apunta Bronslaw Baczko en *Los imaginarios sociales*,[38] elabora sus representaciones de la realidad social con materiales tomados del caudal simbólico del entorno en que se origina (tanto de su contexto histórico-espacial como de la tradición específica del ambiente que lo contiene).

En el caso de la JOC, por sus particulares características, nos encontramos con representaciones simbólicas que abarcan elementos de dos tradiciones: el imaginario católico y el imaginario obrero. Ambas se combinan, se entrecruzan, se tiñen mutuamente, de manera tal que no es posible comprender sus posiciones en los temas obreros sin significarlos dentro de su interpretación de lo católico, y en sentido inverso, sólo podemos comprender la reconstrucción que realizan de su legado religioso si no perdemos de vista su procedencia obrera.

Pero Baczko nos ayuda aún más. Nos recuerda que los dispositivos imaginarios funcionan como esquemas interpretativos que dan sentido a las acciones individuales y colectivas, pero esto implica necesariamente la adhesión a determinados *valores*, que modelan conductas y conducen a los individuos a una *acción común*.[39] En este sentido nos interesa indagar en ciertas concepciones del imaginario jocista. No ya para juzgar sobre la verdad o falsedad de sus percepciones, sino para reconocer en ellas la legitimación hacia ciertas prácticas que diferenciaron a la JOC de otras organizaciones (incluso laicas) de la Iglesia, y llegaron a veces a originar tensiones bastante marcadas.

La utopía jocista

Uno de los elementos más ilustrativos de los que componen un imaginario social es el ideal al que aspira un grupo. A la luz de éste (su utopía) se hacen comprensibles muchas de sus concepciones sobre los más diversos temas, su accionar común y hasta la particular construcción que realizan de su pasado.[40] En el caso de la JOC, además, nos permite discernir el sentido específico que cobraban para ellos nociones como clase trabajadora, sindicatos, huelgas, reivindicaciones obreras, lo justo, etcétera.

Basándonos en un artículo de *Juventud Obrera*, pudimos conocer la organización de la sociedad propuesta por los jocistas como ideal.[41] En su concepción más general, la utopía de la organización social que concebía la JOC coincidía en sus lineamientos principales con lo que la Iglesia proponía desde la *Rerum Novarum* y la *Quadragessimo Anno* y en particular, en la forma en que éstas eran retomadas por el integralismo confrontacionista argentino. Quizá sea sobre todo en la manera práctica de actuar para llevarla a cabo donde encontramos matices más marcados e ideas peculiares de la JOC.

¿Cómo pensaban los jocistas que sería "el ordenamiento cristiano de la sociedad, de la patria y del mundo"?

- *A nivel individual*: debía ser reconocido el carácter dualista del ser humano (cuerpo y alma), y su doble destino (temporal e inmortal). No podía, como en la actualidad, ser considerado como un mero factor económico o como un engranaje de una máquina. Todo hombre tiene derecho inviolable a una vida digna.
- *A nivel familiar*: la familia debía ser reconocida como el "organismo básico en que se forja la grandeza de la Patria".[42] Como sociedad natural que se constituía en primer término, debía ser defendida de todo intento disolvente, ya que destruida ésta caería la patria y la tradición. Los padres de familia debían ser los primeros educadores de los niños. Se concebía como necesario el afianzamiento de la familia en la Tierra.
- *A nivel profesional y social:* los miembros de cada clase debían organizarse en agrupaciones o sindicatos que representasen los intereses particulares de cada una, no vinculados a doctrinas ideológicas sino emergentes de su realidad ocupacional. Debemos aclarar que al utilizar el término clase lo hacían desde su acepción más ligada a lo profesional. Así es que identificaban la "clase" de campesinos, la de obreros, abogados, ingenieros, médicos, etcétera.

Se otorga así un contenido específico a la búsqueda de la armonía de clases. Todas las ocupaciones organizadas colectivamente se encontrarían en igualdad de fuerzas y, a través de sus representantes, igualmente dotadas de capacidad de discusión y decisión. Ninguna agrupación tendría así mayor representatividad que otra. Al Estado correspondería sancionar la obligatoriedad de la asociación a estas corporaciones.

Este tipo de organización de la sociedad se basaba en la siguiente concepción: hay una Providencia, un destino que Dios planeó para el mundo. Los cristianos la conocen a través de la revelación y de la interpretación que de ella hacen los pastores de la Iglesia. La JOC de la primera hora se afirmó sobre la interpretación que en ese momento histórico el Vaticano hizo de esa Providencia en el terreno social (los lineamientos generales se encontraban en la *Rerum Novarum* y en la *Quadragessimo Anno*). Y en ella se establecía que las clases naturalmente no luchan sino que colaboran. Cada una debía cumplir con la parte que Dios, sabiamente, había preestablecido para ellas como parte de un orden. Se recurría a la metáfora del organismo viviente que funcionaría armónicamente cuando cada una de sus partes cumpliera su función de forma correcta. Esto no implicaba resignación. El trabajo (manual) no era ni más ni menos digno que otro tipo de actividad. Ocurría que las condiciones en que se lo realizaba en esa época (consecuencia del liberalismo que renegaba de los eternos y sagrados principios cristianos) eran "injustas"; se debía luchar para ajustarlas a su naturaleza, para que así el trabajo "dignificara y ennobleciera" al hombre como Dios lo había concebido. Así, esta forma corporativa de organizarse a nivel profesional y social respondería, según los jocistas, a la "verdadera" naturaleza de la sociedad.

-*A nivel nacional:* en el Parlamento argentino no debían estar representados los partidos políticos sino las clases sociales. Era la única manera de dar verdadera solución a los problemas del pueblo argentino (sobre todo a los de las clases oprimidas), pues serían los verdaderos representantes que conviven cotidianamente con los conflictos de su clase quienes debatan en el Parlamento (en contraposición a los representantes políticos).

-*A nivel internacional:* los conflictos internacionales serían resueltos en forma pacífica por un Consejo Mundial, en donde se encontrarían representadas todas las naciones del mundo.

Proyección imaginaria hacia el pasado o retorno de Cristo Obrero

Tan fundamental como su proyección hacia el futuro (en forma de utopía) es para un grupo social su peculiar reconstrucción del pasado. Como parte esencial del imaginario dador de sentido, este elemento simbólico explica y justifica su existencia y su misión.[43]

Utilizaremos para analizar ese elemento el discurso pronunciado por el primer Presidente de la Comisión Nacional de la JOC, Ángel Donnantuoni, en la Primera Asamblea Arquidiocesana (año 1941).[44] En él vemos expresada la manera particular que tuvo la JOC de recuperar la tradición religiosa, siempre mirándola desde la perspectiva obrera. La figura mítica que los legitimaba era el Cristo Obrero. Pasemos a analizarlo:

> Hace mil novecientos cuarenta y dos años el mundo andaba muy mal.
> El paganismo reinaba por doquier.
> Un puñado de hombres reinaba despóticamente. La masa, era de esclavos.

Hasta aquí se planteaba un panorama absolutamente negativo y oscuro, representación que ayudará a contrastar la figura excepcional del redentor y exaltará la necesidad de su aparición.

> Apareció, una noche de diciembre, Jesús, el hijo de Dios [...] y lo llamaron, bien llamado, el Redentor.

Se introduce así en el relato la persona del Modelo Ideal, figura mítica que encarnaba todo lo bueno y lo deseable, y representaba el ideal de conducta que todos debían seguir. Veamos qué aspectos de esta figura rescataban los jocistas desde su perspectiva:

> Lo fue.
> Con Él todo cambió.
> Amó a todos por igual.
> Se entregó a todos por igual.
> Fue pobre y fue obrero para dignificar nuestra pobreza y nuestro trabajo.

Esta visión de Cristo en el trabajo era usada para dar identidad propia al movimiento, diferenciándose de las otras visiones obreras por católicos, pero de los otros católicos por obreros. Destacar la dignidad del trabajo manual era así un elemento fundante dentro de las concepciones jocistas.

> Increpó a los ricos malos y les dijo que si no tenían el espíritu de los pobres, no podrían entrar en su cielo de gloria.

De este párrafo podemos destacar varias cosas. En primer lugar, el modelo no se presentaba como una figura sumisa; se destacaba su actitud desafiante para llevar a cabo su apostolado. En segundo lugar, llamamos la atención sobre el término "ricos malos", expresión que reforzaba la postura de la posibilidad de armonía de clases siempre y cuando se respetaran los valores cristianos (condición necesaria para ser un *buen* rico).

Durante muchos siglos la humanidad se acercó a Cristo, vivió de Cristo, vivió para Cristo y [...] la humanidad fue feliz.

Afirmación de que la paz y la felicidad sólo eran alcanzables siguiendo los preceptos católicos.

Más tarde aparecieron lobos rapaces... los obreros fueron robados a Cristo y a la Iglesia.

La aparición del enemigo (tradicionalmente exógeno) venía a interferir en la armonía interna lograda. Pero en esta representación, el ataque disgregador estaba dirigido específicamente hacia los obreros. Se presentaba implícitamente un paralelismo con la situación previa a la llegada del Redentor. Por lo tanto, quedaba justificada y planteada como necesaria la aparición de una organización que, como él, surgiera del corazón mismo del sector más problemático y focalizara toda su energía en convertirlo.

¡Pero loado sea Dios! Ha nacido la JOC y está firmada por la Providencia. El Papa lo dijo y eso nos basta [...].
Eso somos nosotros: la JOC. La Juventud Obrera Católica, la juventud nueva.
Mensajera de paz, de unión y de amor, para todos los hombres de buena voluntad [...].
Hace mil novecientos cuarenta y dos años Cristo nació, apareció su estrella en Belén y se renovó la faz del mundo [...].
Hoy es necesario que Cristo vuelva a nacer y vuelva a aparecer su estrella en la fábrica, en el taller, en la oficina y en el hogar [...].

La aparición de la JOC simbolizaba una suerte de reencarnación del Cristo Obrero, y su misión histórica: restaurar la armonía perdida instaurando en los obreros los valores católicos como únicos principios capaces de devolver la dignidad a su trabajo.

Veamos ahora, bajo el haz de esta peculiar reconstrucción de su historia y de su utopía, qué posiciones tomaba la JOC acerca de medidas para la lucha obrera que no todos los católicos aceptarían como la forma más adecuada de lograr la tan deseada armonía de clases.

Las huelgas

La huelga constituía una herramienta específica de las luchas obreras, herramienta que se distinguió además por ser una medida *de fuerza.* Veamos cuál era la posición de la JOC al respecto: es interesante observar que en la exposición de este tema en sus periódicos, los obreros no eran los únicos interlocutores, también estaba dirigido a otros católicos no obreros, pero nunca de manera explícita.

La huelga se reivindicaba como un derecho y un arma legítimos de las luchas por las reivindicaciones obreras, y nadie podía impedir su ejercicio.[45] Sólo con estas posiciones podríamos advertir las diferencias con respecto a otras organizaciones eclesiales.

Sin embargo, establecían una distinción entre las huelgas lícitas y las que no lo eran. Era necesario para declarar una huelga que se hubieran agotado todas las instancias posibles de conciliación, y que ya no hubiera otro modo que la fuerza para reparar la injusticia e imponer el derecho. Quedaba sobreentendido que la causa para declararla debía ser justa, y que no se detuviera en objetivos políticos. También era necesario que los dirigentes realizaran un balance entre las posibilidades de tener éxito y las pérdidas que en general traían aparejadas las huelgas. Así, debía cotejarse que el paro no pusiera en riesgo los intereses de la Nación.

Por esto resultaba injustificable una huelga general, pues era equiparable con una guerra civil (que arriesgaba los intereses de la patria), así como tampoco serían legítimas las huelgas de los servicios públicos. Por último, debían transcurrir sin violencia. A través de la entrevista con Alfredo Di Pacce pudimos corroborar y ampliar la posición de la JOC frente a la violencia: "Si bien algunas de las manifestaciones y las huelgas de la época llegaron a ser violentas, no significaba que la JOC utilizara, como método político, esta actitud. La violencia no era planificada sino espontánea, *se reaccionaba ante la violencia de otros*, como la explotación".

En un artículo sugestivamente llamado "La paz del Cardenal o sea: ¿permiten los católicos ir a la huelga?",[46] aparecía un relato que nos deja entrever una discusión interna del catolicismo con respecto a este tema. Las posiciones eran, por un lado, la de aquellos católicos que pensaban que conceder lo pedido por las masas obreras levantadas era poner en peligro la paz y el orden social, ya que los momentos de huelga y desorden solían ser aprovechados por los extremistas para sembrar el caos. Ceder a las reivindicaciones sería una traición y una debilidad frente al deber de sostener el orden y, por lo tanto, lo único que restaba era combatirlos. Incluso en la JOC esta postura tenía adhesiones, sobre todo en los asesores de corte más conservador (que eran minoritarios): "¿Qué huelga se ganó? Las huelgas son una mentira, la historia te lo dice. A veces, hasta son organizadas por el mismo patrón para echar obreros".[47]

Frente a esta posición, la JOC en general estaba del lado de los que pensaban que el único fundamento sólido del orden social era la práctica de la justicia social. Por lo tanto, existían reivindicaciones legítimas del movimiento obrero que desconocerlas equivalía a "proporcionar a sus odios nuevo alimento". Desde esta postura se pensaba que el hecho de que las huelgas fueran muchas veces utilizadas por los agitadores políticos extremistas con fines propios no le quitaba legitimidad a los reclamos obreros. Al contrario de lo que los otros creían, la única manera de evitar la revolución extremista era garantizar a los obreros una vida digna, y esto muchas veces coincidía con hacer caso a los reclamos de los trabajadores.[48] En el momento de su nacimiento estas reivindicaciones giraban principalmente en torno a: la construcción de viviendas obreras, el salario mínimo y familiar, el seguro social obligatorio, las medidas contra la desocupación, el establecimiento de los convenios colectivos de trabajo, la participación proporcional del obrero en la ganancia del capital y el aprendizaje.[49] A través de estas reivindicaciones se exigía del Estado un rol protagónico como mediador en las relaciones entre los obreros y sus patrones.

Queda claro ahora que si bien la posición de la JOC frente a las huelgas podía separarse de ciertas visiones católicas más conservadoras, no lo hacía renegando de los preceptos cristianos sino que, por el contrario, afirmándose en ellos, según su propia interpretación pero manejándose dentro de la cosmovisión oficial de la Iglesia. Por lo tanto, tenía especial interés en separar su postura de las de los marxistas, enemigos declarados del catolicismo en general y particularmente en el ámbito obrero.

De este modo, muchas veces algunos jocistas se encontraron no sólo apoyando una huelga, sino también convocándola o conduciéndola, pero siempre marcando diferencias con otros dirigentes: "Redacté un volante donde los delegados de la sección asumíamos la responsabilidad de la *conducción* del paro, desobedeciendo las órdenes de los marxistas de Peter, que manejaban la Federación Obrera de la Carne [...]", comentaba Mario P. Seijo, jocista que siendo delegado sindical de su sección participó en la huelga de los frigoríficos de noviembre de 1943. Y seguía: "Distribuimos volantes donde pedíamos a los trabajadores que *no entraran a los locales de trabajo*, mientras no se solucionaran tres problemas: 1) que nadie fuera despedido; 2) que se nos aumentara de 55 a 60 centavos la hora de trabajo, y 3) que se nos proveyera de elementos de trabajo apropiados".[50]

Pero la huelga no era la única forma de participación que tenía la JOC en los conflictos obreros. Di Pacce comentaba: "Otros métodos de lucha consistían en la acción sindical, protestas, participación en los convenios colectivos de trabajo,[51] en los paros internos que se hacían a veces en la fábrica, entre los más comunes". Pasemos entonces a conocer la postura de la JOC frente al sindicalismo.

Los sindicatos obreros

Se comenta en un artículo del diario *Juventud Obrera* que entre los derechos naturales de los obreros que no eran respetados ni reconocidos en 1943 por el gobierno o por los patrones, se encontraba muchas veces el *derecho de asociación*. Éste, como todo derecho natural, había sido concedido por Dios, y ningún poder humano podía desconocerlo sin cometer una gran injusticia. Por esto no podía permitirse que, ya sea dentro de una fábrica particular por acción de un patrón alejado de los principios cristianos, o desde el gobierno a través de una ley, se privara injustamente a los obreros de hacer uso de su derecho de asociarse.[52]

Como organización obrera, entonces, la JOC defendía y promovía la organización de asociaciones de trabajadores, con fines obreros y dirigidas por obreros. Como organización católica, proclamaba que debían seguirse ciertos preceptos morales para que este derecho fuera efectivamente tal. Los obreros debían tener cuidado de no asociarse a sindicatos "que utilizan el anhelo de justicia social de la masa trabajadora, para fines políticos o ideológicos" y nada tenían que ver con sus verdaderos intereses. Éstos eran "malos sindicatos", y en su seno proliferaban los dirigentes extremistas, por lo que se desvirtuaba la verdadera lucha obrera.

Se fomentaba la incorporación a la organización sindical, debido al gran valor que se le asignaba a lo organizativo en este plano. Pero un tema importante destacado por Di Pacce en una de las entrevistas, era el de la importancia estratégica que tenía para ellos (especialmente en su momento inicial) la captación de dirigentes sindicales, y no sólo de obreros desindicalizados. Y con las corrientes sindicales existentes en ese momento, con la que existía mayor afinidad era con la corriente "sindicalista". Di Pacce nos dice: "La JOC tenía un mensaje más humanista y cristiano, más a fin a esa corriente. Con la gente que venía de ella había bastante conexión y valores compartidos, como el de solidaridad y el de libertad". Dentro de las coincidencias no hay que olvidar el planteo apartidario de dicha corriente en esta época (con Perón esta postura cambiaría), bandera tomada por los jocistas, ni la fuerte oposición a los socialistas y comunistas tanto por sus ideales como por sus métodos de lucha, más de confrontación que de conciliación con el gobierno. La relación se afianzó ya que muchos jocistas llegaron a puestos importantes en gremios "sindicalistas", por ejemplo: sindicato de bancarios, de la madera y gráficos en Tucumán; metalúrgico en Córdoba; de la madera en San Juan, textil en el Gran Buenos Aires, etcétera.[53] Pero conviene tener en cuenta que la relación que resaltamos no llevó a la JOC a identificarse de lleno con esa corriente. Este acercamiento entre "sindicalistas" y jocistas no implicaba que la JOC tomara postura en el enfrentamiento entre "sindicalistas" y socialistas. La JOC trabajaba con las personas y no con las estructuras.

Otra estrategia de penetración sindical, complementaria con la descripta anteriormente, era la de formar dirigentes sindicales propios. Es por esto que encontramos en su periódico un artículo donde realizaban una tipificación de los dirigentes sindicales que militaban en las fábricas en aquella época:[54]

El dirigente sindical político: conocía la legislación obrera pero la obviaba en su accionar cuando ésta no concordaba con su interés político.

El agitador ignorante: era usado por el anterior, quien aprovechaba con fines propios la ignorancia y la capacidad de acción de éste.

El dirigente ignorante pero con buena voluntad: por sus características cometía errores constantemente, pues pensaba que sólo con buena voluntad puede organizarse un sindicato.

¿Por qué encontramos estos tipos de dirigentes en los gremios?, se preguntaban los jocistas. Y concluían: porque los sindicatos no podían, como muchas veces parecía creerse, cumplir la doble misión de defender los intereses materiales de los obreros y formar al mismo tiempo los dirigentes competentes para su propia organización. Era necesaria para la continuación y el éxito de las luchas sindicales una organización específica que se encargara de la *formación* de los dirigentes. La JOC, sobre todo en sus inicios, tenía como objetivo dar respuesta a esta necesidad. Y, como consecuencia de ser una organización de doble carácter (católica y obrera), no nos sorprendemos al conocer las características de esa formación: "La formación de buenos dirigentes obreros no sólo abarca el campo técnico de la organización sindical, sino que hay que dotar al obrero de las condiciones intelectuales, y sobre todo morales, que le permitan discurrir con acierto y honradez ante todos los problemas que se le plantearán dentro de su sindicato".[55]

En la construcción imaginaria del dirigente jocista ideal estaba presente la diferenciación con los dirigentes políticos: "Los dirigentes, que oscilan entre los dieciocho y veinticuatro años, deben diferenciarse del resto de sus compañeros por sus cualidades jocistas, serán muchachos salidos de familias obreras auténticas, generosos, que por vivir desde hace tiempo en su barrio, conocen a todos sus compañeros de trabajo, y que han probado en carne propia sus penas, sus reacciones y sus esperanzas".[56]

No obstante, al tratar este tema no podemos olvidar que la JOC formaba parte de la avanzada del catolicismo integral sobre la sociedad argentina. Y como tal, no se dedicaba a la creación de sindicatos católicos sino que su estrategia era la penetración en los sindicatos ya establecidos hasta alcanzar su conducción: "Había algunos jóvenes delegados que participaban en la estructura sindical. La JOC no presentaba lista propia, intentábamos participar de algunas de las listas ya formadas. Por lo mismo, no teníamos relación con los partidos políticos, éramos autónomos, totalmente independientes".[57]

Como en toda toma de posición, existieron diferencias al respecto dentro y fuera de la JOC. No podemos (por el espacio del que disponemos pero también por el estado de nuestra investigación) dar cuenta de todas esas internas sobre cada tema específico. Sin embargo, sobre el tema de la no creación de sindicatos católicos se generó un debate que llegó a dividir a los mismos asesores nacionales de la JOC. El problema se manifestó en el año 1944, ante un proyecto de Perón que pretendía unificar el sindicalismo en un solo sindicato por gremio y una sola central. El padre Elizalde comprendía que la mejor forma de organización para el mundo obrero era el sindicalismo libre (tantos sindicatos como surgieran por gremio). Ante la nueva situación, justificaba entonces la creación de un sindicato católico paralelo. Sin embargo, la posición que tomó finalmente la JOC no fue la misma. Seijo nos comentaba la otra postura, aduciendo que era más efectivo para el apostolado en el pueblo formar católicos bien preparados que condujeran a las masas que formar sindicatos católicos "que serán por ahora huérfanos de masa".[58] La JOC siguió defendiendo su principio integralista.

El perfil jocista

El art. 34 de los Estatutos de la Juventud Obrera Católica establece: "Para pertenecer a una Sección de la JOC se requiere:

– ser joven trabajador;
– ser de buena conducta;
– aceptar el Reglamento, espíritu, programa y disciplina de la JOC;
– firmar la solicitud de ingreso;
– ser presentado por un socio y aceptado por la Comisión Directiva de la Sección;
– asistir a las reuniones reglamentarias;
– pagar la cuota mensual que da derecho a recibir el periódico y los servicios de la JOC".

El jocista se caracterizaba por cuatro aspectos que, en nuestra opinión, eran los más relevantes.

En primera instancia debía poseer una disposición particular. No alcanzaba con la adhesión a la causa jocista, sino que eran necesarios militantes que activaran en función de la causa. Era imprescindible para confrontar con la "apostasía de las masas trabajadoras" que la JOC se constituyera en el "joven ejército de trabajadores de Cristo".[59] La actitud prescripta para los que pertenecían a la JOC estaba en clara consonancia con la actitud que reclamaba el catolicismo, a nivel general, para su movimiento apostólico. El agente jocista debía serlo todo el tiempo, toda la vida, en todos los ambientes.

En el acto final de la primera asamblea jocista, Lucas Rubio (presidente del consejo de Córdoba) enumeró: "Cuatro características distinguen al jocista: intrepidez, pureza, alegría y conquista. Este debe ser el diario trabajo a realizar: adquirir estas cuatro señales que nos distinguirán de los demás jóvenes".[60] Por otra parte, en la Guía de la Comisión Directiva, vemos expresado una vez más el espíritu que debía animar a un jocista. "No basta trabajar, el movimiento jocista es un movimiento de apostolado. El espíritu apostólico debe animar toda nuestra actividad".[61] Finalmente, el diario de la JOC proclamaba: "Militante jocista: no pierdas de vista tu misión; debes influenciar toda la vida de tus camaradas y no solamente una parte de ella. En todas partes debes ser un conquistador, un jefe. Pórtate como tal. Lleva bien alta tu bandera 'Cristo Obrero', el único que puede salvar a la clase obrera. En tus manos está la redención y la redención de tus camaradas".[62]

"No era sólo cuestión de decirse jocista. Debíamos atraer a las reuniones a muchachos que nos conocían por medio de asambleas o por otro motivo. A veces en la fábrica conversábamos con veinte pero sólo iban a la JOC cuatro o cinco personas. Así nos íbamos conformando [...]. No presionábamos por algún tipo de filiación. Buscábamos organizar y traerlos a la JOC a través del trabajo individual, de la conquista", expresaba Sánchez.

La segunda característica del jocista era el estar orgulloso de su identidad y de sus símbolos. Entre las condiciones del militante de la JOC estaba el no inhibirse por su pertenencia. Esto se expresaba en la exigencia de portar constantemente el escudo jocista, vocear el periódico *Juventud Obrera* en las situaciones requeridas (puerta de una fábrica, plazas, actos, etcétera), y por sobre todo "vivir en la fe, independientemente de las opiniones".

La simbología de la JOC no sólo tenía la función de contribuir a la cohesión del grupo y proporcionarle los atributos necesarios para conformar su propia subjetividad e identidad. Era también congruente con los fines de la JOC. La tarea de recristianización implicaba, entre otras cosas, la disputa a nivel simbólico en el espacio público.[63] Los símbolos jocistas entendidos como símbolos del catolicismo, con la especificidad de ser producidos para el ambiente obrero, su portación, difusión y ostentación se enmarcaban dentro de los propios fines de la organización. "La JOC y la ACA sacaron a la calle la imagen de Cristo", de acuerdo con la visión proporcionada por Sánchez.

El enlace entre la tarea de recristianizar, la difusión simbólica y la actividad de la JOC, se hace evidente en el documento de fundación, en la parte que se refiere al desfile realizado por las calles de Ciudadela: "Más de cuatro mil obreros [...] se juntaron [...] para pasear su entusiasmo y su fe viril por las calles de este pedazo de la cintura bonaerense e inyectarles en los pechos de los cobardes que no se atreven a mostrar la Cruz que llevan gravada indeleblemente en sus frentes desde el día [...] del Santo Bautismo [...]".[64] Por lo tanto se puede decir que la simbología de los jocistas cumplía con las necesidades propias del grupo, al mismo tiempo que con sus objetivos.

No obstante este llamamiento, se enfrentaron a los límites impuestos por la propia situación. Por aquel entonces la recepción hacia la Iglesia y sus expresiones era aún muy limitada. El proceso de recristianización recién estaba mostrando sus frutos. Dentro del espacio de la fábrica eran señalados –según los testimonios dados por Héctor Sánchez– por "andar con los curas". "En el cuarenta y dos había mucha indiferencia en la fábrica. Sobre todo, había mucha vergüenza. Algunos llegaban a no ir a las procesiones por el temor al 'que dirán'. Nos tomaban como chupacirios. En muchas ocasiones teníamos que escuchar palabras despectivas dentro de nuestro lugar de trabajo".

Otro de los aspectos vinculados a la identidad del jocismo, y que está en relación directa con una de las afirmaciones que realizamos al inicio, es que era tributario de dos tradiciones sociales: el movimiento obrero y el movimiento católico. Dentro de la JOC existieron (como ya expresamos) distintas formas de asumir estas dos vertientes. Para ello contamos con los testimonios de dos protagonistas. En palabras de Héctor Sánchez "[...] Nosotros sentíamos el ser católicos y obreros de la misma manera. La JOC era un movimiento que era católico y obrero a la vez; se peleaba por las dos cosas y por esto me incliné por ella [...]". Por el contrario, la vivencia de Di Pacce fue distinta, según expresó: "[...] Como condición primera para ser un jocista, era necesario trabajar. Se era primero trabajador y después católico; había obreros que comenzaban primero a ir a la JOC y después a la Iglesia [...]".

El tercer elemento a destacar es el importante papel que tenía en la personalidad y en el accionar de los militantes jocistas lo que para ellos era la moral. Ésta presentaba un rol central y no aleatorio dentro del jocismo y, en términos más generales, dentro de las concepciones que sustentaban el avance recristianizador.

Dentro de las proclamas de la JOC las reivindicaciones materiales eran acompañadas por las morales. No sólo se luchaba por mejoras salariales y de las condiciones de trabajo, sino que también se peleaba por el reconocimiento de la dignidad de la persona humana. "La Iglesia católica reconoce a la persona humana, una dignidad tal, como ninguna teoría o filosofía. El hombre debe ser considerado como tal y no como un simple factor económico [...]. Por ello los católicos anteponemos lo humano, lo social, y lo sobrenatural en el hombre, frente a los factores de orden material [...]. El hombre es ser moral, ser social y con destino sobrenatural." "Prosigamos sin cansancio, cada cual en su ambiente, la REVOLUCIÓN MORAL Y ESPIRITUAL"[65] declaraba el diario.

Esta moral se ponía en juego sin lugar a dudas en el comportamiento cotidiano de los militantes. Sánchez nos relata cómo en las reuniones de las secciones parroquiales se trataban además de los problemas que surgían en el trabajo aquellos relacionados con la vida privada. "La cuestión podía ser también un problema familiar, como una separación, el bautismo de un niño [...]. Teníamos como base la doctrina católica, la religión y la practicábamos y la vivíamos." También en las páginas del diario se lee: "La familia es el organismo básico en que se forja la grandeza de la Patria. La Iglesia le reconoce una serie de derechos inalienables. La familia es la Sociedad natural, que se constituye en primer término. Es menester afianzar el vínculo familiar contra los embates de los enemigos de Cristo. La restauración de la vida familiar es uno de los grandes objetivos".[66]

Se perseguía de esta manera la posibilidad de incidir en todos los aspectos de la vida del jocista. Un artículo del diario llegaba a expresarse en torno al tipo de diversión que debían tener. Se pronunciaba de la siguiente manera: "La diversión que tiene como fin un descanso a las fatigas que supone el cumplimiento del deber, puede degenerar en ocio [...]. El ocio te disminuye y llega a embrutecerte [...]. Las diversiones inteligentes harán de ti un hombre nuevo, te educarán, te elevarán, te enriquecerán y te librarán de la esclavitud de tus bajos instintos [...]".[67]

Sánchez cuenta, como anécdota, la situación de un jocista de quien se burlaban en la fábrica por su vinculación a los curas. En una oportunidad un compañero de trabajo no tuvo más que recurrir a él a raíz de haber dejado embarazada a su novia. Detrás de esto subyacía el tema de la castidad. A la hora de preguntarle sobre este asunto continuó: "Había que tratar de acuerdo con los mandamientos; el sexto dice 'no fornicarás' sobre la base de eso se fundamenta. Por supuesto no se mataba a nadie: si uno iba a confesar que había tenido relaciones no se le iba a negar el sacramento, pero se procuraba no hacerlo".

El cuarto elemento que resultaba significativo en el perfil del militante jocista era la formación y la vocación por el crecimiento intelectual. En el documento de la Comisión Directiva se preguntaba: "¿Qué necesitan los militantes?", a lo que respondía: "Necesitan ante todo una mayor formación. Necesitan ser ilustrados más a fondo". Esta necesidad de formación se originaba en el mismo fin con el que se constituyó la JOC: "[...] la conquista de los jóvenes trabajadores para lograr que vivan cristianamente en su medio obrero".[68] El diario también era portavoz de esta postura. Sólo con "una asociación especializada, poderosa y sabiamente dirigida, podemos conseguir una vida digna, esto es, colmar nuestras sanas aspiraciones morales y materiales".[69]

"No bastan los millares de adherentes para realizar nuestro programa jocista. Para realizarlo necesitamos militantes decididos y competentes." Por esta razón, existía una preocupación por encontrar entre los integrantes de la sección a aquellos que resaltaban por sus "cualidades naturales y espíritu de generosidad para lanzarse a la lucha".[70] Los dirigentes –continuaba el documento de la Comisión Directiva– eran elegidos entre los mismos militantes. La condición para ello estaba en que debían "distinguirse e imponerse a sus compañeros por sus cualidades jocistas". Este espíritu se adquiría una vez que ya habían pasado por "la prueba del método jocista". Para constituirse como dirigente "lo mínimo que se pedía era el conocimiento de los principios y valores que sostenía la JOC. Se rechazaba la idea de un nivel de formación que se tenía que 'tener para'. Podía haber gente con mucha mayor formación adquirida en menor tiempo que otros y con un mayor sentido de militancia. No era una cuestión de grados o de años. La formación se basaba sustancialmente en la acción que forma y la formación que promueve la acción. El término "acción" se refería a la reflexión sobre la experiencia y a mejorar la experiencia a partir de la reflexión. Esto era aprender a manejar bien el método: ver, juzgar y obrar", comenta Alfredo Di Pacce. Los dirigentes debían mostrarse como los verdaderamente educados y los educadores de la JOC.

Los Círculos de Estudios de reunión semanal tenían como propósito "intensificar la formación integral de los militantes". El fin de estos Círculos se identificaba en la necesidad de preparar lo mejor posible en el campo de trabajo a los militantes a fin de que educaran e instruyeran. Las Semanas de Estudio de carácter nacional eran otra expresión de este interés por la formación.[71] De acuerdo con Héctor Sánchez la formación incluía dos grandes aspectos: por un lado la autoformación religiosa que generalmente estaba en manos de los asesores y, por el otro, aquellos aspectos relacionados con el área sindical. "En todas las reuniones siempre se volvía sobre el origen de nuestra doctrina [...]. Y nos poníamos al tanto de las disposiciones del gobierno, del sindicato, para luego saber cómo interpretarlas y cómo actuar."

"No basta oír, hay que saber" declama un titular de un artículo. De esta manera, dentro de este marco y objetivo se inscribía la creación de la Escuela de Dirigentes por parte del presbítero Agustín B. Elizalde. Esta Escuela –enunciaba el diario– "beneficiará por igual a todos aquellos dirigentes del país o extranjeros que quieran perfeccionar sus estudios como tales". Su objetivo tenía que ver con la sólida formación de los dirigentes sindicales, como dejaba entrever una frase del canónigo Cardijn que se citaba en el mismo artículo a continuación: "'Prefiero cuatro dirigentes formados en dos años, a cien formados en un año' [...]. Para la conquista del medio obrero se necesita conocerlo, y para ello nadie mejor que el mismo obrero. Pero a nosotros nos falta, la mayoría de las veces por la escasez de nuestros estudios, la seguridad en la doctrina y la mejor técnica para llevarla a la práctica. Para suplir esas deficiencias y formar un buen grupo de dirigentes capaces de dar a nuestro movimiento una acción cada día más segura y eficaz se ha fundado esta Escuela Especial para la formación de Dirigentes Obreros".[72]

Por otra parte, la misma existencia de la PRE-JOC tenía también como fin la formación moral y vocacional de los niños con el fin de prepararlos para su futuro trabajo. Preparación vocacional en la medida en que la JOC "hará que todos antes de entrar en la vida del trabajo, puedan elegir el oficio o carrera que les convenga seguir. Para ello los Institutos de Orientación Vocacional, en los cuales se consultará la opinión del muchacho, sus cualidades físicas, naturales, etcétera". Y moral en tanto "la mayor parte de los muchachos al comenzar a trabajar dejan de cumplir con sus deberes religiosos".[73]

De esta manera, alentaban la educación integral, moral, espiritual y profesional de los obreros que permitiera un mejor posicionamiento a la hora de dirigirse a la clase patronal.

Un jocista ciento por ciento es aquel que:
Se enorgullece con su carnet de socio.
Paga con regularidad su cuota.
Lleva su distintivo.

Participa en las asambleas generales.
Lee su diario, lo facilita a sus camaradas.
Presta ayuda a todos los jóvenes trabajadores.
Colabora en todas las obras jocistas.
Recita todas las mañanas la oración jocista.
Conquista nuevos camaradas para el Movimiento.[74]

La JOC y la construcción de su enemigo

Para la afirmación de la identidad de un grupo es fundamental la construcción de algún "otro" cuya presencia justifique la existencia del grupo que se constituye. Esto se logra por medio de la exaltación de los propios símbolos y de sus instituciones que representan la propia causa, y también a través de imágenes desvalorizadoras del adversario. Así la JOC identificó en su medio específico al comunismo como ese otro del que se diferenció, como el enemigo principal a combatir y con el cual estableció una competencia en el ámbito de lo imaginario. Ahora bien, la visión jocista del comunismo, como venimos mostrando que ocurre con otros aspectos de su sincrético imaginario, tuvo elementos que difirieron de otras concepciones católicas acerca de los llamados marxistas.

De acuerdo con el imaginario católico, los comunistas se elevaban como voceros de la "lucha de clases", del "materialismo", del "ateísmo". En respuesta a esto se plantaba el proyecto "católico" de una sociedad caracterizada por la "armonía de clases". Por otra parte, identificaban una dualidad constitutiva del hombre que estaría formada por su "cuerpo" y por su "alma" de la que los comunistas habían hecho caso omiso. Éstos –los comunistas– con su proyecto facilitaban la difusión del "odio" entre los hombres. Manifestación de ello era su prédica en contra de la familia, y a través de ésta en contra de la tradición y de la patria, de la cual la familia era el pilar fundamental. Aquellos por el contrario buscaban la extensión del "amor" (fundados en los valores católicos) en la convivencia entre los hombres, que haría posible la integridad de la "Nación Católica Argentina" puesta en peligro frente a la difusión de esta ideología extranjerizante.

El imaginario, jocista al caracterizar a su enemigo, hacía especial hincapié en que "no son los *verdaderos* representantes del movimiento obrero, al estar subordinados a partidos políticos". Estas últimas argumentaciones eran propias de su pertenencia al mundo de trabajo en donde los militantes jocistas convivían de manera cotidiana con aquellos dirigentes políticos sindicales. A pesar de que el movimiento obrero estaba en ese momento hegemonizado por "la corriente sindicalista", los gremios y con ellos sus dirigentes comunistas se presentaban como posibles rivales para la captación de los trabajadores. Podemos entonces afirmar que este enemigo que a nivel nacional no tenía las dimensiones que aparentaba tener a través de los discursos católicos, en el caso del jocismo su rivalidad se presentaba de manera más real por la presencia de dirigentes comunistas dentro del mismo mundo obrero.[75]

El enfrentamiento cotidiano se producía generalmente a la hora de las intervenciones en las asambleas, o en el momento de tomar decisiones acerca de algún plan de lucha. Sin embargo, muchas veces en nuestras entrevistas con los ex jocistas –y en los diarios– no descartaban como irremediables a los comunistas. Por el contrario, les reconocían la virtud de movilizarse y brindarse a la realización de un ideal e intentaban captar a sus dirigentes para capitalizar su capacidad de acción en un ideal que los jocistas consideraban como el único verdadero y definitivo. El diario *Juventud Obrera* expresaba lo siguiente: "Hermano comunista te tendemos la mano. [...] Al tenderte la mano hermano comunista te decimos: el odio que te inculcan es venenoso y destructor. Nosotros pensamos construir un nuevo mundo con amor. A ti te hablan de dictadura proletaria. Nosotros aborrecemos las dictaduras, cualquiera sea su color. Creemos, en cambio, en una "elite" de proletariado. Tus dirigentes te hablan contra Jesucristo y la Iglesia. Sus libros están llenos de insultos rabiosos contra nuestro Dios y maestros, sus periódicos y revistas destilan mentiras y calumnias contra el Papa. La rabia y la mentira están excluidas de nuestra frente y nuestros pechos. Nos gusta la lucha franca. Desenmascaramos la mentira. [...] Sabemos que tus dirigentes llaman "trotskistas" y "reaccionarios" a los que se atreven a arrancarles la máscara de la reivindicación proletaria. [...] No te dejes atrapar hermano comunista, porque cuando hayas caído en la trampa nadie te va a poder salvar".[76]

La reconversión de estos dirigentes era posible porque en ellos no residía el germen del mal. Era por el contrario una "mala respuesta". El origen del problema estaba en la forma salvaje que había asumido el capitalismo. En la Primera Asamblea Arquidiocesana, el doctor Manuel V. Ordoñez en su discurso acusó al capitalismo de ser una degeneración del capital, que no hizo otra cosa que detentar la riqueza del mundo y poner al obrero a su servicio, convirtiéndolo en una mercancía que se intentó pagar al menor precio posible; que no trató a los obreros como hombres, con un destino temporal y otro inmortal. [...] "Primero, el desprecio de la persona del obrero. El obrero es algo así como una cosa, comparable a una máquina [...] El trabajo deja de ser un acto moral, porque es un acto deshumanizado y servil [...] Segundo, la casi imposibilidad para el obrero de una vida moral [...] El capitalismo niega ese mínimo de condiciones materiales, para poder practicar la virtud, [...] Tercero, contra ese desorden y ese gran pecado, es natural que se levantara la protesta y la reacción".[77] Esta lógica del capitalismo, según él, conllevó una serie de consecuencias. Dio lugar a un consiguiente resentimiento en las masas obreras hacia los patrones. Esta situación predisponía a la proliferación de ideologías extremistas, que si bien reflejaban en parte el descontento de los obreros, desviaban las verdaderas reivindicaciones hacia fines políticos totalmente ajenos a la clase trabajadora. A esta reacción, la JOC y la Iglesia en general, la denominó "reacción marxista", que surgió como una respuesta equivocada al orden de cosas, que debía ser combatida.

El marxismo, visto desde la JOC, era una expresión que permitía identificar grupos que independientemente de sus concepciones ideológicas, pertenecían a una tradición común que comprendía los anarquistas, los socialistas, los comunistas y las vertientes menos moderadas del sindicalismo. Todas, desde la perspectiva de la JOC, eran ejemplos de antiargentinidad. De esta forma, constituían ese "ser otro" del cual debían diferenciarse por medio del constante uso de imágenes desvalorizadoras. Ejemplos de ellas son:

"Se equivocan quienes suponen que el Partido Comunista es algo así como una organización democrática y no una conspiración que acecha traicioneramente desde las tinieblas del secreto."[78]

"Stalin, el dictador rojo. Dictador de todas las Rusias y aspirante a dictador mundial."[79]

Finalmente, en una nota del diario jocista referida al llamado de los partidos comunistas de América latina para que se organizaran y lograran la paralización o disminución de la producción industrial en cada país americano, la JOC se dirigía a los marxistas llamándolos "envenenadores". [...] "La desintegración de los valores morales mediante la asimilación del ateísmo materialista es condición indispensable para que un hombre o mujer sean declarados 'buenos comunistas'."[80]

CONCLUSIONES

La JOC fue, como se ha dicho, una amalgama novedosa de dos tradiciones. Hemos intentado explicar cómo fue posible su surgimiento a principios de la década de 1940. Las causas las hemos encontrado en los importantes cambios que se habían producido en la Argentina después de la crisis de 1930 y de la revolución que derrocó a Hipólito Yrigoyen.

En cuanto a los cambios que se produjeron durante la década de 1930 en el movimiento obrero para que fuera posible su acercamiento a los valores católicos, destacamos a continuación los que consideramos más importantes. Por un lado, la creciente industrialización llevó a que adquirieran mayor importancia en la economía nacional la clase trabajadora y sus reclamos. Este cambio cuantitativo (la mayor cantidad de obreros) ocurrió a la par de uno cualitativo: una parte importante de ellos provenían del interior y por ende contaban ya con la "nacionalidad argentina". Esos procesos permitieron la consolidación de los trabajadores como una identidad político-social significativa, y se convirtieran en actores a ser tenidos muy en cuenta por diferentes sectores de poder, entre ellos, la Iglesia Católica. En este contexto la JOC apareció como la respuesta de la Iglesia a esta situación y buscó penetrar e influir en el movimiento obrero.

Los trabajadores adquirieron por otra parte una nueva postura, encuadrándose sus reclamos dentro de marcos meramente reivindicativos. La JOC, como parte de este movimiento, desarrolló sus métodos de lucha dentro de este plano. En esta actitud más pragmática notamos la influencia que en esos años fue tomando la corriente sindicalista. Esta corriente tenía entre sus características principales la prescindencia política y una mayor predisposición al diálogo y la negociación con el Estado. Bajo la estrategia integralista, la JOC también vio la necesidad de mantener una autonomía respecto de los partidos políticos, lo que posibilitó el acercamiento con los dirigentes de esta corriente. Se insertaba esta concepción dentro de su visión de una sociedad organizada en términos corporativos, en la que el Estado (subordinado a la jerarquía eclesial) actuaría como "árbitro" entre las clases. De esta manera, a través de la negociación con el Estado vislumbraban la posibilidad de obtener mejoras en sus condiciones materiales, uno de los objetivos que los aglutinó.

La nueva concepción del Estado como una institución a través de la cual obtener mejoras concretas instaló en el movimiento obrero el debate sobre un proyecto nacional. Recién entonces pudieron encontrar lugar algunas posturas nacionalistas, elemento desde el cual el catolicismo logró penetrar entre los valores de los trabajadores.

Si señalamos los cambios ocurridos dentro del movimiento católico que condujeron a la creación de la JOC, debemos mencionar el recambio generacional de los obispos como un factor que llevó a pensar el problema obrero desde una nueva sensibilidad social. También resultó fundamental la importancia que ese "problema" adquirió para el clero católico, cuya percepción del crecimiento cuantitativo de la clase y el peligro que ello implicaba como terreno propicio para las "ideologías extremistas", aceleró la búsqueda de una solución. Y ésta debería responder a la estrategia que por aquellos años se volvió hegemónica dentro del movimiento católico: el integralismo. Así, la JOC puede ser definida como un movimiento de laicos que colaboraron estrechamente con la jerarquía en la labor apostólica dentro del movimiento obrero. Ésta sería entonces un instrumento para la creación de un "orden social cristiano", basado en la "armonía de clases" (predicada desde la Rerum Novarum y la Quadragessimo Anno). La tendencia corporativista de organización social, la armonía de clases, el rechazo de la forma de representación de los partidos políticos y el nacionalismo son elementos del integralismo católico que aparecieron en las concepciones jocistas.

Hasta aquí, los cambios que hicieron posible el surgimiento de la JOC. Nos centraremos ahora en las peculiares características que constituyeron su imaginario, ya que en él se cristalizó la fusión de lo católico y lo obrero. Para dar cuenta de ello nos centramos en la visión dada por los mismos militantes jocistas.

En el seno de la JOC convivieron dos percepciones y construcciones imaginarias diferentes. Una más ligada a la jerarquía, que expresaba una respuesta particular del por qué y el para qué de su creación; y otra, más propia de los militantes. Si bien esta última reproducía ciertas concepciones generales del catolicismo Iglesia, logró en otras ideas una resignificación propia. Esto último ocasionó una serie de tensiones con visiones católicas más ortodoxas, ya que aquellas justificaban las prácticas asumidas por los mismos jocistas en el mundo obrero, que no siempre eran aceptadas por la jerarquía. Pensamos que esta distinción fue una consecuencia del apostolado por ambiente, que recuperaba elementos de la tradición de un movimiento en el que se hacía apostolado. El método del "Ver, juzgar y obrar" expresó este tipo de prácticas, ya que las soluciones de los problemas no estaban dadas unilateralmente por la doctrina sino que surgían de la discusión e interpretación de ella para cada caso concreto. Las prácticas que permitió este método fueron una constante fuente de tensiones entre los militantes jocistas y otros sectores del catolicismo. La postura de la JOC respecto de la huelga es un ejemplo de tal diferencia: este método de lucha era considerado legítimo en determinadas circunstancias, postura que de ninguna manera tomarían sectores católicos más ortodoxos.

La "armonía de clases" buscada por la JOC conllevaba una concepción corporativista de organización social: todas las "clases" (léase ocupaciones) deberían estar representadas no por partidos políticos sino por agrupaciones profesionales que serían los verdaderos representantes de cada clase. Esta forma de organización se basaba en la concepción de que la Providencia había otorgado a cada uno un lugar en el "cuerpo social" y su misión era la de colaborar con los otros para su funcionamiento. En esta concepción se fundaban también para asegurar que el trabajo manual era tan digno y necesario como cualquier otra actividad. El estado de degradación (material y moral) en el que se encontraban los que lo realizaban, requería urgentemente la puesta en práctica de la "justicia social". Por ello, entre sus reivindicaciones materiales figuraban: la construcción de viviendas obreras, el salario mínimo y familiar, el seguro social obligatorio, las medidas contra la desocupación, el establecimiento de los convenios colectivos de trabajo y participación proporcional del obrero en la ganancia del capital. No obstante, a la par de éstas los jocistas ponían especial cuidado en la formación moral del trabajador, como consecuencia de la concepción dualista del hombre (alma y cuerpo) rescatada de la tradición católica. Este tipo de formación llevaba a que en las mismas reuniones se trataran no sólo las medidas que se tomarían en el lugar de trabajo sino también las cuestiones que incumbían a la vida privada del militante (relaciones con la familia, tipo de diversión, hábitos, etcétera).

Como parte del integralismo católico, la JOC no pretendía fundar sindicatos propios sino que buscaba más bien la formación de dirigentes que condujeran los sindicatos ya existentes. Para ello desarrolló dos estrategias de penetración: por un lado, la formación de dirigentes que salieran de su misma escuela y, por el otro, la captación de dirigentes de otras corrientes gremiales. Como ya explicamos, tuvo más afinidades con los sindicalistas. Los comunistas eran, por el contrario, considerados su principal enemigo. Más allá de atribuirles las características que les asignaban los católicos en general (ser ejemplos de "antiargentinidad", promotores del odio y el desorden, hacerse voceros de la lucha de clases, materialistas, y por lo tanto seres demoníacos), destacaban en sus críticas el hecho de que no eran verdaderos representantes de los obreros. Tengamos en cuenta que en el caso de los jocistas, los comunistas aparecían como competidores directos en la conducción y organización de los trabajadores. Una vez más una concepción general del catolicismo fue resignificada desde su pertenencia obrera.

ÚLTIMAS PALABRAS

Por último comentaremos, a modo de anécdota, lo ocurrido con la JOC y con sus militantes en las décadas que siguieron al ascenso y caída de Perón hasta el presente.

La Iglesia Católica argentina y el peronismo mantuvieron estrechas relaciones durante casi todo el gobierno del viejo líder. Los ex jocistas y el sacerdote que hemos entrevistado coincidieron en que el peronismo, al "aceptar la doctrina social de la Iglesia" respondía al modelo social que ambicionaban la jerarquía y la JOC: un movimiento obrero sindicalizado y articulado con un Estado cuyo timón estaba en manos de un gobierno que no quería "ni capitalismo ni socialismo", limitaba el capital salvaje, contribuía a la justicia social y levantaba las banderas de un nacionalismo sustentado en la eterna moral católica del pueblo argentino. Ésta era la tan mentada tercera posición que anheló el catolicismo. Gran parte de las imágenes y resignificaciones que de las concepciones católicas hizo la JOC fueron tomadas y difundidas exitosamente por el peronismo, cuyo imaginario resaltaba elementos católicos conjugados con una fuerte identidad obrera. Los jocistas en general vieron en este movimiento la concreción de muchas de sus aspiraciones. Así fue cómo dentro de la JOC apareció un nuevo tipo de tensiones: por un lado, quienes admitían públicamente su adhesión al peronismo, y por el otro, aquellos que no consideraban posible participar en otro movimiento como medio para alcanzar sus objetivos católicos (dado que ese movimiento era también integral y, por lo tanto, exigía también un compromiso en todos los aspectos de la vida del militante).[81]

A pesar de que la Iglesia Católica apoyó el ascenso al poder de Perón, se fueron produciendo a lo largo de su gobierno fricciones que acabaron con la relación violentamente hacia 1954-1955. No es éste el lugar para teorizar sobre un tema tan complejo como el de la relación entre la Iglesia y el peronismo. Diremos, sin embargo, que así como la relación se rompió, también la JOC quitó su apoyo al movimiento peronista. Como señala Mallimaci, la visualización que los sectores obreros y populares hicieron de la Iglesia en general como la causante de la caída de un gobierno que tanto los había favorecido, dificultó mucho cualquier apostolado católico en el movimiento obrero durante varios años.[82]

En 1958 los asesores de la JOC decidieron autodisolverse debido a las presiones del cardenal Caggiano.[83] Esto tal vez sea un ejemplo de que algunos sectores de la jerarquía nunca terminaron de digerir del todo bien ciertas experiencias apostólicas en el mundo obrero (el fundador de los Círculos Católicos de Obreros padeció similar destino).

Hacia finales de la década de 1960 y principios de la de 1970, cuando aumentaba la conflictividad social en la Argentina y una parte de las Iglesia católica asumió un compromiso de liberación junto con los sectores populares argentinos, algunos ex militantes y dirigentes de la JOC se sumaron a ciertas organizaciones de la Tendencia Peronista (por ejemplo, Montoneros) las cuales contenían importantes elementos católicos y populares.[84] Aunque no conozcamos la cantidad de ex jocistas que se radicalizaron y asumieron este tipo de compromiso político, nos animamos a conjeturar que la resignificación de lo católico que posibilitaron algunas prácticas apostólicas (como las de la AC especializada), tuvo similar influencia en estos jocistas que unieron la "espada y la cruz pero al servicio del pueblo", como en aquellos militantes de la Juventud Estudiantil Católica (JEC) que terminaron siendo la cúpula de Montoneros.[85] Señala Sánchez que por la participación de algunos jocistas en estas experiencias políticas la jerarquía terminó por quitar a la JOC el escaso apoyo que algunos de sus sectores aún le daban. La represión de la dictadura iniciada en 1976 terminó por aniquilar las iniciativas, autónomas en ese momento en relación con la jerarquía, que aún quedaban en algunos militantes de la JOC.

En la década de 1980 hubo varios intentos frustrados por parte de sus militantes de reorganizar las fuerzas de la JOC. Recién hacia 1990 un grupo de jóvenes hizo resurgir esta experiencia de militancia cristiana en el movimiento obrero. Y decimos cristiana porque –y así sigue siendo en la actualidad– los jóvenes militantes que se reagruparon y la "refundaron", la rebautizaron con el nombre de Juventud Obrero 'Cristiana'. En este sentido la JOC tiene en el presente un carácter ecuménico, intenta reconstruir el espacio jocista para jóvenes trabajadores de variadas religiones.

La experiencia del jocismo resulta harto interesante para pensar la problemática del papel histórico de la Iglesia Católica a nivel social y político en la Argentina. La voluntad de construir una sociedad "más humana" y "más justa" pareció ser una constante en el discurso y en la práctica del jocismo en estas tierras. De esto por lo menos dan cuenta las personas y las fuentes relacionadas con esta institución con las que nos vinculamos a lo largo de toda la investigación. Sin embargo, aquella diferenciación que marcamos entre los imaginarios de la jerarquía y de los militantes quizá sea la clave para entender, en este aspecto, qué fue la experiencia de la JOC y el porqué de su disolución.

El contenido popular y obrero que pudo haber tenido la JOC produjo en algunas circunstancias, tensiones con ciertos sectores de la Iglesia Católica argentina. He ahí la causa del apoyo intermitente y formalista que la JOC obtuvo de la jerarquía. El verticalismo y el autoritarismo de ésta no pudo convivir con esas experiencias de la Iglesia en el campo popular, que reconstruían el mensaje católico desde esta perspectiva. Cabe pensar que los sectores más conservadores de la Iglesia temieron apoyar a fondo un movimiento como la JOC (como a otros que intentaron vivir el catolicismo desde la problemática de los oprimidos), que pudiera aportar a la construcción de una Iglesia popular en el seno de la tradicional Iglesia de Cristiandad.[86]

Las tensiones que fueron apareciendo y desarrollándose entre la práctica jocista y ciertos sectores de la jerarquía son una muestra de la dificultad que siempre tuvieron los pastores de la Iglesia Católica Argentina para aceptar la democratización de la institución y la resignificación y reinterpretación del cristianismo desde otros polos fuera de la jerarquía. La JOC, como pasó con otras organizaciones que en el seno de la Iglesia Católica comprometieron su vivencia religiosa con los sectores populares, debió sufrir críticas y presiones que concluyeron con su disolución. Esta actitud, ciertamente verticalista por parte de la jerarquía católica argentina es lamentable si pensamos el tiempo que tardaron en surgir del seno de la Iglesia Católica (y la escasez con que suelen hacerlo) laicos y sacerdotes que comprometieron su vivencia religiosa con los desheredados de esta tierra.

BIBLIOGRAFÍA

AA.VV: *500 años de cristianismo en la Argentina*, Buenos Aires, Centro Nueva Tierra-Cehila, 1992.

Amestoy, Norman: "Orígenes del integralismo católico argentino", en *Cristianismo y Sociedad*, N° 108, 1991.

Baczko, Bronslaw: *Los imaginarios sociales. Memorias y esperanzas colectivas*, Buenos Aires, Nueva Visión, 1984.

Basualdo, Aspiazu, Khavis: *El nuevo poder económico en los 80*, Buenos Aires, Hyspamérica, 1986.

Buchrucker, Cristián: *Nacionalismo y Peronismo, La Argentina en la crisis ideológica mundial, 1927-1955*, Buenos Aires, Sudamericana, 1987.

Del Campo, Hugo: *Sindicalismo y Peronismo. Los comienzos de un vínculo perdurable*, Buenos Aires, Clacso, 1983.

Dri, Rubén: *La Iglesia que nace del pueblo*, Buenos Aires, Nueva América, 1987.

Gillespie, Richard: *Los soldados de Perón. Montoneros*, Buenos Aires, Grijalbo, 1989.

James, Daniel: *Resistencia e integración. El peronismo y la clase trabajadora argentina, 1946-1973*, Buenos Aires, Sudamericana, 1990.

Junta Central de Acción Católica Argentina: *Manual para militantes*, Buenos Aires, publicación de la ACA, 1984.

Mallimaci, Fortunato: *El catolicismo integral en Argentina* (1930-1946).

——————: "Movimientos laicales y sociedad en el período de entreguerras. La experiencia de la Acción Católica Argentina", en *Cristianismo y Sociedad*, Nº 108, 1991.

Matsushita, Hiroshi: *Movimiento obrero argentino 1930-1945*, Buenos Aires, Hyspamérica, 1986.

Recalde, Héctor: *La Iglesia y la cuestión social 1874-1910*, Buenos Aires, Centro Editor de América Latina, 1985.

Rock, David: *El Radicalismo argentino 1890-1930*, Buenos Aires, Amorrortu, 1992.

Romero, Luis Alberto: *Iglesia y sectores populares en Buenos Aires en la entreguerra*, mimeo, 1995.

Seijo, Mario P.: *En la hora del laicado,* Buenos Aires, Ciencia, Razón y Fe, 1992.

   Simon, Alois: "Un movimiento de alma", en *Cardijn: testimonio y mensaje*, Barcelona, Nova Terra, 1964.

   Torre, Juan Carlos: *La vieja guardia sindical y Perón, sobre los orígenes del peronismo*, Buenos Aires, Sudamericana, 1990.

Zanatta, Loris: *Del Estado liberal a la nación católica, Iglesia y ejército en los orígenes del peronismo 1930-1943*, Quilmes, Universidad Nacional de Quilmes, 1996.

FUENTES

Entrevistas:
   Alfredo Di Pacce, ex militante y dirigente nacional de la JOC.
   Nació el 3 de febrero de 1921. Fue empleado administrativo. Ingresó a la JOC en 1944. Estuvo en la escuela de dirigentes, fue dirigente nacional diocesano en 1946 y 1947, y formó parte de la Comisión Nacional en esa época. Participó en el Consejo Mundial de la JOC en Río de Janeiro en 1950, a pesar de no pertenecer ya a la JOC. A partir de los años cincuenta fue dirigente sindical. En 1956 creó junto con un grupo de ex jocistas una organización llamada Acción Sindical Argentina, que no era un sindicato sino que era una corriente de opinión cristiana dentro del sindicalismo. En el 1957 empezó participar en actividades sindicales a nivel latinoamericano.

   Héctor Sánchez, ex militante y dirigente nacional de la JOC.
   Nació el 6 de marzo de 1921. En el colegio recibió educación salesiana. Aprendió allí el oficio de encuadernador en el cual trabajo. Miembro de la ACA de Jóvenes desde 1940. Participó del encuentro realizado en Ciudadela, momento fundacional de la JOC, como integrante de la ACA. En el año 1945 desempeñó un papel destacado en la constitución de una sección jocista en una parroquia de Morón. Tuvo conocimiento de la JOC a raíz del encuentro en Ciudadela y también, en ocasión de la realización de una

asamblea en Mendoza que contó con la presencia de 7.000 jóvenes de la ACA, a la cual asistió Mario P. Seijo (agosto de 1944). A su vez, a la finalización de una misa de domingo se encontró con Mario P. Seijo, que estaba vendiendo ejemplares de la *Juventud obrera*, en la puerta de la parroquia de Morón.

En oportunidad de una Semana de Estudios en Tucumán, en 1946 fue designado "dirigente nacional" de la JOC. Pasó entonces a formar parte de la Comisión Nacional. Abelardo Silva asumió en aquel momento la Presidencia de la JOC a nivel nacional. Fue jefe de prensa y propaganda y director del diario "Juventud obrera". A partir de ese entonces (abril de 1946), abandonó su trabajo para dedicarse enteramente a la JOC, previa autorización del asesor Di Pascuo. Estuvo a cargo de la organización de tres Semanas de Estudios. Viajó dentro del país para asesorar y supervisar a las diversas secciones jocistas. En el año 1947 participó en el Congreso Mundial jocista con sede en Montreal (Canadá). Estuvo en este cargo hasta febrero de 1949, fecha en que contrajo matrimonio con una integrante de la JOC femenina. A partir de ahí retomó su trabajo como encuadernador, en los talleres de impresiones oficiales, en la ciudad de La Plata.

Padre Francisco Berisso, ex viceasesor diocesano de la JOC en Avellaneda a partir de 1948.

Diarios:
– *Juventud Obrera*, publicación jocista (del 1º de mayo de 1943 a diciembre de 1953).

Libros del movimiento jocista:
– Majencio van der Meersch, *El coraje de vivir*, Buenos Aires, Mundo Moderno, 1959.
– Seijo, Mario P., *En la hora del laicado,* Buenos Aires, Ciencia, Razón y Fe, 1992

Documentos:
– *Estatutos de la Juventud Obrera Católica*, Buenos Aires, Ediciones Jocistas, 1948.
– *Guía de la Comisión Directiva*, Buenos Aires, Ediciones Jocistas, 1941.
– "Crónica de la Primera Asamblea Arquidiocesana organizada por el Arzobispado de La Plata y realizada el 21 de diciembre de 1941, en la Parroquia Suburbana de Ciudadela" (Documento fundacional).

NOTAS

1. Véase Daniel James: *Resistencia e integración. El peronismo y la clase trabajadora argentina 1946-1973*, Buenos Aires, Sudamericana, 1990, pág. 20.

2. Este cambio en la nacionalidad del movimiento obrero tuvo gran cantidad de implicancias. La participación política en términos electorales, la incapacidad de las clases dominantes de mantener el mismo discurso contra los "extranjeros", tanto como un movimiento obrero que integraba nuevos valores, perspectivas e intereses, fueron algunos de las expresiones originadas de esta "nacionalización" de los trabajadores.

3. Daniel James: *op. cit.*, 1990, pág. 21.

4. Hugo del Campo: *Sindicalismo y peronismo. Los comienzos de un vínculo perdurable*, Buenos Aires, CLACSO, 1983, pág. 19.

5. Véase David Rock: *El radicalismo argentino 1890-1930*, Buenos Aires, Amorrortu editores, 1992.

6. Hiroshi Matsushita: *Movimiento obrero argentino 1930-1945*, Buenos Aires, Hyspamérica, 1986, pág 187.

7. Llamamos "movimiento católico" al sector del catolicismo que buscaba que su práctica religiosa no se quedara encerrada en los límites de lo privado. Pretendía más bien salir hacia lo público para conquistar nuevos espacios sociales para el catolicismo.

8. La idea del cambio generacional está extraída de Loris Zanatta: *Del Estado liberal a la nación católica, Iglesia y ejército en los orígenes del peronismo 1930-1943*, Quilmes, Universidad Nacional de Quilmes, 1996, pág. 129. Recuérdese que este proceso también tuvo repercusión en el movimiento obrero aunque con distintas connotaciones.

9. El fascismo –en Italia– y el nazismo –en Alemania– también tenían como práctica la formación de organizaciones especiales para el adoctrinamiento de la juventud.

10. Fortunato, Mallimaci: "El catolicismo argentino desde el liberalismo integral a la hegemonía militar", en AA.VV., *500 años de cristianismo en la Argentina*, Buenos Aires, Centro Nueva Tierra-Cehila, 1992.

11. Para el desarrollo y encuadre del integralismo católico argentino nos basamos en el libro mencionado en nota 10.

12. F. Mallimacci: "El catolicismo...", *op. cit.*, pág. 259.

13. Para la realización de esta biografía nos basamos principalmente en la reconstrucción mítica que de la vida de Cardijn hicieron los jocistas. Nos basamos en entrevistas y en los periódicos de la JOC. Rescatamos de éstos su valor simbólico más que su rigor histórico.

14. Diario *Juventud Obrera*: N° 1, 1° de nayo de 1943.

15. En "JOC frente Círculos Católicos de Obreros", págs. 102 y sigs., nos extendemos sobre este fenómeno.

16. Alois Simon: "Un movimiento de alma", en *Cardijn: testimonio y mensaje*, Barcelona, Nova Terra, 1964.

17. Véase "La relación con la ACA", pág. 98 y sigs.

18. Véase Fortunato Mallimaci: "Movimientos laicales y sociedad en el período de entreguerras. La experiencia de la Acción Católica Argentina", en *Cristianismo y Sociedad*, N° 108, 1991.

19. Entrevistas a Héctor Sánchez y al padre Francisco Berisso.

20. Entrevista a Alfredo Di Pacce.

21. Entrevista a Héctor Sánchez, quien por formar parte de la Comisión Central participó del Congreso Internacional en 1947, con sede en Canadá.

22. El tema del método será desarrollado con profundidad en "Algunas palabras con respecto al método", págs. 100-2.

23. Loris Zanatta: *op. cit.*

24. Véase más adelante "La JOC y la construcción de su enemigo", pág. 127 y sigs.

25. Fortunato Mallimaci: "El catolicismo...", *op. cit.*, págs. 342-343.

26. En la entrevista que realizamos a Héctor Sánchez, sostuvo que la JOC no salió

de la ACA, por el contrario, aportó a ella. Fue como la parte especializada que se relacionaba con los obreros dentro del mundo católico; pero siempre fue independiente. No era una rama. La ACA contenía dentro una serie de ramas que incluían distintos sectores (médicos, agrarios, universitarios). No abarcaba a los obreros; no había en ella nadie que se dedicara a ellos.

Similares afirmaciones recibimos de boca de Alfredo Di Pacce: "La Jerarquía de la JOC no estaba dada por la ACA, sino que era elegida por nosotros mismos. La ACA no nos afectaba en nada, casi no había relación. Si la había, era más bien a nivel parroquial y no institucional. La ACA tenía una concepción más mutualista".

27. Fortunato Mallimaci: "El catolicismo...", *op. cit.*, pág. 342.
28. Fortunato Mallimaci: "El catolicismo...", *op. cit.*, pág. 213.
29. Héctor Recalde: *La Iglesia y la cuestión social 1874-1910*, Buenos Aires, Centro Editor de América Latina, pág. 65.
30. Fortunato Mallimaci: "El catolicismo...", *op. cit.*, pág. 210.
31. Véase "Las huelgas", págs. 114-117.
32. Citado en Héctor Recalde: *La Iglesia y la cuestión social, 1874-1910*, Buenos Aires, Centro Editor de América Latina, 1985, pág. 81.
33. Fortunato Mallimaci: "El catolicismo...", *op. cit.*, pág. 345.
34. Loris Zanatta: *op. cit.*, pág 330.
35. Entrevista a Héctor Sánchez.
36. Fortunato Mallimaci: "El catolicismo...", *op. cit.*, pág. 334.
37. El art. 45, último de los Estatutos, establece: "El socio cuya conducta esté en contradicción con el espíritu, el Reglamento y la disciplina de la JOC, después de dos advertencias, será expulsado de la Sección, previa consulta con el Párroco o el Asesor".
38. Bronslaw Baczko: *Los imaginarios sociales. Memorias y esperanzas colectivas*, Buenos Aires, Nueva Visión, 1984, introducción.
39. Bronslaw Baczko: *op. cit.*
40. Bronslaw Baczko: *op. cit.*
41. Diario *Juventud Obrera,* N° 7, noviembre de 1943.
42. Ídem.
43. Bronslaw Bazcko: *op. cit.*
44. *Crónica de la Primera Asamblea Arquidiocesana organizada por al Arzobispado de La Plata*, realizada el 21 de diciembre de 1941 en la Parroquia Suburbana de Ciudadela (o Documento Fundacional), Ciudadela, Ediciones jocistas, 1941, pág. 8.
45. Diario *Juventud Obrera*, N° 8, diciembre de 1943.
46. Ídem.
47. Entrevista al padre Berisso.
48. Diario *Juventud Obrera*, N° 8, diciembre de 1943.
49. Diario *Juventud Obrera*, N° 12, mayo de 1944.
50. Mario P. Seijo, *En la hora del laicado*, Buenos Aires, Ciencia, Razón y Fe, 1992.
51. Cuando éstos se establecieron, con Perón.
52. Diario *Juventud Obrera*, N° 13, junio de 1944.
53. Información aportada por Alfredo Di Pacce en las entrevistas.
54. Diario *Juventud Obrera*, N° 8, diciembre de 1943.
55. Diario *Juventud Obrera*, N° 10, marzo de 1944.

56. *Guía de la Comisión Directiva*, Buenos Aires, Ediciones Jocistas, 1941, pág 6.

57. Entrevista a Alfredo Di Pacce.

58. M. P. Seijo: *op. cit.*

59. Prólogo de los *Estatutos de La Juventud Obrera*, Buenos Aires, Ediciones Jocistas, 1948.

60. Crónica de la Primera Asamblea Arquidiocesana, *op. cit.*

61. Guía de la Comisión Directiva, pág. 9.

62. Diario *Juventud Obrera*, N° 3, julio de 1943.

63. Mallimaci, con relación a este tema, plantea que: "[...] el catolicismo argentino, en su versión integralista, busca ser la gran matriz cultural que dé cimiento y perdurabilidad a la nueva hegemonía [...] [en este sentido] lo más importante es la expansión territorial al aumentar considerablemente el número de parroquias, transformando así el espacio socio-cultural desde donde se socializan los nuevos imaginarios", *op. cit.*, pág. 283.

64. Crónica de la Primera Asamblea Arquidiocesana..., *op. cit.*, pág. 12.

65. Diario *Juventud Obrera*, N° 11, abril de 1944.

66. Ídem.

67. Diario *Juventud Obrera*, N° 3, julio de 1943.

68. Guía de la Comisión Directiva, pág. 3.

69. Diario *Juventud Obrera*, N° 11, abril de 1944.

70. Guía de la Comisión Directiva, pág. 25.

71. Guía de la Comisión Directiva, págs. 32-33.

72. Diario *Juventud Obrera*, N° 11, abril de 1944.

73. Diario *Juventud Obrera*, N° 23, mayo de 1945.

74. *Estatutos de la Juventud Obrera Católica*, Buenos Aires, Ediciones Jocistas, 1948.

75. Recuérdese la experiencia de Mario P. Seijo en su participación en un gremio comunista para rivalizar con ellos la dirigencia del sindicato, mencionada en "La relación con la jerarquía", págs. 104-5. También resulta ilustrativa la anécdota en la que esta misma persona dirige el desalojo de los delegados marxistas de la Federación Obrera de la Industria de la Carne, por considerar que su accionar no se correspondía con las medidas de lucha que más favorecían los intereses de los trabajadores. Seijo: *op. cit.*, págs. 50-54.

76. Diario *Juventud Obrera*, N° 37, 1947.

77. Crónica de la Primera Asamblea Arquidiocesana, *op. cit.*

78. Diario *Juventud Obrera*, N° 10, marzo de 1944.

79. Diario *Juventud Obrera*, N° 43, febrero de 1947.

80. Diario *Juventud Obrera*, N° 56, septiembre de 1947.

81. F. Mallimaci: "El catoliscismo...", *op. cit.*, págs. 342-346.

82. Ídem, pág. 346.

83. Ídem, pág. 345.

84. Entrevista a Héctor Sánchez.

85. Véase Richard Gillespie: *Los soldados de Perón. Montoneros*, Buenos Aires, Grijalbo, 1989, págs. 83-87.

86. Para profundizar sobre la idea de una Iglesia de Cristiandad y la popular véase Dri, Rubén: *La Iglesia que nace del pueblo*, Buenos Aires, Nueva América, 1987, págs. 19-35.

LOS OLVIDOS Y LOS RECUERDOS DE LA MEMORIA
Estrategias argumentativas del catolicismo integral argentino en la década del treinta

CARINA BALLADARES
CECILIA BLANCO
MARCELA GARRIGA
LILA MARTÍNEZ

RESUMEN

La crisis de 1930 pone en evidencia una puja ideológica que obliga a redefinir posiciones. Un modelo económico agotado, la creciente presión de las masas, así como también un nuevo mapa político internacional, hacen temer a las elites la llegada de la revolución y el bolcheviquismo. De aquí el acercamiento entre la Iglesia Católica y las Fuerzas Armadas. La primera busca en la apropiación de la historia y la reformulación de conceptos y símbolos generar una identidad nacional en la que el catolicismo y el patriotismo se encuentren estrechamente identificados. En este contexto, el catolicismo integral se consolida, entonces, como principio organizador de la sociedad civil con vistas a constituir un Estado católico. Lo que plantea es la absoluta oposición entre cristiandad integral e individualismo liberal o colectivismo socialista, basado en un proceso mundial de romanización, nacionalización y clericalización de la Iglesia.

Este trabajo pone el acento en el plano simbólico, en tanto intenta analizar las estrategias argumentativas que el discurso católico elabora en la década de 1930 a los fines de posicionarse como el discurso legítimo portador de un nuevo modelo de orden, tanto sea en el plano político como en el social, económico e ideológico. A partir de su proyecto político de recristianización de la sociedad, y mediante las páginas del diario *El Pueblo*, el catolicismo integral definirá su identidad y la de sus adversarios. Utilizará como estrategia la recreación y resignificación del contenido de las celebraciones del 1° y 25 de mayo, del concepto de patria, del trabajo y de las imágenes de los héroes nacionales, así como también apelará a la revalorización de las fuerzas armadas como sujeto político privilegiado. Las Fuerzas Armadas junto con la Iglesia Católica se afianzarán en su rol de guardianes del orden tradicional en un proceso de militarización y confesionalización de la vida política y del debate ideológico.

I. INTRODUCCIÓN

Analizamos el discurso católico de la década de 1930 con el objetivo de rastrear las estrategias argumentativas que el movimiento católico integral desarrolló para llevar a cabo su proyecto: esto es, transformar la Argentina en una nación católica. La hipótesis que planteamos es que en un marco de acercamiento entre la Iglesia y las Fuerzas Armadas,[1] el discurso católico busca, a partir de la apropiación de la historia y la reformulación de conceptos y símbolos, generar una identidad nacional en la que catolicismo y patriotismo se encuentren estrechamente identificados.

A los fines de esta investigación, tomamos la denominación de movimiento católico integral de Fortunato Mallimaci, quien caracteriza a éste como orientado a la búsqueda de concentración de fuerzas y centralización de proyectos en pos del debilitamiento de la hegemonía liberal en todos los sectores sociales, especialmente en los populares. Se trata de "Recristianizar la Argentina, restaurar todo en Cristo, penetrar con el catolicismo en toda la vida de la persona y de la sociedad, presencia pública del catolicismo, reinado social de Jesucristo".[2] En la misma línea, Loris Zanatta explica que para poder llevar adelante el proyecto de *"nueva cristiandad"*, el catolicismo realizará una serie de profundas transformaciones institucionales y doctrinarias, cuyos orígenes se remontan a los últimos decenios del siglo XIX y alcanzan su madurez en los años treinta. Zanatta considera, entre las transformaciones institucionales, los procesos de romanización, nacionalización y clericalización de la Iglesia y del catolicismo argentinos; y entre las doctrinarias, una postura antiliberal, intransigente, militante y combativa, que plantea la absoluta oposición entre cristiandad integral e individualismo liberal o colectivismo socialista.[3]

Es la década de 1920 la que asiste al lento surgimiento de este catolicismo integral, opacado entonces por la preeminencia del llamado catolicismo conciliador con el orden liberal. No obstante, la crisis de los años treinta repercute también en el campo católico e invierte los términos de la ecuación: el catolicismo integral será entonces el nuevo protagonista y mantendrá su hegemonía hasta aproximadamente fines de la década de 1940 y principios de 1950.[4] Este catolicismo integral, que pone el acento en la cuestión social y en la necesidad de la presencia del catolicismo en toda la vida, tiene en el nacionalismo su referente ideológico –de aquí que vea con buenos ojos las experiencias totalitarias de la Europa de pre guerra–, no acepta conciliaciones ni con la izquierda ni con el liberalismo, desprecia la democracia partidaria, brega por la vuelta a una sociedad tradicional y jerárquica –por eso llama a la consumación de la "nueva edad media"– y busca una relación privilegiada con las Fuerzas Armadas.[5]

Recordemos que son profundos los cambios que en el orden social, político y económico se van gestando a lo largo de los años treinta. La crisis del mercado mundial en 1929 pone fin al modelo de crecimiento hacia afuera sustentado en la agroexportación y obliga a redefinir la economía del país. El resultado será un lento proceso de industrialización sustitutiva de importaciones con la consecuente transformación del Estado y de la estructura social de la Argentina. En el plano político la crisis inaugurara la llamada década del "fraude patriótico", mientras que en el horizonte ideológico el nacionalismo comienza a cobrar creciente fuerza. Tomando en cuenta las importantes transformaciones que durante estos años se operan, el presente trabajo pone el acento en el plano simbólico, en tanto intenta analizar las estrategias argumentativas que el discurso católico elabora en la década de 1930[6] –teniendo en cuenta las distintas coyunturas– a los fines de posicionarse como el discurso legítimo portador de un nuevo modelo de orden, tanto sea en el plano político como en el social, económico e ideológico.

Nos interesa indagar entonces los modos en que este catolicismo busca tanto insertarse como protagonista de la realidad nacional, como consolidarse en tanto sujeto político portador de un proyecto transformador hacia el establecimiento de un nuevo orden. De esta manera, nos proponemos reconstruir este intento de recristianización de la sociedad en pos de la legitimación de un proyecto político, enfocando nuestra atención en la redefinición que la doctrina católica elabora de ciertas categorías como patria, pueblo, trabajo, ser nacional, y en la recreación del contenido de las celebraciones del 1° y 25 de mayo, de las imágenes de los héroes nacionales, como así también en su revalorización de las fuerzas armadas como sujeto político privilegiado.

A los fines de dicho análisis utilizamos como fuente el diario *El Pueblo*, fundado por el padre Grote en 1901 como periódico interno de la Federación de los Círculos de Obreros. Si bien no era el órgano oficial de la Iglesia Católica argentina, era reconocido por el Sumo Pontífice Pío XII, y su directorio estaba integrado por el arzobispo y todos los obispos. En efecto, *El Pueblo* significó el intento de constituir un diario católico a nivel nacional, centrado en la concepción católica de la acción, en la promoción del bien común y en el rechazo a toda conciliación con la sociedad moderna. Con el correr del tiempo, dejará progresivamente de lado su atención especial a la clase obrera y se irá transformando en el diario de todo el catolicismo.[7]

II. LA REINVENCIÓN DEL PASADO

Una colectividad designa su identidad elaborando una representación de sí misma por medio de los imaginarios sociales. Éstos son referencias específicas en el vasto sistema simbólico que produce esa colectividad a través del cual ella se percibe, se divide y elabora sus finalidades. Esta identidad colectiva marca un territorio y sus fronteras, definiendo sus relaciones con los "otros". Así se crean series de oposiciones, se forman imágenes de amigos-enemigos, rivales-aliados, a la vez que se legitima-invalida, justifica-acusa, incluye-excluye. Del mismo modo se conservan y modelan los recuerdos del pasado y se proyectan hacia el futuro temores y esperanzas. Los imaginarios producen una representación totalizadora de la sociedad, un orden según el cual cada elemento tiene su lugar, su identidad y su razón de ser.[8]

El imaginario, al fijar modelos formadores es una fuerza reguladora de la vida colectiva y por lo tanto una pieza del dispositivo de control. De ahí que sea lugar de conflicto social. En esa lucha por el ejercicio del poder y su legitimación, los distintos grupos sociales intentarán apropiarse de su pasado, conmemorarlo y recrearlo según sus necesidades. Entonces se comprende el sentido múltiple y contradictorio de la historia y su particular protagonista, la memoria.

Los distintos sectores sociales y grupos de poder buscan construir un discurso que se posicione como el único, verdadero y legítimo. En este sentido, el catolicismo integral, con su proyecto de recristianización de la sociedad, participa de la puja política por la definición y legitimización de un determinado modelo de orden social. Al hacerlo, no sólo precisa los contenidos de su proyecto político, sino que también define su identidad y la de sus adversarios.

Como explica Bourdieu,[9] la eficacia del discurso político remite a su capacidad de producir clasificaciones e imponer representaciones sobre esta realidad social que sean capaces de actuar sobre ella. Los esquemas de interpretación de la realidad proponen una manera de decodificar el espacio social y, por lo tanto, son elementos centrales para situarse y actuar en él. La lucha política supone entonces enfrentamientos de visiones que intentan imponer principios de división del mundo social y que buscan legitimar los proyectos para el ejercicio del poder. La acción política implica de esta forma una dimensión simbólica.

En la década de 1930 el catolicismo actúa en pos de la recristianización de la sociedad. Es entonces en este contexto donde la reinvención del pasado se torna capital. Recrear el mito fundador del nacimiento de la patria ligándolo al catolicismo permite conformar la identidad católica sobre bases firmes y, en consecuencia, legitima las acciones y las estrategias políticas del presente sobre la base de una supuesta continuidad con el pasado. De aquí que las ideas de patria, pueblo, nacionalidad y argentinidad tengan que desprenderse del antiguo contenido y transformarse en sinónimos de catolicismo. Estos conceptos lucirán entonces flamantes vestimentas, después de haber sido debidamente rebautizados.

III. PATRIA Y 25 DE MAYO

El 23 de mayo de 1936 el diario *El Pueblo* publica un artículo titulado "La Patria y el concepto de Nación", en el que se expresa:

La palabra "patria" es una de las que con mayor frecuencia se pronuncian y escriben y de las que más se ignora el exacto significado [...]. Se confunde nación con
patria: es decir, cuerpo con alma [...]. Patria viene de padre, nación de nacer. La primera expresión recuerda la raza, la tradición, la sangre, la educación, el carácter he-
redado, las ideas y convicciones que se reciben en el hogar y en la escuela y constituyen el sedimento psíquico, ideológico y ético del hombre [...]. La palabra
"nación" recuerda el sitio donde la persona surge de su claustro materno [...].
   La patria [es] siempre la misma bajo la monarquía o la república, bajo el despo-
tismo o la demagogia, con derrotero y autonomía o sin ella [por eso], siendo el fundamento de la patria la comunidad de sentimientos y de ideas [...], ninguna convicción humana es más honda ni más estable que la religión.[10]

La cuestión sobre el 25 de mayo nos remite directamente a indagar el concepto de patria que los católicos reelaboraron. La cita transcripta es más que
elocuente. Podríamos resumirla en un solo enunciado: el fundamento último de
la noción de patria es la religión católica en tanto "sedimento psíquico, ideológico y ético del hombre".

Hay una identificación absoluta entre ambas ideas, que se transforman en
sinónimas. El 25 de mayo se inscribe en el horizonte simbólico de los católicos
como la fecha que siembra las semillas para la construcción de la Nación Argentina y la consolidación del "verdadero patriotismo".

Patria es también unidad en el tiempo, es decir, continuidad del pasado con
el presente y el futuro. El catolicismo generó un proceso de reapropiación y redefinición del 25 de mayo que le permitió legitimarse como reconocido here-
dero de la tradición patriótica. Recordemos que los discursos políticos se organizan en función de las necesidades que plantea la lucha. Así, el pasado se
reactualiza y lo negativo de ese pasado es convertido en positivo. La recuperación de la memoria de los "héroes de mayo" tiene de esta manera un doble objetivo: mientras que, por un lado, se catoliza a sus héroes, por el otro, la Iglesia
Católica se autolegitima como continuadora de esa tradición. La reivindicación
del legado de los patriotas de 1810 establecerá entonces una suerte de continuidad entre el proyecto emancipador del siglo pasado –dejar de ser colonia– y el
proyecto católico –no dejar de reconocer la tradición hispana católica–. La recuperación de la memoria de estos héroes constituye el reencuentro y la reelaboración de la herencia revolucionaria.

Esa continuidad aparece manifiesta cuando para referirse a los sucesos de
mayo el diario *El Pueblo* usa la palabra "evolución" y no "revolución" y destaca el valor patriótico de la fecha. Un artículo del año 1930[11] reproduce el discurso pronunciado por el doctor Carlos María Brian en el Club de Empleados
del Ministerio de Agricultura, en el que expresó:

   Confrontada objetivamente la realidad histórica, en mi concepto el Movimiento
   de Mayo no fue una revolución, ni por sus consecuencias jurídicas, ni por sus con-

secuencias políticas, ni por sus consecuencias económicas [...]. Honremos de cualquier manera a aquellos hombres, a Moreno sobre todo [...], que sembró la semilla fértil que germinó en 1853.

Ocho años más tarde, la primera página del periódico luce una escarapela sobre un párrafo alusivo a 1810. El texto dice:

> También nosotros lucimos orgullosos la escarapela con los colores de la Patria, como aquellos prohombres que en la mañana de un día como el de hoy, en 1810, anunciaron el primer paso hacia la libertad. Con el corazón templado en la lucha, con la mirada fija en la enseña gloriosa, despertemos con algo de semejanza a los de aquel entonces, y al izar al tope el emblema celeste y blanco, formemos bajo la protección del Señor, la muralla que mantenga incólume nuestro tradicional: Dios, Patria y Hogar.[12]

¿Por qué "evolución" y no "revolución"? El catolicismo no puede desconocer la tradición católica de la "madre patria". Hablar de revolución implicaría un abrupto corte y un total desconocimiento del pasado. La palabra "evolución", en cambio, da una idea de progreso, de avance, pero sin que esto signifique un desconocimiento de la herencia hispánica.[13]

De esta manera, el discurso de la Iglesia Católica interpela a sus potenciales lectores, operando sobre sentimientos de pertenencia colectiva preexistentes, para reinventar una tradición y fundar un nuevo mito de origen de la patria.

IV. EL "OTRO" COMO ENEMIGO

Al mismo tiempo, la definición de patria se cristaliza en una nueva dicotomía: patriotas *vs.* parias. ¿Quién es el paria? Es, en esencia, ese "otro" no creyente delimitado por el espacio de pertenencia. Es el punto de referencia que les permite a los católicos definirse por lo que no son. De aquí que su tesis, tomada como dogma político central, no afirma la existencia de múltiples problemas y adversarios, sino de un solo enemigo capaz de manifestarse bajo muy variadas formas. La lista es larga: comunismo, socialismo, liberalismo, anarquismo, sindicalismo revolucionario, judaísmo, protestantismo, y laicismo educativo. Ese "otro-enemigo" es construido a partir de la conformación de un nosotros colectivo católico, que se define simultáneamente a partir de dos ejes: 1) un nosotros inclusivo: en este sentido, el catolicismo busca una identificación constante con "el pueblo", entendiendo por pueblo –categoría por cierto difusa y difícil de definir– el conjunto de los católicos, y 2) un nosotros excluyente que se define en oposición al enemigo.

Se trata entonces, por un lado, de la producción de la memoria colectiva, generadora de una determinada imagen del pasado y, por el otro, de la conformación de un nosotros como oposición frente al otro, radicalmente excluido de él y por tanto su adversario. Las páginas de *El Pueblo* nos brindan abundantes ejemplos sobre esta cuestión. Uno de las más ilustrativos es el siguiente:

> Es un error o una hipocresía atribuir exclusivamente a los rusos o a los judíos, la invención de la teoría comunista, pues ese monstruoso sistema es el lógico y último desarrollo del protestantismo, del liberalismo y del socialismo, cuyos principales inventores fueron escritores alemanes, franceses e ingleses desprendidos del cristianismo y hundidos en la apostasía. El cristianismo adulterado de aquel pueblo semitártaro, al no desbarbarizar aquel pueblo de campesinos con mentalidad asiática, contribuyó a que aquellos desterrados aceptaran las alahueñas utopías de Carlos Marx y de Lasalle inspiradas por los ateos y sofistas franceses e ingleses tales como Voltaire, Rousseau, Bentham, Kant, Hume, Schopenhauer y otros fabricantes del error, que en su mayoría pertenecían a la secta francomasónica [...]. La doctrina comunista se ha venido formando lentamente desde el nacimiento libertino, anticristiano y paganizante que engendró la falsa reforma Luterana, desde la cual nacieron el liberalismo y el racionalismo y el ateísmo doctrinario que tuvieron su aplicación práctica en el estallido de la Revolución Francesa.[14]

Este texto nos ofrece una brillante síntesis de la caracterización de ese enemigo que utiliza innumerables máscaras, pero que en realidad no tiene más que una sola cara: la de los no católicos.

V. LA IMPUGNACIÓN DEL LIBERALISMO Y "SUS CONSECUENCIAS": EL SOCIALISMO

Los cuestionamientos al liberalismo, visto como *"ateo"* e *"individualista"*, se presentan en forma recurrente desde la consolidación e intensificación del movimiento católico integral y ponen en tela de juicio las bases mismas que sustentan el orden vigente. El discurso católico exalta el orden jerárquico, verticalista, reflejo del orden divino. A través de *El Pueblo* advierten:

> Es la nuestra una época de absoluta revisión de valores, ya sea en el orden político como en el económico y en el social. ¿Sirve para algo la democracia? ¿Es útil el parlamento? ¿No es un mito el sufragio universal?[15]

En efecto, la radicalidad de la impugnación al liberalismo lleva al catolicismo integral a cuestionar abiertamente el sistema democrático. Ahora bien, la misma fuerza que el diario esgrime para oponerse a las ideas liberales es utilizada para manifestar su hostilidad hacia el socialismo. Sus constantes ataques van recrudeciéndose a medida que la izquierda gana mayor espacio político.

Sobre el fondo de estas críticas a liberales y socialistas se encuentra la preocupación del catolicismo integral por el orden social. Las situaciones conflictivas surgidas en el mundo laboral y la adscripción a ideas "extremistas" por parte de los trabajadores, encontraban para el diario su explicación en la ausencia de una adecuada política social que pudiera dar respuesta a los reclamos legítimos de los obreros.

Según los planteos de *El Pueblo*, el liberalismo, al desdeñar toda política tendiente a mejorar las condiciones de la clase obrera y reducir sus intervención a una acción represiva sobre este sector social, no hacía más que agravar el conflicto y conducir a los trabajadores a defender las ideas socialistas.

En su artículo titulado "Los gobiernos liberales de todo el mundo", *El Pueblo* argumenta:

> Enemigos del socialismo, pretendieron terminar con éste ahogándolo en sangre si hubiese sido necesario, pero sin comprender que las ideas no se matan con las bayonetas, sin darse cuenta que nada mejor que el liberalismo puede servir para el desarrollo de la doctrina socialista. Desoyeron la voz del gran León XIII [*Rerum Novarum*] que les proporcionaba los medios infalibles para solucionar satisfactoriamente la cuestión obrera y no supieron preparar con tiempo una legislación social sensata y orientadora.[16]

Desde la óptica cristiana, el socialismo no es más que el hijo bastardo de un liberalismo que se había mostrado siempre despreocupado por las condiciones de vida y de trabajo de los sectores obreros.

En su disputa con el socialismo, el discurso católico centra sus argumentaciones en torno a una serie de parejas de opuestos: a la "lucha de clases" que plantearía la izquierda se le contrapone la "armonía de clases"; al "internacionalismo de izquierda", la "doctrina católica nacional"; se resignifica también la idea de lo bárbaro –identificándola con lo extranjero, lo subversivo, lo que rompe con el orden– mientras que lo civilizado es competencia del católico, que respeta el orden y brega por la paz social.

La ritualización del 1º de mayo

La puja ideológica que la crisis del modelo liberal genera, obliga a redefinir posiciones y delimitar territorios. La Iglesia busca entonces, a partir de una política de militancia, una mayor penetración en las distintas capas de la sociedad; abandona el ámbito de lo privado y sale a ganar la calle, preocupada básicamente por incursionar en los sectores populares. Es a partir de este contexto, que la posición de los católicos con respecto a las ideologías de izquierda se hace inteligible. En otras palabras, el creciente activismo político de los católicos busca ganar un espacio que hasta entonces parecía patrimonio de los socialistas.

Un ejemplo ilustrativo de esta pugna entre el catolicismo integral y la izquierda puede verse en torno a la conmemoración del 1° de mayo. En sus orígenes, esta pugna está signada por la lucha obrera de izquierda, reivindicativa de la matanza de obreros en la zona industrial de Chicago a fines del siglo pasado. En un comienzo el catolicismo repudia este tipo de lucha cargada de "sangre y odio, y de marcado índole ateo y materialista"; sin embargo, con el correr del tiempo los católicos de *El Pueblo* intentan apropiarse de los símbolos relacionados con esta conmemoración, transformando un día de luto en otro de fiesta del trabajo.[17] Esta resignificación apunta a la generación del consenso necesario para la realización de su programa de orden social. Así se fue transformando al 1° de mayo en una especie de ritual de tipo religioso destinado a crear y afianzar un sentimiento de pertenencia a la comunidad católica. Esto explica la conversión de Jesús en el prototipo del trabajador abnegado. *El Pueblo* señala: "El paganismo tenía de los trabajadores el peor concepto, la más baja idea. Nuestro Señor Jesucristo santificó el trabajo, predicando con el ejemplo, laborando por más de veinte años como carpintero [...]".[18] De esta manera, se rescata el trabajo –que ocupa también un lugar privilegiado en el imaginario socialista– como lugar de dignificación de la persona, y se lo relaciona asimismo con símbolos afines a la tradición católica, tales como el hogar y la familia.

En la señalada lucha que encara el catolicismo para debilitar el discurso socialista, *El Pueblo* manipula frases clave de la tradición de izquierda. Claros ejemplos así lo verifican: "Proletarios del mundo: ¡uníos en Cristo!" es el titular elegido para la primera plana teñida de rojo del 1° de mayo de 1930. Es así como la ya célebre frase que Marx y Engels plasmaron sobre el final del *Manifiesto Comunista* "Proletarios del mundo, uníos", es completada ochenta años más tarde por el diario católico. Pero, mientras los ideólogos del materialismo histórico llaman a través de ella a la "revolución comunista", los escribas de *El Pueblo* bregan por una "armonía social" sólo posible, según ellos, en un mundo católico.

A partir de la década del treinta, el empeño de la gente de *El Pueblo* va a estar puesto en construir un templo sobre otro, sin enterrar el antiguo todavía, porque enterrarlo significaría perder continuidad y consecuentemente legitimidad. Pero más que decir que lo nuevo desplaza a lo viejo habría que decir que lo viejo y lo nuevo conviven en una extraña pero efectiva coherencia.

En mayo de 1932 se ve claramente que la pugna por la hegemonía está todavía irresuelta. Con motivo de la conmemoración del día del trabajo, una pluralidad de significaciones se mezclan en la calle, pero no todas parecen estar, según *El Pueblo*, a la misma altura:

> Desfilarán los del pendón rojo del socialismo, siguiendo la doctrina marxista que les ofrece la felicidad en la tierra. Desfilarán los otros atrás de la bandera negra de la anarquía. Y también otro desfile, un desfile cuyas columnas podrán no ser tan nutridas como las de los demás: el número nunca hizo la verdad.[19]

Los católicos no descollan en número, pero para contrarrestar este hecho reafirman su sustentación y legitimidad en los principios de Dios, Patria y Hogar, principios que ellos consideran inmutables y que tienen su anclaje y legitimidad en el tiempo.

La abolición de la esclavitud, las corporaciones medievales y la encíclica Rerum Novarum son tres valores luminosos en la historia del trabajo, que prueban la verdad de nuestra afirmación,[20]

por eso,

a los jóvenes católicos corresponde la honrosa misión de arrancar al pueblo de la ergástula roja, de replicar los sofismas y destruir los prejuicios con que se extravía el juicio y se deprava el corazón de las masas sobre las cuales lanzó el Cristo su célebre frase de misericordia: Siento lástima de las turbas.[21]

La carrera por la hegemonía está orientada a rescatar al pueblo perdido en falsas promesas.

Seis años más tarde leemos:

Al alejamiento de los factores de producción capital y trabajo, la escuela social cristiana propone la armonía entre estos factores. En mayo de 1929, por primera vez aparecen banderas argentinas con leyendas como Dios, Patria y hogar, cooperación de clases, etc. Es un primero de mayo cristianizado y patriótico, celebrado por los círculos de obreros.[22]

En 1938 *El Pueblo* predica la armonía de clases, propia de su proyecto organicista. Es decir, una argentinidad única y englobadora, en la que convivirían sin conflicto los diferentes estratos sociales, esto es, los que oran, los que guerrean y los que laboran.[23]

Ahora no debería celebrarse el trágico día de las reivindicaciones obreras, tras banderas rojas, incrustadas en la soberanía de nuestro pueblo. Los hombres de trabajo ya no deben estar congregados bajo las sombras de las rebeldías sino al amparo de la bandera victoriosa de Belgrano, mártir de todos los sacrificios por el trabajo y la emancipación de la patria.[24]

Resulta interesante rescatar de esta última cita dos cuestiones centrales del discurso católico: una es la caracterización que hace del 1° de mayo, y la otra, es el acento puesto en el símbolo de la bandera roja.

En cuanto a lo primero, el catolicismo nos muestra un 1° de mayo dominado por la violencia, que atenta contra la paz social. Sin embargo, el carácter festivo de esa fecha parece no ser patrimonio católico, según indica Plotkin, las manifestaciones organizadas por el Partido Socialista con motivo del Día del Trabajo siempre habían tenido un carácter festivo y pacífico.[25]

En relación con la segunda cuestión, es necesario destacar que ya en 1935 el Partido Socialista había dejado de utilizar la bandera roja en sus manifestaciones. Ahora bien, si por un lado, el abandono de su uso en los actos del 1° de mayo respondió a la prohibición decretada por el presidente Justo en la década del treinta, por el otro, se debió también (y quizá en mayor medida) al surgimiento de un nuevo fenómeno que comenzaba a cobrar fuerza en los trabajadores. Nos referimos al "despertar de la conciencia nacional" del movimiento obrero argentino, que a partir de la segunda mitad de la década de 1930 comienza a identificar su interés con el interés de la Nación. Fenómeno que se traduce, por ejemplo, en un cuestionamiento de la dependencia con respecto a los capitales extranjeros. En concordancia con estos cambios, va surgiendo un proceso de "politización" en el movimiento obrero, que va dejando paulatinamente de lado la postura de "prescindencia política" postulada por la dirigencia sindical tradicional.[26]

En un contexto en el que todas las fuerzas políticas se proponen como totalizadoras, la supuesta convivencia de símbolos opuestos –como la bandera roja y la argentina señalando la lucha reivindicativa de los obreros– se transforma en exclusión que no admite convivencia con lo múltiple. Así, para los católicos, el rojo es el color equivocado, es un intruso. El pueblo, "nuestro pueblo", debe reclamar bajo la bandera nacional celeste y blanca. Pero esta bandera ya estaba presente en las marchas del movimiento obrero, en las cuales se cantaba también el himno nacional. Podríamos afirmar entonces, siguiendo la lógica del discurso católico, que estas manifestaciones no estaban exentas de fervor patriótico. Ahora bien, para el catolicismo es necesario borrar toda significación que pueda remitir al pensamiento de izquierda. Es por eso que los símbolos deben ser apropiados, vaciados de contenido, resignificados y legitimados. Es necesario que lo anterior muera.

En 1938 *El Pueblo* convoca a la "Marcha de la Libertad" organizada por la Alianza de la Juventud Nacionalista para "demostrar al pueblo de la república que el obrero ha roto las afrentosas cadenas que lo ataban a la tiranía marxista [...]", y concluye: "Oponga al 1° de Mayo de los puños cerrados un desfile que sea ejemplo de disciplina y argentinismo".[27] De esta manera se pone de manifiesto la radicalización de la postura excluyente del catolicismo.

VI. LA RECRISTIANIZACIÓN DE LOS PRÓCERES

A lo largo de estos años *El Pueblo* se ocupa de señalar que los héroes del siglo pasado han sido profundamente católicos. En efecto, año a año se encargan de destacar en sus artículos la devoción que los próceres manifiestan por la virgen de Luján. En 1938 publican:

Por el famoso santuario de la Virgencita de Luján, ante cuya bendita imagen vestida de blanco y celeste palpita de amor todo corazón argentino, pasaron los más grandes héroes de nuestra patria, aquellos héroes que anudando las cualidades del genio con las luces de la fe, abrieron caminos de grandeza en toda la amada extensión de la patria. Por allí pasaron, para cumplir sus promesas y sus votos, implorar las infinitas bendiciones del altísimo, exteriorizar los fervores de su fe e inclinarse reverentes en demanda de aliento y fortaleza: José de San Martín, Manuel Belgrano, Don Cornelio Saavedra, Domingo French, Nicolás de la Quintana, Ramón Balcarce, Estanislao Soler, Manuel Dorrego [...] (y) otros muchos prestigiosos y beneméritos jefes que hacen pública profesión de su fe.[28]

El diario resalta el carácter nacional de la Virgen de Luján, quien se convierte en un importante símbolo de argentinidad. Con su ropaje celeste y blanco, se transforma así en una devoción aglutinadora de religiosidad y nacionalismo.

En esta relectura de la historia no hay divorcio entre lo político y lo espiritual, es más, gracias a la presencia de lo espiritual la patria pudo nacer y crecer. De esta manera, la religión católica no sólo sale del ámbito de lo privado al ámbito de lo público, sino que pasa a constituir una parte inescindible del patriotismo y de la argentinidad.

La importancia de la presencia de la Iglesia Católica en los grandes acontecimientos de la patria vuelve a ser puesta de manifiesto en un artículo de José Cavalaro titulado "El Sacerdote en el Ejército". Según este artículo, "San Martín fue un glorioso soldado profundamente cristiano", este prócer comprendió en el año 1815 "la importancia que tenían los auxilios religiosos en la magna empresa del combate". cuando decidió elevar la propuesta de la creación de la vicaría general del ejército, proponiendo al presbítero doctor J. Güiraldes, fundando "este noble petitorio en el acendrado patriotismo de este ministro católico [...]". El autor del artículo, quien se dirige a un público castrense, explica que la función de los capellanes en el ejército ha sido la de lograr que "[...] a través de la imploración se termine con los enemigos de la patria".[29] A través de su particular análisis histórico el autor comprueba que el sacerdote ha cumplido con la sagrada misión patriótica desde el memorable combate de San Lorenzo, hasta la batalla de Chacabuco.[30] También ha tenido un importante papel en las campañas al desierto. Por eso llega a la siguiente conclusión: "La juventud necesita mentores sanos, que aviven en su interior la llama de la fe y del camino recto [...]. Para que todo resulte feliz en el escabroso sendero de la vida, debemos unir fe, libro y armas. Es la trilogía incomparable que forma el argumento fuerte de todo factor para la suerte de un pueblo y sus habitantes hoy y siempre".[31] [32] [33]

Continuando con esta suerte de "galería de celebridades argentinas", *El Pueblo* realiza un gran esfuerzo por catolizar a Sarmiento en el cincuentenario de su fallecimiento. Su postura no puede ser menos que ambigua en el editorial publicado el 11 de septiembre de 1938: "Temperamental por excelencia se explican así situaciones contradictorias [...] reacciones que no se conciben en quien amaba a su patria, anhelaba verla grande, luchaba por verla libre. Pero esas ideas fueron provechosas, creadas especialmente para lo que Sarmiento creía necesidad nacional: el progreso material. Hemos de agradecércelo [...]" Sin embargo un "[...] enorme materialismo se arrojaba sobre la Nación", pero

[...] quien niegue a Sarmiento un fondo cristiano se equivoca, Sarmiento fue cristiano. Nacido en el seno de una familia cristiana, educado por un sacerdote que formó su espíritu en la doctrina de Cristo. Es inútil querer cerrar los ojos a los hechos y valerse de esta o aquella cita suya. Existe una continuidad de línea en su vida que permite asegurar ese fondo cristiano.[34]

En sus esfuerzos por recristianizar al padre de la escuela, *El Pueblo* anuncia que la Junta Central de la Acción Católica Argentina había editado un folleto que demostraba la postura de Sarmiento en favor de la enseñanza religiosa.

En la historia oficial, los patriotas argentinos son miembros de una elite ilustrada que se caracteriza por ser positivista, liberal y cosmopólita. Con respecto a esto, el catolicismo realiza un doble ejercicio: por un lado no tiene en cuenta estas características y, por el otro, se esmera en enfatizar la profunda fe católica de los hombres que construyeron la nación argentina. El diario remarca que la Iglesia Católica ha tenido siempre un gran protagonismo en los grandes acontecimientos de la historia nacional, cumpliendo la función de guía y apoyo en las gestas patrióticas. En efecto, todo aquel que pretenda ser parte del bronce, debe ser católico y dar muestras de su fe.

Es importante señalar que con el correr de la década, La Iglesia Católica Romana va cobrando fuerza como fuente de legitimidad. La fortaleza de esta mitología se hace evidente en Justo, quien consagra el país al Corazón de Jesús durante el Congreso Eucarístico de 1934, y años más tarde en Perón, que es visto en la Basílica de Luján rogando al cielo por unas buenas elecciones.

VII. LA COMUNIÓN DE LA IGLESIA Y LAS FUERZAS ARMADAS

Una nueva fecha patria comienza a conmemorarse luego del año 1930: el golpe del 6 de septiembre del general Uriburu. En esta celebración se unen, entre otros, los militares, los sectores más tradicionales de la sociedad y un importante sector del catolicismo. Ya en 1932, *El Pueblo* relata los "actos conmemorativos de la revolución de septiembre de 1930", celebrados con "mucho lujo", y "señoras muy bien ataviadas". La celebración de esta nueva fecha patria se repite en 1936, cuando se conmemora el sexto aniversario del golpe que, según el diario, es recordado en todo el país "con una gran adhesión popular".

A su vez *El Pueblo* señala que en la ciudad de Balcarce se realizaron "actos patrióticos y religiosos [...] que alcanzaron proporciones sobresalientes, habiendo revivido la población un día de fervor patriótico y religioso".[35] Se inaugura una estatua de Uriburu, se canta el Himno, se realiza una misa, se celebra un banquete en la municipalidad y hay fuegos artificiales. Vemos entonces que ya para este año la unión Iglesia-Fuerzas Armadas se consolida. Patria y religión se van transformando en conceptos sinónimos. Esta comunión no es casual; recordemos que por entonces el gobierno de Justo –elegido gracias a la proscripción de Alvear y al "fraude patriótico"– necesita legitimarse y busca para esto el apoyo de la Iglesia. Ese apoyo será caro al gobierno, ya que el movimiento católico reclamará para sí un creciente espacio en la vida pública.[36] Historia, política y religión se unen y se confunden.

En 1938, al cumplirse el octavo aniversario del golpe, las celebraciones se repiten, la unión entre patria, ejército y religión sigue avanzando. Esta vez será la Catedral Metropolitana el lugar donde se oficie la ceremonia, y donde "diversas entidades nacionalistas y culturales se aprestan con gran entusiasmo a recordar al general Uriburu".[37] Adhiere a esta singular celebración el Poder Ejecutivo y, al igual que en años anteriores, organizarán diversos actos grupos como la Asociación de Damas Argentinas Patria y Hogar, la Alianza de la Juventud Nacionalista y la Legión Cívica, entre otros.

El ejército argentino va ocupando progresivamente un mayor espacio en la páginas de *El Pueblo*. A partir de 1938 comienza a editarse un suplemento dominical denominado "Las Páginas del Ejército y la Armada". Seis años antes, *El Pueblo* había insistido en la necesidad educativa y patriótica de crear un colegio militar secundario, en vistas de que "[...] el militar es pedagogo con el mismo título que lo es el sacerdote y el maestro, como lo es también el padre de familia. El militar es además y como conductor de hombres un pedagogo social".[38]

El transcurso de la década de 1930 va a demostrar que el proceso de politización y catolización de los militares se completa con la militarización del catolicismo y de la sociedad.[39] Estos años van a estar caracterizados por una mayor presencia pública de las fuerzar armadas y del catolicismo integral. La vinculación de ambos sectores genera un proyecto que pretenderá reformular la identidad nacional y crear un nuevo orden social. Así lo expresa Julio Meinvielle, para quien "el modelo realmente deseable sería el del Estado Católico en el que la espada estaría subordinada a la religión". La adhesión a este modelo muestra el gran apoyo que otorga el diario al franquismo, visto como ejemplo de lo que debería ser un régimen nacional-católico.[40] A través de las palabras de un redactor comentarista, *El Pueblo* afirma:

> El general Franco vincula a los españoles con el principio de la solidaridad nacional, con la armonía de clases, con la distribución del trabajo, con la asistencia so-

cial [...] y con la fraternidad cristiana y la moral evangélica que abarca [...] todas las posiciones sociales en el amplio lazo del deber, de la justicia y de la caridad.[41]

El catolicismo integral, en su lucha por imponerse como fundamento constitutivo de la identidad nacional,[42] otorga al Ejército la misión de construir y defender la nación católica. Quienes escriben en este diario miran con agrado las experiencias dictatoriales de Franco, Mussolini y Oliveira de Salazar. Visualizan al Ejército como una aristocracia virtuosa, amante del orden y de la jerarquía, que podría llevar adelante su proyecto de orden nuevo. En efecto, el corporativismo, como forma de volver a los gloriosos tiempos de la Edad Media,[43] es una utopía acariciada con gran anhelo por el diario *El Pueblo*. De esta manera los que guerrean, conducidos por los que oran, podrán, entonces, restablecer el ansiado orden social.

VIII. CONCLUSIÓN: CON LA ESPADA, CON LA CRUZ Y LA PALABRA

En la década de 1930 el catolicismo integral se consolidó como principio organizador de la sociedad civil con vistas a constituir un "Estado católico". Penetró en todas las capas del tejido social intentando generar una conversión espiritual que sentara las bases de su legitimidad. Enmarcado en un contexto historiográfico en el que el revisionismo comenzaba a desarrollarse, apeló a la tradición católica hispánica y, a través de la apropiación de símbolos, apuntó a la consolidación de una doctrina hegemónica, la cual fue, en realidad, excluyente en la medida en que se presentó a sí misma como totalizadora en oposición al "otro diferente" devenido en enemigo. Esta ilusión de unanimidad se basaba en la redefinición de ciertas categorías (patria, pueblo, trabajo, ser nacional) que incluían a los católicos, mientras que aquellos que no compartían esa identidad eran negados como sujetos políticos y sociales. En esta lucha por predominar en el espacio simbólico, el catolicismo utilizó como estrategia la recreación y resignificación del contenido de las celebraciones del 1º y 25 de mayo, del concepto de patria y de las imágenes de los héroes nacionales.

Este catolicismo intransigente sostenía una concepción social organicista, sacralizaba las jerarquías sociales y entendía la religión católica como elemento fundante de la identidad nacional.

La crisis de los años treinta encontrará a la Iglesia Católica con una estructura organizativa más consolidada y un creciente arraigo territorial. Junto con ella las Fuerzas Armadas se afianzarán en su rol de guardianes del orden tradicional en un proceso de militarización y confesionalización de la vida política y del debate ideológico. El proyecto católico logrará aglutinar y articular las distintas tendencias antiliberales y antisocialistas surgidas en la sociedad, aun fuera del ámbito religioso. El proyecto político e ideológico conjugaba "la reinterpretación del pasado nacional, la crítica intransigente del presente y el señalamiento de una perspectiva futura cargada de un acentuado idealismo".[44]

Dominar la memoria histórica permite legitimar las aspiraciones de poder. Hacer grandes elogios al catolicismo de los próceres nacionales justifica al catolicismo como fuerza hegemónica en la Argentina. Toda reconstrucción-resignificación del pasado tiene como causa las disputas del presente. La lucha de aquel movimiento católico tenía como objetivo eliminar el secularismo y el laicismo imperantes. Por eso, la recristianización de la sociedad requería que inevitablemente se realizara una recristianización de su historia.

IX. ANEXO

¡ALERTA!
(Proclama lírica)

El alma nacional está extraviada
una terrible histeria padecemos [...].

Se avergüenza de serlo, el que es cristiano
Y así avanza la grey del judaísmo...
El peor título es ser conciudadano,
Sólo impera la audacia y el cinismo
Y, donde quiera, el que triunfa es el villano!

¡Nadie quiere saber nada de nada!
Mucha gente nos dice: ¡a qué pensar!
Hay quien, toma la vida en mascarada,
Y es común que se busque renegar
De la cosa más noble y más sagrada.

Está el alma entregada al vasallaje
Del dinero y la fuerza material [...].

Hay un miedo terrible a la verdad
Al que es hombre, y como hombre
                              habla altanero
Se le teme como a una enfermedad,
y triunfa el más audaz y trapacero
Sin Dios, sin Fe, sin Nacionalidad

Contra todo el que vive indiferente,

Contra el silencio hipócrita y rastrero,
Argentinos gritad: ¡Patria presente!
Con acento viril y afán sincero,
Para luchar por un ideal consistente.

Por un ideal de fiel nacionalismo
Que defienda la patria del acecho
Del cínico y cobarde sovietismo
Que la paz de los pueblos ha desecho
¡y hasta intenta destruir al cristianismo!

RUBÉN F. DE OLIVERA
(*El Pueblo*, 2 de septiembre de 1936, pág. 5.

BIBLIOGRAFÍA

Baczko, Bronslaw: *Los imaginarios sociales. Memorias y esperanzas colectivas,* Buenos Aires, Nueva Visión, 1984.
Bianchi, Susana; *La Iglesia Católica y el Estado peronista. Notas para un proyecto de investigación,* Buenos Aires, CEAL, 1988.
————: "La Iglesia Católica en los orígenes del peronismo", *Anuario IEHS*, N° 5, Tandil, 1990, págs. 71-79.
Bourdieu, Pierre: *¿Qué significa hablar?,* Madrid, Akal, 1985.
Del Campo, Hugo: *Sindicalismo y peronismo: los comienzos de un vínculo perdurable,* Buenos Aires, CLACSO, 1983.
Duby, Georges: *Los tres órdenes o lo imaginario del feudalismo*, Barcelona, Argot, 1983.
Furlong, Guillermo: "Nacimiento y desarrollo de la filosofía en el Río de la Plata", en *La doctrina del Contrato y la Independencia Argentina,* Buenos Aires, 1947, capítulo IV.
————: *Clero patriótico y clero apatriótico entre 1810 y 1816,* Buenos Aires, Archivum, 1960.
Halperín Donghi, Tulio: *Tradición política española e ideología revolucionaria de Mayo,* Buenos Aires, Centro Editor de América Latina, 1985.
Mallimaci, Fortunato; "El catolicismo argentino. Desde el liberalismo integral a la hegemonía militar", en AA.VV. *500 años de cristianismo en la Argentina*, Buenos Aires, Centro Nueva Tierra-Cehila, 1992.
Matsushita, Miroschi; *Movimiento obrero argentino 1930-1945. Sus proyecciones en los orígenes del peronismo*, Buenos Aires, Siglo XX, 1987.
Piaggio, Agustín: *Influencia del clero en la independencia argentina*, Buenos Aires, 1934.
Plotkin, Mariano: *Mañana es San Perón,* Buenos Aires, Ariel, 1994.
Rouquie, Alain; *Poder militar y sociedad política en la Argentina*, Buenos Aires, Emecé, 1981, tomo I.

Zanatta, Loris: *Del Estado liberal a la nación católica. Iglesia y ejército en los orígenes del peronismo;* Quilmes, Universidad Nacional de Quilmes, 1996.

FUENTE

Diario *El Pueblo.*

NOTAS

1. Iglesia y Fuerzas Armadas se ven a sí mismas como las únicas representantes de
la civilización, comparten además elementos comunes: dicen estar por encima de la
mezquindad de los partidos políticos, ser fundantes de la nacionalidad y poseer espíritu
de sacrificio y de austeridad; por otra parte, responden a una estructura jerárquica y son
espacios de nacionalización y de ascenso social.

2. Fortunato Mallimaci; "El catolicismo argentino. Desde el liberalismo integral a la
hegemonía militar", en AA.VV.: *500 años de cristianismo en la Argentina,* Buenos Aires, Centro Nueva Tierra-Cehila, 1992, pág. 259.

3. Puede consultarse Loris Zanatta: *Del Estado liberal a la nación católica. Iglesia
y Ejército en los orígenes del peronismo,* Quilmes, Universidad Nacional de Quilmes,
1996.

4. En este sentido, la derrota del Eje, los resultados de las experiencias totalitarias
de Europa y, en el plano nacional, las fuertes tensiones de la Iglesia Católica con el gobierno peronista, permitirán al catolicismo liberal consolidar su posición. Señala Susana Bianchi que el catolicismo liberal cobra importancia a través de la democracia cristiana. "A partir de la obra de Jacques Maritain, 'Humanismo Integral', los católicos
liberales aceptan la existencia de dos sociedades –Iglesia y Estado– con fines propios y
distintos [...]. La consideración de la autonomía de lo temporal, lleva a los católicos liberales a apoyar las formas de la democracia política, el sistema de partidos y la vigen-
cia de la Constitución. Frente al hispanismo de los católicos nacionalistas, afirman el
universalismo y encuentran sus raíces en el liberalismo de inspiración católica que, consideran, es la autentica y positiva tradición argentina desde la revolución de 1810". Susana Bianchi: "La Iglesia Católica en los orígenes del peronismo", *Anuario IEHS,* N° 5,
Tandil, 1990.

5. Si bien el llamado catolicismo integral no constituye un todo homogéneo el presente trabajo no tomará en cuenta las disidencias internas de dicho movimiento, por ser
la posición intransigente la dominante en el período que nos ocupa.

6. Centraremos el análisis en los meses de mayo y septiembre de los años 1930,
1932, 1936, 1938 y 1940. La elección de estos meses no es fortuita. Nuestro interés refiere concretamente al 1° de mayo, día del trabajador, y al 6 de septiembre de 1930, fecha del golpe de Estado del general Uriburu.

7. Sobre el diario *El Pueblo,* puede verse F. Mallimaci: *op. cit.*; L. Zanatta: *op. cit.*;
S. Bianchi: *op. cit.*

8. Bronslaw Baczko: *Los imaginarios sociales. Memorias y esperanzas colectivas,*
Buenos Aires, Nueva Visión, 1984.

9. Pierre Bourdieu: *¿Qué significa hablar?*, Madrid, Akal, 1985, pág. 96.

10. *El Pueblo*, 23 de mayo de 1936, pág. 4.

11. *El Pueblo*, 25 de marzo de 1930, pág. 9.

12. Ibíd., 25 de mayo de 1938, pág. 1.

13. Sobre la cuestión de las raíces ideológicas de la Revolución de Mayo pueden verse: Tulio Halperín Donghi: *Tradición política española e ideología revolucionaria de Mayo,* Buenos Aires, Centro Editor de América Latina, 1985; Guillermo Furlong: "Nacimiento y desarrollo de la filosofía en el Río de la Plata", en *La doctrina del Contrato y la Independencia Argentina,* Buenos Aires, 1947, capítulo IV.

14. Luis Barrantes Molina: "El vínculo liberal, protestante y comunista", *El Pueblo*, 2 de marzo de 1938, pág. 4.

15. Ibíd., en la columna "La Jornada", 1º de mayo de 1930, pág. 1.

16. Ibíd.

17. Para profundizar sobre el valor simbólico del 1º de mayo en la Argentina, especialmente en la época peronista, puede consultarse Mariano Plotkin: *Mañana es San Perón,* Buenos Aires, Ariel, 1994.

18. Ibíd.

19. A partir de 1934, año en que se realiza el Congreso Eucarístico Internacional en Buenos Aires y se consolida el movimiento católico nacional, el número parece cobrar importancia.

20. *El Pueblo,* 1º de mayo de 1932, pág. 1.

21. *El Pueblo*, pág. 2.

22. Ibíd., 1º de mayo de 1938, pág. 1.

23. Esta concepción de la sociedad ideal es claramente restauradora ya que plantea la vuelta a un orden medieval. Paradójicamente se trata de lograr esto en un territorio en el cual nunca existió dicho orden.

24. Ibíd., pág. 2.

25. Mariano Plotkin: *op. cit.*, pág. 76.

26. Sobre este proceso de transformación del movimiento obrero puede verse Hiroschi Matsushita: *Movimiento obrero argentino 1930-1945. Sus proyecciones en los orígenes del peronismo,* Buenos Aires, Siglo XX, 1987; Hugo Del Campo: *Sindicalismo y peronismo: los comienzos de un vínculo perdurable,* Buenos Aires, CLACSO, 1983.

27. Ibíd., pág. 5.

28. Ibíd., 22 de mayo de 1930, pág. 18.

29. Ibíd., 1º de mayo de 1938, pág. 15.

30. Para profundizar sobre el papel del clero en la época de la independencia argentina, consultar Guillermo Furlong: *Clero patriótico y clero apatriótico entre 1810 y 1816,* Buenos Aires, Archivum, 1960; Agustín Piaggio: *Influencia del clero en la independencia argentina,* Buenos Aires, 1934.

31. A partir de 1937, *El Pueblo* publica todos los domingos un suplemento denominado "Las páginas del Ejército y la Armada". Para profundizar acerca del tema del acercamiento entre la Iglesia y el ejército puede verse Loris Zanatta: *op. cit.*

32. Para ahondar sobre la temática de los sistemas trifuncionales, puede verse Georges Duby: *Los tres órdenes o lo imaginario del feudalismo,* Barcelona, Argot, 1983.

33. Ibíd., pág. 13.

34. Ibíd., 11 de agosto de 1938, pág. 8.

35. Ibíd., 9 de agosto de 1936, pág. 9.

36. En un marco en el cual el radicalismo está proscripto y el socialismo gana mayor espacio en el Congreso, la Iglesia Católica va a presionar para obtener nuevas diócesis y para catolizar la enseñanza. Véase Loris Zanatta: *op. cit.*

37. Ibíd., 4 de septiembre de 1938, pág. 7.

38. Ibíd., 1º de mayo de 1938, pág. 13.

39. Sobre este proceso puede consultarse Alain Rouquie: *Poder militar y sociedad política en la Argentina,* Buenos Aires, Emecé, 1981, tomo I.

40. Cabe aclarar que no todo el catolicismo argentino apoyaba los regímenes totalitarios de Europa occidental. Ya en la década del treinta había una clara diferenciación entre el mayoritario sector del catolicismo nacionalista y el liberal democrático. Este último va a ganar protagonismo recién a partir de la década del cincuenta, cuando la derrota del eje y el auge democrático en Europa eche por tierra las aspiraciones de los sectores corporativistas. Véase Susana Bianchi: *op. cit.*

41. *El Pueblo,* 7 de septiembre de 1938, pág. 10.

42. Loris Zanatta: *op. cit.*, pág. 20.

43. Georges Duby: *op. cit.*

44. Loris Zanatta: *op. cit.*, pág. 375.

EUROPEIDADES EN LA IELU
El régimen hitleriano y la Segunda Guerra Mundial en la prensa oficial de una Iglesia luterana argentina

AILIN REISING
ELEONORA BAUER
JULIETA GARCÍA HAMILTON

RESUMEN

En la década de 1930, la Argentina inicia un proceso de cambios y transformaciones. En lo económico se experimenta el agotamiento del modelo agroexportador, como consecuencia de la crisis mundial desatada en 1929. Esto coincide con una etapa donde poder político, poder militar y poder religioso se encuentran estrechamente relacionados, lo que se cristaliza por primera vez en el golpe cívico-militar-religioso de 1930, que inaugura la secuencia de gobiernos golpistas. La militarización de lo político y la politización de lo religioso están acompañadas por el fortalecimiento de un nuevo actor social: el catolicismo integral.[1] El discurso de éste pretendía identificar al catolicismo con la argentinidad. Esta posición, por un lado, limitaba los espacios de acción de otros grupos religiosos. Por otra parte, representaba un elemento conflictivo en un país conformado en gran medida por inmigrantes de origen europeo.

Paralelamente, en Alemania se desarrollan una serie de cambios vinculados al surgimiento y fortalecimiento del nazismo. En 1933 Hitler asume las funciones de presidente y canciller (*Führer und Reichskanzaler*), modificando la estructura del gobierno alemán. Como consecuencia de ello, el parlamento (*Reichstag*) se anula como instancia de debate político y se transforma en representante del partido oficial. En ese mismo año, este país se retira de la Sociedad de las Naciones, actitud que es percibida con preocupación por los demás miembros del organismo internacional.

Partiendo de un similar diagnóstico de la situación social, tanto Hitler en Alemania como Justo en la Argentina, emprenden proyectos de re-unión y reconciliación nacional, frente a la atomización y disgregación experimentadas, atribuidas al liberalismo en decadencia. Estas ideologías unificadoras se desarrollan en un marco autoritario, que adquiere (según el caso) características represivas distintas. En la Argentina, esto se expresa en el fortalecimiento del catolicismo integral que intenta cristalizar un proyecto de "Estado Cristiano". En Alemania, se traduce en el proyecto hitleriano de crear una única iglesia aceptada como legítima: la Iglesia del Reich, apoyada por el sector pro-nazi de la Iglesia Evangélica alemana, llamado Cristianos Alemanes. Esta política generó la aparición de un sector disidente que dio origen a la Iglesia Confesante.

En contraposición a las políticas autoritarias de Alemania y la Argentina, Estados Unidos incorpora a su rol protagónico mundial, la defensa y difusión de los principios democráticos, como forma de contener la expansión mundial de ideologías totalitarias. Las tensiones en las relaciones internacionales se cristalizan en 1939, con el inicio de la Segunda Guerra Mundial.

La Iglesia Evangélica Luterana Unida (IELU) es una de las tres agrupaciones luteranas en la Argentina. Esta Iglesia se estableció en 1908 como misión enviada por la Junta de Misiones de la Iglesia Luterana en América, con sede en Estados Unidos, país del que recibió sostén financiero hasta 1948.

Los pastores enviados a nuestro país por la Junta de Misiones eran en su mayoría de origen alemán, formados teológicamente en Estados Unidos. Esta dualidad en los pastores, entre el país de origen y el de formación, generó tensiones y ambivalencias en el interior de la Iglesia relacionadas con el Estado alemán y el desarrollo del conflicto bélico.

En cuanto a los feligreses, su origen era diverso: mayoritariamente eran alemanes, pero también se encontraban británicos, eslovacos, estadounidenses, italianos, suecos, letones, lituanos, estonianos, etc. En general eran inmigrantes de países bálticos, expulsados del país natal por dificultades económicas o persecuciones ideológicas y políticas, llegados a nuestro país atraídos por las políticas inmigratorias vigentes en ese momento. El origen migratorio de la mayoría de los miembros de las congregaciones luteranas y las relaciones afectivas mantenidas con el país natal dificultaban su adaptación al contexto del país receptor. Por este motivo los inmigrantes forzosos o refugiados buscaron recrear dentro de la Iglesia sus tradiciones nacionales ya que el ámbito eclesiástico representaba un lugar conocido y familiar dentro de un contexto social y cultural novedoso. Esto motivó a que se reprodujeran dentro de la IELU las disputas políticas que aquejaban al país natal.

Teniendo en cuenta la heterogeneidad de elementos en la composición del laicado y de los pastores, nos pareció interesante analizar la repercusión de los cambios políticos que se fueron desarrollando en Europa a partir del fortalecimiento del nazismo en Alemania, en el desarrollo de las congregaciones locales.

El objetivo de este trabajo es estudiar los posicionamientos de la Iglesia Luterana Unida en la Argentina desde el auge del nacionalsocialismo en Alemania hasta la finalización de la Segunda Guerra Mundial. Para tal fin, nos remitimos al órgano difusor de la IELU, la revista *Luz y Verdad,* de publicación mensual, analizando los números aparecidos desde 1933 hasta el fin de la Segunda Guerra Mundial.

Desde la asunción de Hitler al poder hasta 1936 puede notarse cierto agrado y simpatía hacia el régimen nazi, lo que se revierte a partir de esa fecha con una postura de crítica y condena al Estado alemán que persiste hasta el final de la guerra. A medida que los rasgos negativos del régimen nazi se acentuaron, la IELU en la Argentina tradujo su agrado inicial en una pronunciación en contra del nazismo.

Con respecto a la opinión de la IELU frente a la guerra es necesario analizar el contexto nacional en el cual se insertaba. Durante los años de la guerra, la sociedad argentina se dividió entre quienes apoyaban a los Aliados y quienes se mantenían neutrales, los que se les atribuían tendencias filofascistas de apoyo al Eje. Esta fragmentación se tradujo en términos de adhesión o no a la democracia como futura forma de gobierno nacional.

La IELU optó por resolver sus tensiones internas, producto de la diversidad de origen inmigratorio (por un lado la dualidad en los pastores entre el país de origen y el de formación; por otro la composición étnica de su grey), asumiendo una postura neutral frente a la guerra. El hecho de complementar el neutralismo con posiciones universalistas y pacifistas le permitía tanto mantener un equilibrio interno en sus congregaciones como evitar que el enfrentamiento ideológico de la guerra impactara sobre la integridad de la institución, derivando el conflicto a la esfera privada de los fieles al asumirlo como un problema de conciencia individual.

Sin embargo, esta posición neutral por un lado podía ser interpretada por el resto de la sociedad argentina como progermana, lo que debilitaba aún más a la IELU en su limitado espacio de acción, amenazado por el avance del integralismo católico. Por otro lado, esta política de neutralidad se reveló poco eficaz en la práctica ya que a pesar de la actitud mediadora de la IELU, pudimos encontrar un ejemplo de una congregación que no pudo soportar las tensiones y se dividió en dos grupos antagónicos. Esto ocurrió en el pueblo de El Dorado, donde se materializó la separación con la construcción de una nueva iglesia opositora.

Nuestro trabajo se inserta en un debate más global que sigue despertando pasiones, no sólo en la sociedad argentina sino también a escala internacional: la influencia nazi en la Argentina conservadora, católica y militar durante el fortalecimiento del régimen nacional socialista en Alemania y el desarrollo de la Segunda Guerra Mundial.

Dentro de este contexto, hemos enfocado nuestra atención en un actor social que puede hoy ser sospechado, prejuiciosamente, sólo por el hecho de tener elementos alemanes en su interior, de haber abrigado una ideología pronazi. Sin embargo, como queda demostrado a lo largo de nuestro trabajo, a pesar de que ciertos grupos minoritarios pudieron mantenerse fieles a tal ideología

–como lo refleja la fragmentación de la congregación del kilómetro 25 de Eldorado– no ocurrió lo mismo en el resto de la institución.

NOTA

1. Este concepto remite al movimiento católico de los años treinta, que buscaba ampliar su esfera de influencia conquistando otros espacios sociales. Esta proyección implicaba la planificación de una economía católica, la creación de partidos políticos católicos, etcétera.

En circunstancias como las actuales, es difícil a veces mantener buenas relaciones entre individuos que son ciudadanos de países beligerantes y de lados opuestos. Nuestras congregaciones todas, partes integrantes de la gran iglesia cristiana universal, cuentan con miembros que en cuanto a nacionalidad son alemanes, británicos, eslovacos, estadounidenses, italianos y otros por el estilo. Así debe ser.[1]

INTRODUCCIÓN

A fines del siglo XIX comienzan a llegar a América latina[2] inmigrantes de confesión luterana provenientes, en su mayoría, del norte de Europa. La asistencia espiritual a estos grupos provino de dos vertientes: a) la Iglesia madre alemana, como es el caso de la Iglesia Evangélica Luterana Chilena (IELCH)[3] y b) las misiones norteamericanas interesadas en difundirse en América latina,[4] como por ejemplo, la Iglesia Evangélica Luterana en América, que posteriormente se transformará en la Iglesia Evangélica Luterana Unida (IELU).[5]

La IELU es una de las tres agrupaciones luteranas en la Argentina, además de la Iglesia Evangélica Luterana del Río de la Plata[6] y la Iglesia Evangélica Luterana Argentina.[7] La IELU se estableció en 1908 como misión enviada por la Junta de Misiones de la Iglesia Luterana en América, con sede en los Estados Unidos, país del que recibió sostén financiero hasta 1948.

Los pastores enviados a nuestro país por la Junta de Misiones, eran en su mayoría de origen alemán, formados teológicamente en los Estados Unidos. En cuanto a los feligreses, su origen es diverso: mayoritariamente son alemanes, pero también se encuentran británicos, eslovacos, estadounidenses, italianos, suecos, letones, lituanos, estonianos, etcétera. En general son inmigrantes de países bálticos, expulsados del país natal por dificultades económicas o persecuciones ideológicas, llegados a nuestro país atraídos por las políticas inmigratorias vigentes en ese momento.

El objetivo de este trabajo es estudiar los posicionamientos de la Iglesia Luterana Unida en la Argentina desde el auge del nacionalsocialismo en Alemania hasta la finalización de la Segunda Guerra Mundial.[8] Para tal fin nos remitimos al órgano difusor de la IELU, la revista *Luz y Verdad* (*LyV*), de publicación mensual, analizando los números aparecidos desde 1933 hasta el fin de la Segunda Guerra Mundial.

Para comprender este período compararemos brevemente los principales hechos históricos ocurridos en Alemania, Argentina y Estados Unidos.

En 1933 Hitler asume las funciones de presidente y canciller (*Führer und Reichskanzaler*), y modifica la estructura del gobierno alemán. Como consecuencia de ello, el Parlamento (*Reichstag*), se anula como instancia de debate político y se transforma en representante del partido oficial. En ese mismo año, Alemania se retira de la Sociedad de las Naciones.

Las transformaciones en la escena política son experimentadas con preocupación por la comunidad cristiana de aquel país, compuesta en su mayoría por católicos y protestantes. Estos grupos tienen delimitadas sus áreas geográficas de predominio (sur y norte respectivamente). Los protestantes representan el 51,2% de la población total religiosa alemana, compuesta además por judíos y musulmanes, y están nucleados en la Iglesia Evangélica Alemana.

Paralelamente, la Argentina inicia un proceso de cambios y transformaciones. En la década del treinta, el agotamiento del modelo agroexportador –como consecuencia de la crisis económica mundial desatada en 1929– coincide con una etapa en la cual el poder político, el poder militar y el poder religioso se encuentran estrechamente relacionados. La situación se cristaliza en el golpe cívico-militar-religioso de 1930 que inaugura la secuencia de gobiernos golpistas. La militarización de lo político y la politización de lo religioso están acompañadas por el fortalecimiento de un nuevo actor social: el catolicismo integral[9] que pretendía identificar el catolicismo con el patriotismo.

Hitler en Alemania y Justo en la Argentina atribuyen al liberalismo en decadencia la atomización y la disgregación de la sociedad. Partiendo de este similar diagnóstico de la situación social, emprenden proyectos de reunión y reconciliación nacional. Estas ideologías unificadoras se desarrollan en un marco autoritario que adquiere, según el caso, características represivas distintas.

En contraposición a estas políticas, los Estados Unidos incorporan a su rol protagónico en la escena económica mundial, la defensa y difusión de los principios democráticos, como forma de contener la expansión mundial de ideologías totalitarias.

Habiendo visualizado este contexto histórico tan singular, que marcó el destino del resto del siglo, la presencia en la Argentina de una Iglesia cuyos miembros son europeos despertó nuestra curiosidad sobre los siguientes interrogantes:

En cuanto a los pastores en su función de predicadores, ¿fue más fuerte el legado de su origen alemán o el de su formación estadounidense al momento de adoptar una postura personal?

En cuanto a la grey, ¿trasplantaron los problemas de sus países de origen a la IELU?

En cuanto a lo económico, ¿pesaba el hecho de que la IELU fuera financiada por Estados Unidos para la definición ideológica institucional?

En cuanto a su condición de Iglesia de trasplante,[10] ¿cuál era su prioridad? ¿Responder a las demandas del integralismo católico de argentinizar a sus fieles para evitar conflictos con el Estado argentino o responder a las demandas de los fieles de reproducir sus costumbres nacionales en el ámbito de la Iglesia?

Para tratar de responder a estas preguntas planteamos una hipótesis: la IE-

LU redefine su posición a lo largo del período estudiado para aplacar las tensiones provenientes de la heterogeneidad de sus componentes. Las primeras impresiones de simpatías hacia Hitler entre 1933 y 1936 se transforman en un juicio neutral desde 1936 hasta 1939, y finalmente en una condena a la violencia durante los años bélicos. Para una presentación más clara, fraccionamos el estudio cronológicamente en esos períodos.

Es importante tener en cuenta que nuestra investigación se circunscribe específicamente a la respuesta oficial que difunde la IELU a través de su publicación institucional, la revista *Luz y Verdad*. También tomamos en cuenta problemas como la relación de la Iglesia y el Estado, las referencias al nacionalismo, los reclamos de libertad religiosa, la postura frente a la guerra y la crítica a las ideologías totalitarias e integralistas.

POSICIONAMIENTO DE LA IELU FRENTE A LA CONSOLIDACIÓN DEL NACIONALSOCIALISMO Y LA SEGUNDA GUERRA MUNDIAL

Claras simpatías hacia Hitler (1933-1936)

A lo largo de las publicaciones analizadas encontramos artículos que reflejan el interés de la IELU por lo ocurrido en Alemania y se percibe en ellos la fuerza de su vínculo con la nación germana.

En el primer número relevado, dentro de la sección Noticias de Interés General, el reverendo Armbruster cuenta sobre su reciente viaje a ese país:

> [...] La circunstancia de que a la Argentina vienen tantos hermanos de esta tierra para formar sus hogares en el nuevo mundo, hace desear que los que trabajan en nuestra obra religiosa sepan algo del idioma de los centenares de inmigrantes. Reconociendo esto, nuestra Junta de Misiones ha dispuesto que uno de sus siervos de la Iglesia pase una parte de su licencia en Alemania para aprender lo suficiente de ese idioma, como para tratarse con algunos de los hermanos alemanes, a su llegada en el nuevo mundo.[11]

De aquí en más, serán frecuentes las referencias a los problemas de la nación alemana, sobre todo en lo que respecta a sucesos políticos que afectan a la comunidad y a las Iglesias luteranas de ese país.

La comprensión que hace la IELU del Estado alemán está vinculada a la apreciación de la orientación ideológico-política del partido nacionalsocialista que ha llevado a Hitler al poder. La persona de Hitler y el Estado forman parte de un mismo imaginario, que identifica en el Führer posibilidades unificadoras positivas para el fortalecimiento cristiano y para el desarrollo de una nación. Las intenciones de Hitler de unificar el Estado alemán son percibidas con agrado por la IELU, en tanto representan una forma de concluir con la segmentación experimentada por la comunidad religiosa alemana afectada por el desacuerdo de las Iglesias protestantes.

Por ejemplo, el comunismo es visualizado como un elemento desintegrador de la sociedad, tanto por Hitler como por otros personajes y grupos de la época. La IELU parece compartir ese sentimiento. Encontramos varios artículos del Reverendo Armbruster escritos en la sección Noticias de Interés General, referidos a la postura asumida por Hitler frente al comunismo, y a las "infamias" que divulga el periodismo mundial sobre su accionar.

Dos de ellos aparecen en marzo de 1933. El primero se refiere a la situación de Rusia y hace una crítica al régimen comunista, específicamente a "[...] su plan de cinco años para la exterminación completa de la religión y destrucción absoluta de la Iglesia".[12] Cabe destacar que este artículo es la reproducción de uno aparecido en *Der Allgemeine Evangelische-Luterische Kirchenzeitung*, publicado meses atrás en Leipzig, Alemania. El segundo artículo, inmediato al anterior, se titula "Fascismo y comunismo en Alemania" y explica que en Eisleben (ciudad natal de Martín Lutero), a pesar de la fuerza del comunismo, casi todos los habitantes se han enrolado en las filas del fascismo. Podríamos pensar, entonces, que el fascismo es visto por Armbruster como una alternativa preferible al "comunismo ateo que cierra Iglesias".

En julio de 1933 otro artículo deja entrever cierto grado de simpatía hacia el régimen nazi, lo que se seguirá reflejando en futuros ejemplares. Bajo el título de "Hitlerismo, periodismo y mentira", aparece una reflexión sobre las referencias que la prensa gráfica hace respecto de los sucesos desencadenados en Alemania. El autor argumenta la inconsistencia de las críticas vertidas por la prensa respecto de las gestiones de Hitler y desprestigia la labor periodística, pues, como indica el artículo:

> [...] Sin entrar en discusiones sobre los desméritos de Hitler, de sus partidarios y de su programa, es conveniente recordar la experiencia de los tiempos de la guerra respecto a la propaganda periodística y aprovechar la lección al tener que juzgar sobre crónicas contemporáneas.[13]

De este modo, se evidencia cierta incompatibilidad entre la imagen que el reverendo Armbruster posee respecto del régimen nazi y la difundida por los medios de comunicación:

> [...] Si fuera verdad todo lo que publican los diarios acerca de Hitler y sus partidarios en sus relaciones con los judíos y con la Iglesia, uno tendría que cubrir su rostro de vergüenza por las extravagancias de un loco dirigiendo a otros locos.[14]

Este argumento es repetido por el mismo autor dos meses más tarde, en septiembre de 1933, al describir una Alemania fragmentada, donde la división política y el caos han llegado a tal extremo que se hace necesaria la presencia de "alguien" con vientos unificadores, que ponga freno a la expansión comunista. Refiriéndose a Hitler, Armbruster señala:

> [...] Me quedé algo sorprendido al encontrar a un hombre mucho menos peligroso de lo que yo temía, tanto en su comportamiento como en las declaraciones que emitía, una de las cuales me agradó mucho y fue esta: "Si hasta la fecha no hemos llegado al poder, es porque así Dios lo quiere. Seguiremos luchando, y si Dios quiere que obtengamos el poder, lo obtendremos.[15]

A lo largo de las publicaciones analizadas puede percibirse que el interés por la realidad alemana se acrecienta y que el grado de aceptación del Estado nacionalsocialista, que comienza a consolidarse, supera una mera simpatía. Las recurrentes disputas en las que se ve involucrada la comunidad luterana de aquel país, son temas preocupantes para las congregaciones luteranas argentinas.

La temida disgregación de la Iglesia Evangélica Alemana encuentra su causa en la expansión de "ideologías extremas", tal como aparece explicado en la publicación de septiembre de 1933:

> [...] El cuco de las Iglesias de Alemania es el comunismo. La Iglesia teme al comunismo como al mismo diablo [...] y esto nos da la clave del movimiento actual hitlerista en la Alemania de hoy. Hablamos con muchos de los protestantes de aquel país y nos dijeron que en Alemania hoy no hay más elección: se tiene que sostener a Hitler o el comunismo tomará la dirección del gobierno, y si esto último acontece, Alemania seguirá a Rusia en una campaña contra la religión y contra Dios.[16]

La IELU parece disentir con las informaciones y opiniones expresadas por los diarios internacionales, pues las versiones periodísticas no se condicen con las experiencias que han recogido los pastores luteranos al viajar a ese país. Durante estos años se publican cartas escritas desde Alemania para la comunidad luterana argentina y se traducen artículos editados por la prensa germana en las que se transmite la idea de que la Iglesia Evangélica Alemana está de acuerdo con la acción del régimen hitleriano e invita a sus pares en la Argentina a sumarse a su posición.

En febrero de 1934, por ejemplo, se publica una carta del pastor Obermüeller, traducida por el reverendo Armbruster, en la que Obermüeller ofrece sus impresiones del viaje que ha realizado a Alemania para interiorizarse de la problemática de la Iglesia local. En la carta, describe con precaución a la comunidad religiosa alemana como "fragmentada por desacuerdos ideológicos, lo que contribuye a aumentar aún más el desacuerdo del pueblo alemán".[17] Debido a este diagnóstico, esgrimido por las propias autoridades de la Iglesia Evangélica Alemana, Obermüeller también juzga positiva la política de Hitler de unificar al pueblo alemán en una sola institución religiosa que integre las distintas Iglesias alemanas:[18] la Iglesia del Reich es necesaria para poner fin a la desintegración institucional por la que atraviesa la Iglesia luterana en aquel país. Es probable que la Iglesia luterana pensara que el hecho de representar a la mayoría religiosa alemana le permitiría obtener un papel predominante en la conducción de esta nueva Iglesia Unificada.

No obstante, las autoridades alemanas desaprobaban la metodología unificadora con la que Hitler intentaba subordinar la Iglesia a los intereses del Estado, puesto que consideraban que la conjunción de política y teología no haría más que incentivar nuevos desacuerdos dentro del Estado y de la Iglesia.

Entraba en juego aquí una discusión filosófica presente en el luteranismo desde el propio Lutero: el problema de la relación entre Iglesia y Estado. Si hasta este momento la carta de Obermüeller traslucía simpatías hacia los propósitos reunificadores de Hitler, ahora el pastor se muestra desconfiado hacia los métodos de intromisión del Estado en la organización de la Iglesia que Hitler pretende utilizar. Obermüeller relata cómo se produce debido a este tema un cisma dentro de la Iglesia Evangélica Alemana:

> [...] Pronto se vio que el interés de Hitler en la Iglesia era una clara interferencia en sus asuntos y un esfuerzo para dar forma a su teología, de modo que las Iglesias se dividieron entre los que deseaban poner la influencia de la Iglesia al servicio de los nazis, los Cristianos Alemanes, y los que insistían en la independencia en su esfera propia; quienes llegaron a ser conocidos como la Iglesia Confesante.[19]

Claramente, ni las autoridades luteranas alemanas ni Obermüeller aprueban esta fusión de los asuntos del Estado y los de la Iglesia:

> [...] Esta mezcla de religión y política, del reino de Dios y del reino del César, ha traído ante todo la confusión en la situación actual de la religión en Alemania.[20]

En síntesis, el relato de Obermüeller de 1934 pone en evidencia la ambivalente apreciación que estos pastores tienen de Hitler en tanto personalización del Estado alemán: mientras es aceptado como unificador y ordenador de los desacuerdos que atraviesan al pueblo alemán, es cuestionado por las estrategias que utiliza para terminar con la división y el caos.

Es curioso cómo se manifiesta esta ambivalencia dos meses más tarde, en abril de 1934, cuando aparece una carta firmada por el reverendo Holz, quien luego de su visita a Alemania, celebra una vez más el logro de la unión entre los ciudadanos gracias a la figura unificadora de Hitler:

> [...] Un nuevo ideal orienta la mente y el corazón de todos los alemanes: a la desunión se ha opuesto un sentimiento de unidad entre los ciudadanos [...]. Sólo hay hoy en Alemania **un** pensamiento, **una** voluntad, **un** amor, **una** ciencia, **un** ideal y **una** aspiración y **una** sola esperanza: HITLER[21] (las negritas y las mayúsculas son del original).

Ésta es la más clara y explícita muestra de apoyo a Hitler que se publica en la revista. Y sin embargo, también Holz se resiste a la fusión de Iglesia y Estado, a la fusión de lo espiritual y lo político. Al igual que Obermüeller y Armbruster, Holz aboga por la distinción entre la Iglesia y el Estado, y señala: "[...] Dad al César lo que es del César y a Dios lo que es de Dios".[22]

El punto de ruptura aparece tres meses después, en julio del mismo año, cuando se publica la transcripción de una conferencia pronunciada por el señor Jorge Frumento denunciando el "[...]egoísmo personal, egoísmo nacionalista, egoísmo racial y la falsa creencia en la superioridad de las razas",[23] en tácita aunque evidente alusión al régimen hitleriano. La difusión de este mensaje podría inducirnos a pensar que la postura de la IELU argentina frente al Estado-persona alemán se ha modificado. Sin embargo, durante dos años más no vuelven a publicarse artículos condenatorios del régimen nazi. Más aún, ni siquiera vuelven a aparecer artículos que expresen la postura de la IELU respecto de la situación de la comunidad religiosa alemana, que de hecho estaba atravesando una época de profundos cambios en relación con el régimen hitleriano.

La Iglesia Evangélica Alemana tuvo que definir su posición, durante esos años, respecto de la exclusión de personas judías y de la adopción del párrafo ario. Se trataba, evidentemente, de una decisión no sólo teológica sino también política. Tironeados por el mandato de la universalidad cristiana y la resistencia a la identificación de lo político con lo religioso, un grupo de pastores de la Iglesia Evangélica Alemana –Niemöller, Dietrich Bonhoeffer, Karl Barth, etcétera– redacta en Barmen una Confesión que sienta las bases de la "resistencia cristiana al nazismo". Éstos son los orígenes de una "Iglesia de Resistencia" al Estado alemán conocida como la Iglesia Confesante,[24] en alusión a la declaración de Barmen. Esta Iglesia participó activamente en conferencias públicas, como forma de concientizar respecto del carácter totalitario que estaba adoptando el régimen nazi al incorporar en la Iglesia querellas políticas anticristianas, como la persecución y el odio hacia personas con un origen cultural no germano. Hacia fines de la década de 1930 el Estado alemán la declara ilegal, y persiste su trabajo desde la clandestinidad. Los "Deutsche Christen" nuclean a quienes apoyan al régimen nazi y la adopción de elementos racistas y discriminatorios.

Mientras tanto, en la Argentina, si bien se publican artículos en *Luz y Verdad* sobre la disgregación de la Iglesia Alemana, no aparecerán, hasta las publicaciones de 1938, claras referencias sobre los puntos conflictivos.

El silencio mantenido por la IELU en relación con estos temas que fueron determinantes de varios conflictos desencadenados en Alemania, no puede pasar inadvertido. El vínculo constante con la nación alemana, actualizado a través de los viajes realizados por distintos pastores, impide explicar el mutismo de la fuente a partir de la falta de información al respecto. La ausencia de artículos referidos a estas problemáticas pareciera obedecer a la ambivalencia de la IELU respecto de la crítica del Estado alemán, pues sólo más adelante, con la difusión de artículos vinculados a las actividades de la Iglesia Confesante o con el movimiento de los Deutsche Christen, se podrá detectar una condena más explícita al nazismo y un mayor énfasis en la valorización de las formas de Estado democráticas.

Un indicador más claro aún de que el silencio de estos años es "sospechoso" lo constituye la publicación de dos artículos particulares.

En marzo de 1936, aparece un artículo titulado "Crimen nefando de los judíos en la muerte de Cristo".[21] El argumento allí desplegado es el mismo que utiliza Hitler para legitimar la persecución antisemita: los judíos son los culpables de la muerte de Cristo. En el mismo mes aparece otro artículo, firmado por el reverendo Armbruster, bajo el título "Hechos, rumores y mentiras",[25] en el que sostiene nuevamente su convicción expresada en años anteriores sobre la difamación que hace la prensa mundial acerca del Estado-persona alemán.

En resumen, la secuencia de los artículos publicados desde 1933 hasta fines de 1936 y el silencio mantenido en relación con los factores disgregantes de la Iglesia Evangélica Alemana, con el accionar de la Iglesia Confesante y con el fortalecimiento de los Deutsche Christen, nos permite observar que la relación de la IELU argentina con el Estado-persona alemán evidenció gran ambigüedad. Aunque prevalecieron a lo largo del período muestras de admiración hacia Hitler que en años posteriores se revierten hacia la condena al autoritarismo del nacionalsocialismo alemán.

Condena al autoritarismo y valorización de la democracia (1936-1938)

La postura de aceptación del Estado alemán que había asumido la IELU antes, se modifica. La crítica al autoritarismo nazi y la valorización de la forma de Estado democrática, que hasta el momento nunca había sido realizada por la fuente, se tornan recurrentes en las publicaciones de los años de paz armada.

En diciembre de 1936, en la sección Noticias de Interés General, se publica el discurso pronunciado por el presidente de Estados Unidos en su visita a la Argentina.[26] En él, Roosevelt se pronuncia en favor de los Estados democráticos y destaca la fe en Dios. Cinco páginas más adelante en el mismo número, aparece otro artículo que también alude a la democracia: "La democracia según Enrique Rodó".

Posteriormente, seguirán apareciendo otros que relacionan la democracia con la vida espiritual y con el progreso de los pueblos, como los siguientes artículos: "La Democracia y la Reforma",[27] "Democracia y Educación",[28] "Prestigiando la Democracia".[29] Paralelamente a la valorización de esta forma de Estado, aparecen varios artículos sobre el sentimiento nacionalista.

La publicación intercalada de artículos referidos a la democracia y al nacionalismo, induce a pensar una relación complementaria y constitutiva entre ambos elementos. A medida que los artículos sobre la democracia se tornan más recurrentes, ocurre lo mismo con aquellos que tratan sobre el nacionalismo. La asociación de la libertad, la democracia, el nacionalismo y el pacifismo, en un mismo modelo universal y cristiano, podría vincularse al contexto mundial de paz armada y con la experiencia del catolicismo integral en nuestro país.

En la Argentina conservadora de la década de 1930, se imponía sobre la sociedad la identificación del ser nacional con el ser católico. Tanto por su calidad de protestante como por su grey de nacionalidad extranjera, la IELU veía limitado su espacio en la sociedad, pues experimentaba una posición marginal dentro del esquema patriótico-religioso que definían el Estado argentino y la Iglesia Católica.

A fin de lograr la mejor integración de sus feligreses en el contexto argentino, la IELU asumió la tarea de "argentinizar" a sus fieles. Para este fin, difundía un mensaje patriótico que disociaba lo nacional de lo católico con el objeto de abandonar la marginalidad en la cual el catolicismo integral la había relegado. Para ello, realizaba sus cultos exclusivamente en castellano y en su órgano difusor publicaba artículos que exaltaban lo nacional.

Este énfasis en la difusión de los principios democráticos y nacionalistas denota una contradicción en la IELU argentina entre el culto por lo nacional-argentino y el espíritu internacional-cristiano que la identifica como Iglesia. La resolución de las tensiones que esto genera implicaría la búsqueda de un equilibrio entre ambas tendencias, lo cual le permitiría adaptarse al contexto argentino y europeo.

En el año 1933 –en la sección Página Escolar firmada por el reverendo I. Guzmán– aparecían publicadas composiciones de alumnos de escuelas primarias, sobre el "25 de mayo" y "Manuel Belgrano". Seguidamente podía leerse un pequeño mensaje: "[...] Pensamiento de Cecilia Borja: racional y humano, el amor a la patria es un culto que dignifica; sin esas cualidades se convierte en un fanatismo que envilece".[30]

Esto también evidenciaría la necesidad de la IELU de generar en sus miembros un sentimiento nacionalista constructivo que contribuya a una mejor adaptación de los inmigrantes luteranos al contexto argentino. Además puede observarse la advertencia de la IELU para que este sentimiento nacionalista sea positivo. Considera que debe existir sobre este sentimiento una realidad superior que lo controle: Dios. Podemos pensar que éste es el motivo por el cual se intercalan artículos que exaltan lo patriótico con otros referidos a ese "control cristiano" que evitaría que el sentimiento nacionalista se potencie negativamente.

Durante estos años, el énfasis en lo nacional se corresponde con permanentes referencias a la universalidad cristiana por sobre todos los particularismos patrióticos, distinguiendo con ello la esfera cristiana teológica de la ideológica y política. Así lo expresaba ya en 1934 el reverendo Holz: "[...] Nosotros no creemos en una santa Iglesia alemana, sino en una santa Iglesia cristiana universal".[31] También el señor Frumento, al referirse al régimen nazi, condenaba el "egoísmo nacionalista"[32] que olvida las enseñanzas bíblicas.

La tensión inherente al mensaje difundido por la IELU, que aglutina elementos excluyentes, se refleja en el artículo aparecido en abril de 1936. En ese artículo Armbruster critica las palabras del ex general Ludendorf, quien asegura que él "no es cristiano porque cristianismo y nacionalismo son incompatibles". Esta tensión, entre la singularidad del Estado y la universalidad de la Iglesia, aparece también expresada en las palabras del señor Juan Villaverde, durante los festejos del 25 de mayo de 1936: "[...] hay dos posiciones extremas y antagónicas: el nacionalismo y el internacionalismo".[33]

A partir de las publicaciones analizadas, hemos observado que la IELU logra cierto equilibrio entre estas dos posiciones aparentemente irreconciliables. Este "punto medio" se refleja en el pacifismo que aparece como el sentimiento que resuelve las tensiones entre las dos posturas, pues abraza tanto el nacionalismo del Estado como al internacionalismo de la Iglesia. El pacifismo se convierte en un medio de adaptación de la IELU a la realidad argentina y mundial.

La transcripción de la conferencia del profesor Pietrafaccia, titulada "El crimen de la guerra",[34] ejemplifica la mediación entre nacionalismo y universalismo cristiano a través de la postura pacifista asumida por la IELU. El orador, que había leído a Ingenieros y a Alberdi, se pronuncia en contra de cualquier guerra, porque "no hay guerras justas",[35] critica la paz armada de sus días y resalta la obligación cristiana de combatir la guerra.

Podríamos establecer a partir de aquí un proceso complementario, que tiende a resolver las ambivalencias dentro de la IELU en la comprensión de los sucesos ocurridos en nuestro país y en Europa, principalmente en Alemania. Por un lado, se critican las "ideologías extremas" que dan forma al Estado alemán, italiano y ruso. Por el otro, se reivindica la paz, y con ello se defiende la democracia y el nacionalismo.

En este juego de revalorización y crítica, podría observarse el rol que asume la IELU en la construcción de un "Estado democrático respetuoso de los mandatos de Dios". En este proceso, le cabría a la IELU la función de ayudar a recordar todo aquello que no debe repetirse y las experiencias dignas que contribuyen a la construcción integral de una sociedad cristiana.[36]

En la Argentina, el protagonismo hegemónico del catolicismo integral le dificulta a la IELU cumplir con este rol ya que la Iglesia Católica aspira a construir un Estado cristiano sobre sus propios principios. A pesar de esto la IELU sumerge a sus congregaciones en un juego de memoria y olvido del devenir nacional, pues como señala la fuente, el amor a la patria no puede cultivarse desde el olvido histórico:

[...] amar a una patria libre e invicta como la Argentina no entraña sacrificio sino legítimo orgullo. Pertenecer al pueblo de San Martín, Belgrano, Rivadavia, Sarmiento, Echeverría y Alberdi, es sentirse miembro de una familia de hombres ilustres y esto nos obliga a ser dignos de nuestros padres.[37]

Seguidamente a este texto que exalta el sentimiento patriótico, aparece el reparo que la IELU hace a sus lectores respecto de la exacerbación extrema de este sentimiento:

> [...] Mas no ha de confundirse la gloria con la vanagloria, el patriotismo con la patriotería.[38]

La preocupación constante de la IELU por fomentar un sentimiento nacionalista con control cristiano, puede observarse también en la planificación de los temas a tratar en las escuelas dominicales a lo largo de agosto y septiembre de 1937:

> [...] Dios conduce al pueblo; Dios alimenta a su pueblo; Dios suministra leyes a la nación; El lugar de la religión en la vida de una nación; Dios exige justicia social; La nación exige hogares religiosos; La elección y sus consecuencias en la vida de una nación; Dios y la estructura de una nación.[39]

Durante estos años, son frecuentes los artículos referidos a fechas patrias en los que se describe la participación de las distintas congregaciones en los respectivos festejos. Se organizan almuerzos, bazares, actos, exposiciones, donde toda la congregación se integra para recordar "momentos dignos" de nuestra historia –25 de mayo, 9 de julio– y a personalidades como San Martín, Esteban Echeverría, Nicolás Avellaneda y Domingo Faustino Sarmiento.

No pasa inadvertido el silencio que se hace en relación con estas conmemoraciones meses antes de la declaración de la guerra y durante la guerra misma.[40] El juego de memoria histórica iniciado por la IELU en publicaciones anteriores, parece haber concluido.

Esto podría relacionarse con el recuerdo de la Primera Guerra Mundial, desencadenada –entre otros factores– por un nacionalismo extremista, sostenido al margen de los principios cristianos. Así lo refleja un artículo publicado en abril de 1938, firmado por Arturo Habegger:

> [...] Cuestionamos y condenamos enérgicamente los odios de raza y los egoísmos de un nacionalismo provocativo, belicoso y desenfrenado.[41]

Al mismo tiempo, encontramos distintos artículos que trasladan la realidad europea a la argentina y relacionan los regímenes totalitarios con el Estado argentino. Como lo expresa uno de ellos:

[...] es muy difícil denunciar los sistemas militares de la vieja Europa cuando pienso en los millones de pesos de ciudadanos argentinos, gastados anualmente en la provisión de máquinas infernales de último modelo, para las fuerzas terrestres, navales y aéreas. No me excito tanto al leer acerca de la esclavitud cívica del ciudadano alemán, cuando leo en el mismo periódico que en la provincia tal de nuestra democracia hubo fraude vergonzoso.[42]

Parecería cobrar cuerpo la idea de que es un deber de quien se dice democrático condenar y perseguir formas de gobierno no democráticas.

El imaginario social de la época vincula al Estado argentino con los regímenes totalitarios. La IELU se ve incorporada a este vínculo a través de las publicaciones del diario *Crítica*. En ellos se describe a esta institución como "sospechosa de albergar la ideología nazi" principalmente por contar entre sus congregaciones con un alto porcentaje de feligreses de origen alemán.

El artículo "¿¡Nazis!?" aparecido en el mes de abril de 1938 –firmado por el reverendo Armbruster– es una aclaración elaborada desde la IELU, para responder a las acusaciones del diario *Crítica* que vinculaban al Colegio Martín Lutero de Eldorado –provincia de Misiones– dependiente de la IELU, con otras "escuelas nazis" de esa provincia.[43]

En el artículo se deja constancia de que "[...] el colegio no es en ningún sentido una escuela nazi"[44] y los fundamentos aclaratorios destacan el carácter universalista de la Iglesia y que su accionar se desarrolla específicamente en el plano espiritual. A fin de desvirtuar las "acusaciones prejuiciosas" que vinculan a la IELU con el nazismo a raíz de la enseñanza del idioma alemán en los establecimientos escolares dependientes de ésta, Armbruster señala que, teniendo en cuenta la composición étnica del alumnado, la enseñanza de ese idioma está justificada en tanto representa una forma de servir a la comunidad. Aclara además, que "es posible sostener esta vocación de servicio sin entrometerse en los asuntos políticos de ningún país".[45]

Las entrevistas realizadas a los pastores Mesaros y Klenk nos brindaron información sobre un hecho que sintomáticamente no refleja la fuente, referido a las congregaciones luteranas del litoral argentino, anteriormente vinculado al nazismo por la cantidad de alemanes radicados en la zona.

En la década de 1930, con el impulso misionero de los Estados Unidos arriban a nuestro país los pastores alemanes que se radican en Misiones, donde construyen congregaciones luteranas. Debido a la cantidad de luteranos radicados en Eldorado se construyen dos congregaciones situadas a veinte kilómetros de distancia entre ellas. Durante el conflicto bélico la congregación situada en el kilómetro 25 experimenta tensiones dentro del laicado en relación con la postura asumida frente a la guerra. Las divergencias se intensificaron hasta que la congregación quedó dividida en dos grupos: uno con tendencias germanófilas y otro a favor de la causa aliada.

Las diferencias fueron tajantes e irreconciliables, a pesar del mensaje de la IELU:

> En circunstancias como las actuales, es difícil a veces mantener buenas relaciones entre individuos que son ciudadanos de países beligerantes y de lados opuestos. Nuestras congregaciones todas, partes integrantes de la gran iglesia cristiana universal, cuentan con miembros que en cuanto a nacionalidad son alemanes, británicos, eslovacos, estadounidenses, italianos y otros por el estilo. Así debe ser.[46]

La congregación en cuestión no pudo resolver sus diferencias ideológicas a pesar de los valores cristianos difundidos por la IELU, y se designó un nuevo pastor para la congregación, quien se trasladó unos kilómetros más lejos y construyó un "palacio en la selva", como lo describe uno de los pastores entrevistados.

Podríamos pensar que la ausencia de artículos relacionados con la disgregación de la congregación luterana del kilómetro 25 de Eldorado, tuvo como objeto evitar que los desacuerdos ideológicos que fragmentaron a la congregación debilitaran la unidad cristiana de otras congregaciones conformadas por miembros de distintas nacionalidades. Se refuerza con este mutismo la actitud pacifista, la vocación de servicio y la aspiración constante a distinguir lo político de lo teológico en la IELU.

Por otra parte, la publicación de artículos que describen cómo la conjunción del Estado argentino y la Iglesia Católica limita el fortalecimiento de la IELU como institución, unifica a los feligreses en una problemática que relega a un segundo plano las diferencias ideológicas individuales.

La crítica que en números anteriores la IELU hacía al Estado alemán que intentaba fusionar las esferas política y religiosa, se traslada en ese momento a nuestro país en referencia a los ataques del integralismo católico argentino. En este sentido, se publican distintos artículos que denotan que las tensiones entre protestantes y católicos en la Argentina se han agudizado.

Los pastores Mueller y Jauck –quienes tienen a su cargo la Iglesia Luterana de Banfield– firman un artículo que describe cómo la confusión de la Iglesia Católica Romana y el Estado argentino inciden negativamente en el desarrollo de nuestro país: "[...] es deplorable que en un pueblo progresista y culto como el nuestro exista todavía una Iglesia considerada como una institución del Estado y subvencionada económicamente por el mismo".[47]

En este contexto de crítica a la integración de la Iglesia Católica con el Estado argentino, la IELU lucha por mantener su espacio dentro de la sociedad argentina, se preocupa por defender los "intereses nacionales", y se despega para ello de toda "sospecha" que la vincule con ideologías contrarias a la democracia.

En un doble movimiento para ponerse a cubierto de las acusaciones de nazismo y a la vez atacar al integralismo católico, en el mes de julio de 1938 se publica un artículo en el cual se reclama que en nombre de la soberanía nacional se tomen medidas desde el gobierno a fin de evitar que "[...] nuestro país se convierta en un campo de ideas extremas, de teorías exóticas enteramente ajenas a nuestra esencia democrática y liberal".[48] Se señala que siendo un país "conquistable" para el nazismo, es totalmente legítimo que en nombre de la democracia se levanten voces críticas a las ideologías extremas que buscan suplantarla en nombre de los postulados cristianos.

¿Qué pasaba mientras tanto en la comunidad religiosa alemana? ¿Por qué la IELU se pronunciaba contra el autoritarismo del Estado argentino y no contra el del alemán? En parte, quizá, por la falta de información cierta sobre las disputas entre la Iglesia Confesante (o de la Resistencia) y los *Deutsche Christen*. Karl Barth buscaba dar a conocer al mundo la actividad de resistencia a través de cartas que enviaba a comunidades luteranas de distintos países. En ellas convocaba a las congregaciones protestantes amenazadas por ideologías totalitarias a participar de la "resistencia". De esta manera, fueron invitados a sumarse a este "compromiso cristiano" protestantes de Francia, Inglaterra, Noruega, etcétera.[49] Es verdad que estas cartas recién llegan a los Estados Unidos en 1942, por lo cual podría pensarse que la IELU no se pronunciaba por falta de información certera. Sin embargo, en 1938 se presentan dos indicios de que la IELU manejaba cierta información.

En mayo aparece un artículo que menciona "el resurgimiento de otro culto pagano en Alemania" refiriéndose a los cristianos alemanes, y otro donde se lamenta que no haya un número mayor de personas dispuestas a correr la suerte del pastor Niemöeller (miembro de la Iglesia Confesante) en la resistencia al Estado alemán.

Ésta es la primera declaración explícita de la IELU argentina frente al conflicto desencadenado en Alemania. En octubre del mismo año aparece un artículo titulado "Teológicos puntos de vista en el conflicto de la Iglesia Alemana". Su objetivo es ofrecer a los miembros de la comunidad luterana argentina un panorama de lo sucedido en Alemania y es publicado en capítulos hasta diciembre de 1938. Sorprendentemente se sostiene que Hitler no desea entrometerse en los asuntos religiosos, ni limitar la libertad de la Iglesia en su propia esfera. Por este motivo el punto de conflicto no estaría dado por la relación entre la Iglesia y el Estado sino por la concepción que Hitler tiene de lo teológico y del mundo concreto o *Weltranschauung*.[50] El resultado de esta polémica es que:

> [...] hoy en Alemania la política es inseparable de la *Weltranschauung*. No puede encontrarse en la Iglesia alemana, ni romana, ni protestante, seria oposición a las políticas del partido nacionalsocialista.[51]

De esta manera, se identifica a los opositores a la *Weltranschauung* no con los opositores al Estado sino con los opositores al cristianismo, y citando las palabras de Hitler, el autor del artículo concluye:

> [...] no hay mártires de la fe en Alemania, sino solamente párrocos inclinados a la política que olvidan su propio lugar y su llamado.[52]

Si bien no se hace mención de nombres, podríamos pensar que estos párrocos que mal interpretan su vocación de servicio serían miembros de la Iglesia Confesante. Una nueva demostración de la heterogeneidad de opiniones dentro de la IELU, a sólo unos meses del estallido de la Segunda Guerra Mundial.

Cambio en la estructura de la revista: debilitamiento de la actitud política y acento en lo teológico (1939-1945)

Con el comienzo de la guerra la IELU endurece la crítica a los cristianos alemanes y eleva el tono del elogio a la labor de la Iglesia Confesante, destacando su sobresaliente dinamismo y actividad espiritual. Junto con este elogio se transmite la información de que muchos alemanes han descubierto la vacuidad de la ideología nazi.

Paralelamente a la condena de las ideologías totalitarias, al retraimiento en la exaltación de lo patriótico y a la diferenciación de la religión y la política, vuelve a hacerse hincapié en el carácter internacionalista del cristianismo.

La estrategia de la IELU para salvar las heterogeneidades ideológicas dentro de sus congregaciones se fundamenta en la premisa de que "somos uno en espíritu" y nuevamente su función social de memoria colectiva –indicadora del bien y del mal– la lleva a exhortar a la paz desde el recuerdo de la Primera Guerra Mundial. Por este motivo, cuando una segunda guerra pareciera anunciar su llegada, aparecen distintos artículos que muestran la nostalgia de una paz no olvidada.

Cuando la guerra deja de ser un miedo próximo y se convierte en un hecho concreto, en el número de *Luz y Verdad* aparecido en septiembre de 1939 puede leerse en la sección Noticias de Interés General: "¡Guerra!". El artículo critica la postura belicosa: "¿Por qué guerrear? ¿Cuándo aprenderemos la lección?".

El tono del artículo, sin embargo, denota más una amarga resignación que una crítica ferviente hacia la resolución violenta del conflicto mundial. El escaso número de artículos referidos a la guerra fueron publicados durante los años 1939 a 1942 en relación con la extensa cantidad de años anteriores en los que se aludía a las calamidades de los conflictos armados, resulta sugestivo.

Simultáneamente a esta actitud de resignación frente a los acontecimientos políticos de la época puede observarse un cambio en la estructura de la revista a partir de 1939. Algunas secciones se cierran y se inauguran otras, hecho que está relacionado con un cambio en la temática tratada y en el lenguaje utilizado para abordarla.

Los artículos más extensos no hacen referencia a la situación política y social de un país determinado sino que se vinculan a aspectos teológicos. Éstos se refieren a la utilidad de la Biblia, a las coincidencias y diferencias de la Iglesia luterana con otras Iglesias, a los valores cristianos, etcétera.

Uno de los cambios más llamativos se produce en la sección Noticias de Interés General cuando, el reverendo Armbruster, a cargo de esta sección, realiza un viaje a Estados Unidos junto con su familia. Durante su ausencia esta sección no desaparece sino que se transforma en un espacio donde Armbruster comparte con la comunidad luterana argentina sus experiencias con las congregaciones estadounidenses. Esta comunicación epistolar contribuiría a fortalecer mensualmente el vínculo entre las congregaciones de ambos países.

En el número publicado en diciembre de 1940 se transcribe una carta de Armbruster que describe los puntos tratados en la Convención Bianual de la Iglesia Evangélica Luterana Unida en América. Uno de los principales temas abordados en esa ocasión se refiere a la posición de la IELU frente a los objetores de conciencia sobre la guerra. Lo resuelto respecto del tema se refleja en el siguiente comentario de Armbruster:

> [...] se resolvió que siendo la conciencia la última autoridad para el individuo, la Iglesia reconoce que habrá aquellos que impedidos por su conciencia se sentirán movidos a participar en una guerra que consideran justa, como también que habrá otros cuya conciencia no les permitirá participar en una guerra bajo ninguna circunstancia. La Iglesia debe hacer y hará todo lo que esté a su alcance para servir con su ministerio a los miembros de las dos categorías.[53]

Esta carta es la única declaración explícita que hace la fuente sobre la postura asumida por la IELU en relación con la guerra. Sería posible pensar que la apertura y la predisposición inherentes al mensaje tienen como objeto contener dentro de la IELU a miembros con distintas posturas políticas frente a la guerra. Esto recalcaría al mismo tiempo la concepción que los luteranos tienen de la Iglesia: ésta debe estar para servir a todos sus fieles.

Dentro de un imaginario social argentino que asocia la neutralidad con simpatías al régimen alemán –confundiendo de este modo a los acérrimos pacifistas con aquellos adherentes a las tendencias prusianas del nacionalsocialismo alemán– el menú de opciones frente a la guerra parece bastante limitado: ser aliado o ser neutral.[54] Dentro de estas variables se instala la apertura y tolerancia de la IELU ante las posturas ideológicas asumidas por su grey, postura que implica un alto costo político a cambio del logro del equilibrio interno.

La IELU se vio involucrada en acusaciones que interpretaban su postura tolerante y abierta frente a las diferencias ideológicas de sus miembros como una actitud tendenciosa hacia el régimen nazi. La IELU busca, por lo tanto, formas de rechazar esas acusaciones sin ir en contra de los intereses de sus propios miembros. Al fin y al cabo, la Iglesia nuclea a alemanes y estadounidenses. Los propios pastores son alemanes formados teológicamente en Estados Unidos; el financiamiento es todavía estadounidense.

La búsqueda de un equilibrio entre los distintos posicionamientos frente a lo ocurrido en Europa está implícita en los cambios estructurales de la revista. Estos cambios desdibujan la anterior definición ideológica que demostraba la IELU en las publicaciones de los años anteriores con relación a las ideologías integralistas.

La IELU otorga al pacifismo un carácter netamente teológico pues lo entiende como un hecho trascendental que tendría que ser aprovechado por los cristianos para difundir la Palabra Divina. La necesidad de reunificar las diferencias políticas que disgregan la unidad cristiana pareciera ser una preocupación constante. Esto puede observarse en un mensaje aparecido en octubre de 1944:

> [...] es nuestro vecino aquel que necesita nuestro socorro, no importa si él es de nuestra raza, color o país [...]. Estamos rodeados de oportunidades para ganar a otros para Cristo, por medio de nuestras vidas cristianas en constante servicio día tras día.[55]

El fin de la guerra y la inmigración de posguerra

La preocupación por la destrucción material y moral que generó la guerra en los pueblos involucrados en el conflicto armado puede percibirse en los distintos artículos aparecidos meses antes de su finalización.

Al terminar la guerra la atención de la IELU se concentra en la reconstrucción material y espiritual de las Iglesias luteranas que han sufrido en carne propia la amarga experiencia. Su mirada se orienta hacia Europa, especialmente a Alemania, puesto que allí:

> [...] el luteranismo ha sufrido más que cualquier otro grupo protestante como resultado de la guerra europea. Millares de templos luteranos han sido destruidos por los bombardeos. Después de la guerra los problemas del luteranismo en Europa serán sumamente difíciles. Todo se tendrá que edificar de nuevo. Faltarán dirigentes capaces, edificios adecuados y recursos financieros [...]. Los luteranos del Nuevo Mundo lógicamente estarán en las mejores condiciones de ayudar a sus hermanos creyentes de ultramar en sus esfuerzos para reconstruir su vida eclesiástica.[56]

La preocupación por la comunidad luterana alemana se relacionaría con la circulación de mayor información sobre la situación de la Iglesia Confesante y las actividades que desarrolla, pues a partir de este momento las cartas de Karl Barth originalmente dirigidas a las congregaciones protestantes europeas, han sido leídas por las comunidades luteranas de América.

Cuando se produce la migración de posguerra y la Argentina se convierte en un país receptor, la incorporación de los inmigrantes a las congregaciones nacionales marca el inicio de una nueva etapa para la IELU en la Argentina. Su trabajo ya no consiste en atraer nuevos miembros a las congregaciones sino que su accionar se orienta hacia los refugiados llegados a nuestro país. El trabajo social de la IELU consiste en brindar a los inmigrantes estonianos, holandeses, húngaros, letones, alemanes, etcétera, ayuda material y espiritual.

El sentimiento universalista que la IELU venía desplegando le sirve en ese momento para facilitar la adaptación de los recién llegados a las nuevas condiciones sociopolíticas, culturales y geográficas del país receptor:

> [...] el amor no tiene fronteras, ni nación, ni raza, ni idioma, sino que el amor es comprendido en todos ellos. Así también es la verdadera religión. Siempre debemos acordarnos que Dios es el creador de todos, de idiomas y naciones, por eso a nadie debería presionarse para que restrinja el uso de algún idioma o para preferir algún otro.[57]

En entrevistas realizadas a inmigrantes protestantes incorporados a las congregaciones luteranas argentinas en los últimos años de la guerra y a su finalización,que viven actualmente en el Hogar Armbruster, todas las mujeres (que hoy tienen entre ochenta y noventa y seis años) coincidieron en subrayar la importancia de la ayuda brindada por la IELU para facilitar su integración a la sociedad argentina, al margen de que las experiencias de arraigo puedan diferir entre sí. Destacaron no sólo la contención afectiva y espiritual que ofrecía, sino también las facilidades económicas para conseguir tierras, casa, alimento, trabajo, etcétera, que les dio la IELU para superar lo más rápidamente posible el desarraigo experimentado.

La definición de un nuevo contexto caracterizado por el movimiento a nivel mundial de protestantes estonianos, holandeses, húngaros, letones, alemanes, etcétera, generó un proceso de cambios estructurales tanto dentro de la IELU como de las distintas instituciones luteranas mundiales a fin de satisfacer las necesidades de los nuevos feligreses.

La Federación Luterana Mundial creó en los países receptores de la oleada migratoria –entre ellos la Argentina– un Departamento de Refugiados que trabajó juntamente con comisiones locales formadas por representantes de distintas congregaciones. El objetivo específico de estos organismos era resolver las dificultades de los protestantes europeos en el país receptor.

La incorporación de los protestantes europeos a la IELU argentina disipó la expansión misionera que la caracterizaba e inició un proceso de cambios que la convirtió en una Iglesia independiente de la Junta de Misiones de la Iglesia

Evangélica Luterana en América. Su rol misionero quedó relegado frente al trabajo social que la IELU comenzó a desarrollar ante la primera oleada inmigratoria llegada antes de concluir la guerra.

Por otra parte, la diversidad étnica de los recién llegados y su tendencia a preservar las costumbres y tradiciones propias del país natal contribuyeron a cambiar el nombre de la institución. De esta manera la Iglesia Evangélica Luterana en América, al incorporar a los protestantes europeos fortalece dentro de su institución el mandato de la universalidad cristiana, logrando a través de ella articular al continente americano con el europeo. Para remarcar la unidad de la Iglesia, a pesar de la diversidad étnica que la compone, adopta como denominación Iglesia Evangélica Luterana Unida, respetando en la "Unidad en Cristo" la heterogeneidad cultural del laicado y resolviendo de esta manera las tensiones ideológicas surgidas después de la guerra.[58]

A MODO DE CONCLUSIÓN

Hemos seguido el recorrido de las posiciones políticas que asume el órgano difusor de la IELU a lo largo de los años 1933 a 1945, y hemos justificado estos cambios en las tensiones que la aquejaban, expuestas en la introducción en forma de pregunta:

- la heterogeneidad con predominio alemán en su feligresía;
- el origen alemán y la formación norteamericana de sus pastores;
- el soporte financiero norteamericano que recibe la institución;
- la necesidad de atender a las demandas de los fieles sin entrar en conflicto con la presión expansiva que ejerce el integralismo católico.

Desde la asunción de Hitler al poder hasta 1936 puede notarse cierto agrado y simpatía hacia el régimen nazi, que se continúa con una serie de ambigüedades y silencios mantenidos a lo largo de la mayor parte del período, con excepción de algunos artículos en los que se condena al Estado alemán, que aparecen hacia el final de la guerra.

En una primera lectura, se observa que a medida que los rasgos negativos del régimen nazi se acentuaron, la IELU en la Argentina tradujo su agrado inicial en una pronunciación en contra del nazismo y sus consiguientes respuestas por parte de la prensa internacional. Por lo tanto, podríamos pensar que estos cambios observados en el discurso de la fuente acompañaron a los que se fueron desarrollando dentro del propio discurso hitleriano. Si bien esto es así, una lectura más profunda, que hemos intentado realizar en este estudio, propone que este eclecticismo es una postura política en sí misma.

Por ejemplo, si bien la IELU asumió una postura de condena a los regímenes autoritarios tiempo antes de la guerra, no asumió una postura abiertamente aliadófila durante ese período.

La cuestión con respecto a la guerra era un tema importante para la IELU puesto que la polarización experimentada por la sociedad argentina frente a la guerra se extendió dentro de la comunidad luterana de la IELU con características particulares. La fragmentación que generó la guerra entre proaliados y progermanos en nuestro país se tradujo en términos de adhesión o no a la democracia como futura forma de gobierno nacional. Para los miembros de la IELU la disyuntiva frente a la guerra se presentó como una experiencia que interpretaba como propios los conflictos europeos. Esto puede comprenderse a partir de la necesidad de la IELU de respetar la libertad de opinión política de los feligreses y mantener su razón de ser: servir a los feligreses.

El origen migratorio de la mayoría de los miembros de las congregaciones luteranas y las relaciones afectivas mantenidas con el país natal dificultaban su adaptación al contexto del país receptor. Por este motivo los inmigrantes forzosos o refugiados buscaron recrear dentro de la Iglesia sus tradiciones nacionales ya que el ámbito eclesiástico representaba un lugar conocido y familiar dentro de un contexto social y cultural novedoso. Esto motivó que se reprodujeran dentro de la IELU las disputas políticas que aquejaban al país natal.

Teniendo en cuenta estos factores podríamos pensar que la IELU asumió una postura universalista y pacifista durante el conflicto armado con un objetivo evasivo, pues al no poder evitar que los conflictos europeos fueran traspolados a la Argentina los derivó a la esfera privada de los fieles, evitando de este modo que el enfrentamiento ideológico de la guerra impactara sobre la integridad de la institución.

Esta estrategia adaptativa denota la conflictividad de los intereses en juego dentro de la IELU: por un lado la dualidad en los pastores entre el país de origen y el de formación; por otro la composición étnica de sus congregaciones. La contraposición de estos intereses fue inevitable al comenzar la guerra, pero la IELU logró cierto equilibrio entre las influencias estadounidenses y alemanas durante el conflicto armado.

La postura mediadora de la IELU entre las distintas posiciones ideológicas adoptadas por su grey fue acompañada más tarde por la reestructuración interna de la Iglesia, que la fortaleció y le permitió verse a sí misma como una Iglesia independiente. De esta manera se comprendería que en 1948 se fundara la United Lutheran Church in America y se aceptara como sínodo asociado a la IELU argentina, momento a partir del cual dejó de ser una misión dependiente de la Junta de Misiones de la Iglesia Evangélica Luterana en América.

Nuestro estudio se inserta en un debate más global que sigue despertando pasiones, no sólo en la sociedad argentina sino también a escala internacional: la influencia nazi en la Argentina conservadora, católica y militar durante el fortalecimiento del régimen nacional socialista en Alemania y el desarrollo de la Segunda Guerra Mundial.

Dentro de este contexto, hemos enfocado nuestra atención en un actor social que puede hoy ser sospechado, prejuiciosamente sólo por el hecho de tener elementos alemanes en su interior, de haber abrigado una ideología pro nazi. Nuestra opinión es que si bien algunos representantes de la institución mostraron simpatías hacia Hitler en los primeros años de la década del treinta, sólo ciertos grupos minoritarios se mantuvieron fieles a tal ideología –como lo refleja la fragmentación de la congregación del kilómetro 25 de Eldorado–, pero no ocurrió lo mismo en el resto de la institución.

BIBLIOGRAFÍA

Baczko, Bronslaw: *Los imaginarios sociales. Memorias y esperanzas colectivas*, Buenos Aires, Nueva Visión, 1984.

Bastian, Jean Pierre: *Breve historia del protestantismo en América Latina*, México, Casa Unida de Publicaciones, 1986.

Bonhoeffer, Dietrich: *Ethics*, Londres, Eberhard Bethge, 1978.

Bonhoeffer, Dietrich: *Resistencia y sumisión (cartas y apuntes desde el cautiverio)*, Barcelona, Ariel, 1969.

Casalis, George: *Retrato de Karl Barth*, Buenos Aires, Methopress, 1966.

Deirós, Pablo A.: "Cross and Sword in Christian History", Issue 35, vol. IX, N° 3, http://www.millersv.edu/columbus/data/art/DEIROS01.

—————: *Historia del cristianismo en América Latina,* Buenos Aires, Fraternidad Teológica Latinoamericana, 1992.

Damboriena, Prudencio: *El protestantismo en América Latina,* Bogotá, Editorial Friburgo, Oficina Internacional de Investigaciones Sociales de FERES, 1962-1963, tomos I y II.

Goslin, Pablo: *Los evangélicos en la América Latina. Siglo XIX, los comienzos*, Buenos Aires, La Aurora, 1956.

Hajduk, Tadensz: "Human metha-needs and the religions and paradigms of east and west", ponencia expuesta en la Fundación Bariloche.

Mallimaci, Fortunato: "Movimientos laicales y sociedad en el período de entreguerras. La experiencia de la acción católica en la Argentina", en *Cristianismo y sociedad,* N° 108, 1991.

—————: "El catolicismo argentino desde el liberalismo integral a la hegemonía militar", en AA.VV., *500 años de cristianismo en la Argentina*, Buenos Aires, Centro Nueva Tierra-Cehila, 1992.

Monti, Daniel P.: *Presencia del protestantismo en el Río de la Plata durante el siglo XIX*, Buenos Aires, La Aurora, 1969.

Prien, Hans Jürgen: *La historia del cristianismo en América Latina,* Salamanca, Sígueme, 1985.

Quatrocchi-Woisson, Diana: *Los males de la memoria,* Buenos Aires, Emecé, 1995.

Robertson, E. H.: *Dietrich Bonhoeffer*, Buenos Aires, Mundo Hispano, 1965.

Rouquié, Alain: *Poder militar y sociedad política en la Argentina*, Buenos Aires, Emecé, 1994, tomo I.
Testis, Fidelis: *El cristianismo en el Tercer Reich*, Buenos Aires, La Verdad, 1941.
Toynbee, Arnold J.: *El historiador y la religión*, Buenos Aires, Emecé, 1958.
Villalpando, Waldo Luis: *Las Iglesias del trasplante. Protestantismo de inmigración en la Argentina*, Buenos Aires, Centro de Estudios Cristianos, 1970.

FUENTES

Revista Luz y Verdad, publicaciones aparecidas en los años 1933, 1934, 1935, 1936, 1937, 1938, 1939, 1940, 1941, 1942, 1943, 1944 y 1945.
Entrevista al pastor Pablo Mesaros, realizada en el Hogar Armbruster, en José C. Paz, Buenos Aires, en 1996.
Entrevista al pastor Luis Klenk, ex presidente de la Iglesia Luterana Unida en la Argentina, realizada en la Iglesia Sueca de la ciudad de Buenos Aires, en 1996.
Entrevistas a inmigrantes europeos luteranos llegados a la Argentina en el período de entreguerras y al término de la Segunda Guerra Mundial, realizadas en el Hogar Armbruster, en José C. Paz, Buenos Aires, en 1996.

NOTAS

1. Revista *Luz y Verdad*, diciembre de 1941, pág. 5.
2. Sobre la historia del protestantismo en América latina véanse: Hans Jürgen Prien: *La historia del cristianismo en América Latina*, Salamanca, Sígueme, 1985, págs. 711-808; Pablo Deirós: *Historia del cristianismo en América Latina*, Buenos Aires, Fraternidad Teológica Latinoamericana, 1992, págs. 585-882; Pablo Goslin: *Los evangélicos en la América Latina. Siglo XIX, los comienzos,* Buenos Aires, La Aurora, 1956; Jean Pierre Bastian; *Breve historia del protestantismo en América Latina*, México, Casa Unida de Publicaciones, 1986; Daniel P. Monti: *Presencia del protestantismo en el Río de la Plata durante el siglo XIX,* Buenos Aires, La Aurora, 1969.
Sobre la historia del protestantismo en la Argentina véanse: Hans Jürgen Prien: *op. cit.*, págs. 420-426 y 554-572; Prudencio Damboriena: *El protestantismo en América Latina,* Bogotá, Editorial Friburgo, Oficina Internacional de Investigaciones Sociales de FERES, tomo II, 1962, págs. 41-46; Pablo Goslin: *op. cit.*, págs. 29-44; Waldo Luis Villalpando: *Las iglesias del trasplante. Protestantismo de inmigración en la Argentina,* Buenos Aires, Centro de Estudios Cristianos, 1970.
3. Sobre la IELCH y otras agrupaciones luteranas en América Latina véanse: Hans Jürgen Prien: *op. cit.*, págs. 722-761. Pablo Damboriena: *op. cit.*, págs. 223-224. Waldo Luis Villalpando: *op. cit.*, págs. 111-120, 134-140 y 140-146.
4. Sobre la motivación de los Estados Unidos para misionar en América latina véanse: Hans Jürgen Prien: *op. cit.*, págs. 761-766 y confrontar con Jean Pierre Bastian: *op. cit.*, págs. 178-188.
5. Específicamente sobre la IELU véanse: Prudencio Damboriena: *op. cit.*, pág. 43; Waldo Luis Villalpando: *op. cit.*, págs. 140-146. Un estudio completo sobre la historia

y estructura de la IELU es el de James E. Henneberger: "Quo vadis IELU? A case study of the Iglesia Evangélica Luterana Unida", tesis presentada en el Faculty of School of World Mission and Institute of Church Growth, Fuller Theological Seminary, 1968.

6. La Iglesia Evangélica Luterana está vinculada a la Iglesia Evangélica Alemana.

7. La Iglesia Evangélica Luterana Argentina se desvincula de la Iglesia Evangélica Luterana en América a partir de la unión de las Iglesias Misioneras en América en Sínodos Asociados de la IELU. Para más información al respecto, remitirse a los autores de la cita anterior.

8. Un estudio similar referido a la IERP es el de Pablo Münter: "Proclamación evangélica y nacionalsocialismo en la Argentina. Un estudio de caso: los 'sermones patrióticos' del pastor Emil Gottfried Hagedorn en Rosario (Santa Fe) 1933-1945", tesis de licenciatura, ISEDET, Buenos Aires, Facultad de Teología, mayo de 1993.

9. Sobre el catolicismo integral véase: Fortunato Mallimacci: "El catolicismo argentino desde el liberalismo integral a la hegemonía militar", en *500 años de cristianismo en la Argentina*, Buenos Aires, Editorial Cehila, 1992, págs. 261-279. También Fortunato Mallimacci, "Movimientos laicales y sociedad en el período de entreguerras. La experiencia de la Acción Católica en la Argentina", en *Cristianismo y sociedad*, N° 108, 1991.

10. Sobre las Iglesias de trasplante, véase Daniel P. Monti: *op. cit.*, Waldo Luis Villalpando, *Las Iglesias del trasplante, op. cit.*

11. *LyV*, enero de 1933, pág. 12.

12. *LyV*, marzo de 1933, pág. 8.

13. *LyV*, julio de 1933, pág. 11.

14. Ibíd.

15. *LyV*, septiembre de 1933, pág. 7.

16. Ídem., pág. 8.

17. *LyV*, febrero de 1934, pág. 7.

18. Hitler intentaba unir las diferentes Iglesias Evangélicas en una Iglesia del Reich bajo la dirección de un obispo del Reich, leal a Hitler. Argumentaba que buscaba así concluir con las querellas que afectaban a las instituciones eclesiásticas.

19. *LyV*, febrero de 1934, pág. 9. Para más información, consúltense: E. H. Robertson, *Dietrich Bonhoeffer*. Buenos Aires, Mundo Hispano, 1975, pág. 23. George Casalis, *Retrato de Karl Barth*, Buenos Aires, Methopress, 1966.

20. El pastor Obermüeller critica el hecho de que el Obispo del Reich hubiera decretado que las organizaciones juveniles protestantes se enfilaran en la "Juventud hitlerista", en la que permanecían la mayor parte del tiempo y relegaban el trabajo religioso que antes desarrollaban. Así aparece expresado en la publicación de *LyV* de febrero de 1934, pág. 10.

21. *LyV*, abril de 1934, pág. 7.

22. Ídem.

23. *LyV*, julio de 1934, pág. 13.

24. Para más información véanse E. H. Robertson: *op. cit.* y Georges Casalis: *op. cit.*

25. *LyV*, marzo de 1936, pág. 16.

26. *LyV*, diciembre de 1936, pág. 8. Sería útil recordar que la IELU en la Argentina

era una Iglesia satélite de la Iglesia Luterana de Estados Unidos, que formaba parte de su misión en América latina. Se encontraba, por lo tanto, relacionada financiera y espiritualmente con ese país, vínculo que se fortalecía con los continuos viajes que los pastores y/o feligreses realizaban a Estados Unidos.

27. *LyV*, septiembre de 1937, pág. 26.

28. *LyV*, febrero de 1939, pág. 12.

29. Ídem.

30. *LyV*, junio de 1933, pág. 19.

31. *LyV*, abril de 1934, pág. 9.

32. *LyV*, junio de 1935, pág. 5.

33. *LyV*, mayo de 1936, pág. 6.

34. *LyV*, abril de 1933, pág. 22.

35. Ídem, pág. 24.

36. "La Iglesia contiene en su interior tanto la experiencia colectiva como la experiencia individual. Por esta razón, la voz de la Iglesia representa la sabiduría colectiva de la historia". A partir de esta definición de sí misma, la IELU asume un rol activo en la construcción de un Estado democrático cristiano.

37. *LyV*, mayo de 1937, pág. 22.

38. Ídem.

39. Estos temas fueron publicados en *LyV* en julio de 1937.

40. En el período de guerra, entre los años 1939 y 1945, sólo aparece en una publicación una pequeña mención al 25 de mayo. Claramente puede observarse un cambio de actitud en relación con los temas patrióticos.

41. *LyV*, abril de 1938, pág. 21.

42. *LyV*, octubre de 1943, pág. 6.

43. Este establecimiento dependía económica e institucionalmente de la IELU, y recibía aportes de distintos sectores económicos estrechamente relacionados con Alemania. Contaba entre sus alumnos con un alto porcentaje de hijos de familias alemanas, venidas en su mayoría luego de la Primera Guerra Mundial. Se radicaron en la zona de Misiones, el Chaco, sudoeste de Brasil, sur argentino y Chile. Al declararle la Argentina la guerra al Eje, fueron expropiadas varias empresas alemanas, entre ellas, la Iglesia Luterana de Posadas y el colegio Martín Lutero, cuyo edificio pasó a manos de Gendarmería Nacional.

44. *LyV*, abril de 1938, pág. 15.

45. Sería bueno recordar la concepción que los luteranos tienen de sí mismos: "La Iglesia está para servir a sus miembros". Es por este principio que la IELU se caracteriza por una notoria apertura y ambivalencia en tiempos de guerra, a fin de no excluir de las congregaciones a ninguno de sus miembros que pudieran estar enfrentados por cuestiones políticas en la vida cotidiana.

46. *LyV*, diciembre de 1941, pág. 5.

47. *LyV*, mayo de 1938, pág. 27.

48. *LyV*, julio de 1938, pág. 22.

49. Sobre este tema véase George Casalis: *Retrato de Karl Barth,* Buenos Aires, Methopress, 1966; E. H. Robertson: *op. cit.*

50. Se relaciona con la visión que se tiene del mundo concreto y se vincula a la polémica histórica presente en el pensamiento social europeo, centrado en la relación en-

tre el mundo trascendental o metafísico y el mundo práctico o concreto. Este debate se reactualiza con el nazismo, a partir de la integración que propone Hitler entre lo teológico o metafísico y lo político o concreto.

51. *LyV*, octubre de 1938, pág. 34.

52. Ídem, pág. 35.

53. *LyV*, diciembre de 1940, pág. 3.

54. Esto puede observarse en la carta de un miembro de la IELU publicada en marzo de 1941, que relata las aventuras y desventuras que experimentó durante la travesía en barco por el Océano Atlántico. Allí describe los encuentros del buque argentino con otros barcos implicados en el conflicto armado y comenta que no tuvieron mayores dificultades porque "éramos un buque de un país neutral (?)". El signo de interrogación evidenciaría la creencia presente en el imaginario de la sociedad argentina de la época que vinculaba la neutralidad del gobierno del GOU con simpatías hacia el Eje. *LyV*, mayo de 1941, pág. 21.

55. *LyV*, octubre de 1944, pág. 6.

56. *LyV*, mayo de 1941, pág 21.

57. *LyV*, agosto de 1942, pág. 3.

58. Cabe recordar que la finalización de la guerra desató una nueva serie de conflictos en las Iglesias Protestantes europeas en torno a la reconstrucción espiritual de Alemania. Desde el realismo cristiano, que antepone la unidad divina a las fragmentaciones ideológicas, se enfrentan dos corrientes: una que considera que es el momento oportuno para expandir el mensaje cristiano y otra que cree necesario generar una especie de "control cristiano" sobre Alemania, a fin de evitar que la experiencia nazi se repita en otra parte del mundo. Para más información consúltese E. H. Roberson.

LOS VALDENSES EN EL RÍO DE LA PLATA
Reconstrucción de una identidad

Francisco Luzny
Maximiliano Velázquez

RESUMEN

Las Iglesias Evangélicas Valdenses llegan al Cono Sur junto con la oleada inmigratoria europea y se establecen en compactas colonias agrarias en diferentes áreas de la pampa húmeda. Planteada la inviabilidad del modelo agroexportador latinoamericano se produce un proceso de crisis social y política que obliga a la sociedad a reacomodarse a la nueva situación mundial. El surgimiento del catolicismo en su vertiente integral en la Argentina obligará aún más a los cultos no católicos a encarar un proyecto de cambio. Relacionado con el estudio de la comunidad valdense hemos caratulado este proceso como un período de reconstrucción de la identidad del ser valdense. El trabajo intenta reconocer los aspectos centrales de este proceso, poniendo especial atención en el fortalecimiento de los lazos identificatorios de la Iglesia.

INTRODUCCIÓN

En este estudio proponemos debatir, en gruesos trazos, cuáles fueron las respuestas de las Iglesias Evangélicas Valdenses del Río de la Plata al proceso de crisis de la sociedad del período que transcurre entre el fin del paradigma positivista-liberal del año 1930 y la instauración del peronismo.

Luego de haber sido un claro exponente de las Iglesias de trasplante, en el que tanto el templo como la escuela fueron los principales anclajes identitarios de sus integrantes, la Iglesia Valdense inicia un período de transformación.[1]

La nueva situación mundial y una creciente intervención del catolicismo en la sociedad argentina, lleva a las Iglesias no católicas a reacomodarse. Ya el anticlericalismo de la visión positivista del mundo no puede ser expuesto como escudo de protección. Comienza un período de "reconstrucción" tanto civil como religiosa para poder mantener a su membresía. Este momento es caracterizado por la reelaboración de la identidad europea pasada hacia la construcción de una identidad acorde con las características locales.

Este período de reconstrucción también constituye un espacio de reafirmación de la comunidad valdense con su Iglesia. Son aspectos centrales de este proceso: la recuperación de gran parte de la historia de la colonización valdense en América del Sur mediante la formación de un instituto de historia; el auge de los movimientos juveniles, que comienzan a buscar la manera de canalizar la creciente politización de los habitantes del país; los movimientos feministas, que reconstruirán el rol de la mujer como dadora de identidad desde la primera socialización del niño, y, fundamentalmente, la generación, en el seno de la Iglesia, de espacios de discusión para analizarse a sí misma y plantear caminos posibles hacia el futuro.

ALCANCES DEL ESTUDIO

No nos proponemos llevar a cabo una minuciosa descripción de los hechos que ocurrieron en el período, ni tampoco hacer un estudio intensivo del material histórico rescatado. No se realizarán análisis del discurso que hubieran llevado mayor tiempo de desarrollo. Sólo se intenta presentar los grandes lineamientos que marcaron el quiebre de la época colonizadora y crearon las bases actuales de la Iglesia Valdense.

Una importante parte del trabajo se basa en una entrevista realizada al coordinador Delmo Rostan,[2] ex pastor de una parroquia y actual profesor del ISEDET,[3] quien nos brindó un amplio apoyo y nos aportó material bibliográfico inédito que nos permitieron formar una idea global del período analizado.

El artículo se estructura de la siguiente manera: se llevará a cabo un breve relato de la historia valdense a nivel mundial para luego enfocar el período de la emigración hacia la Argentina y Uruguay. El estudio centrará su atención en comprender el momento de crisis producida desde la Primera Guerra Mundial y agravada desde la caída de Wall Street de 1929 que liquidó el modelo agroexportador de América del Sur. Desde esa situación de crisis se analizará cómo repercute en la identidad valdense y cuáles son las alternativas que se formularon para tratar de no perder aspectos identitarios.

BREVE HISTORIA VALDENSE

Al referirnos a esta comunidad, encontramos que el término "valdense" propone dos realidades diferentes: una Iglesia y una región. Obviamente vinculadas, la primera de ellas es la que suscita nuestro interés.

Como reacción a la mundanización que experimenta la Iglesia, pese a su desvinculación del mundo laico proclamada en la encíclica *Libertas Ecclesiae*, surgen movimientos dentro del cristianismo que le discuten el derecho a poseer bienes y a ejercer soberanía secular. Durante el Concilio herético de San Félix de Caraman de 1167, se forman obispados, donde triunfa la doctrina de Nicetas de Bizancio. Esa doctrina se sustentaba en el ascetismo y la imitación de los apóstoles. Dentro de los grupos que se forman en este concilio están los valdenses.[4]

El movimiento valdense,[5] que surgió en Lyon, Francia, en el siglo XII, constituye una de las comunidades cristianas no católica más antigua. Debe su nombre a su fundador, un comerciante con una crisis de conciencia, Pedro Valdo.[6] Obviamente la lectura de la Biblia al público y el acercamiento de la religión al pueblo que proponía Valdo no estaba en los deseos de la Iglesia, por lo que las autoridades eclesiásticas de Lyon lo intimaron para que abandonara su prédica. Sus apelaciones al Papa no fueron escuchadas y junto con sus discípulos fueron expulsados de la ciudad. Posteriormente, el Concilio de Verona de 1184 los excomulgó y los condenó oficialmente.

Al grito de *"hay que obedecer a Dios y no a los hombres"*,[7] el movimiento se traslada al norte de Italia, a Lombardía, donde existía un notable sentimiento antipapal. Mientras que otro movimiento paralelo, conocido como los albigenses, insistirán en la predicación individual, los valdenses se caracterizarán por su sentido de la solidaridad social y por su gran capacidad organizativa.

Tal vez como hecho recurrente de la historia valdense se destaca la constante persecución a la que fue sometido el movimiento desde su comienzo hasta nuestros tiempos. La Iglesia Católica comienza a combatir a estos grupos acusándolos de herejes.[8] Se realiza primero una gran campaña contra albigenses (a quienes se aniquila) y luego contra los valdenses. La política de la jerarquía católica ordena que todo movimiento herético debía ser destruido por la fuerza.

De aquí en más, el valdismo pasará a ser una organización clandestina, situación que obligó al movimiento a repensarse en términos organizativos. Comerciantes y artesanos esconden bajo sus mercancías fragmentos traducidos de la Biblia que servían a la evangelización. Obligados a buscar regiones para vivir en paz, a principios del siglo XIII se encuentran los primeros rastros valdenses en lo que posteriormente será su único refugio en Europa: los Alpes de los valles Cocianos (simpáticamente llamados Valles Valdenses).

La persecución se intensificó a punto tal que a fines el siglo XIV el valdismo se encuentra aislado y en franco proceso de exterminio. El surgimiento de la reforma protestante anticipa la ruptura de la unidad religiosa medieval cristiana, y al mismo tiempo salva de la extinción a los valdenses. Lutero en Alemania, Farel y Calvino en la Suiza francesa y Zwinglio en la Suiza alemana encabezan simultáneamente tres movimientos que tenían por fin reformar la Iglesia cristiana en la doctrina y en las costumbres.

Los reformistas, si bien coincidían en muchas posturas, rechazaban a los valdenses por considerarlos rebeldes. Sin embargo, los instan a abandonar la organización semiclandestina y profundizar sus interpretaciones teológicas.

Un aspecto que debe ser señalado es la importancia que se dio a la necesidad de preservar determinados rasgos propios de la identidad de los valdenses como sociedad. Durante el "Sínodo de Chanforán", realizado en 1532, se discute la manera en que se puede incorporar el movimiento a otros movimientos mayores sin por ello perder las particularidades del ser valdense.

El valdismo se suma a la Reforma en su vertiente calvinista. Chanforán marca el fin de la historia del "movimiento" valdense y el comienzo de la "Iglesia" valdense.[9] Sin embargo, ese cambio no logra eludir la tenaz persecución católica de los siglos siguientes. Nuevas ofensivas sobre los valles reducen a la población de un total de 14.000 personas a unos 2.500.[10] Se podría decir que desde el siglo XV hasta el siglo XIX los valdenses se presentaron como un pequeño "gueto" sobre las montañas piamontesas, que vivió segregado y en forma autosuficiente.[11]

En 1823 un sínodo transforma a los valles en una especie de pequeña república. El "Risveglio", promovido por pastores laicos y recibido con hostilidad por parte de las autoridades eclesiásticas, rompe la relativa paz de los valles y produce divisiones en el seno de la comunidad. Esta situación, junto con una actitud más abierta de sus respectivos dirigentes, conducirá posteriormente a la reunificación.

En 1848 los ecos de la revolución parisina promueven en diversas partes de Europa la promulgación de "Constituciones" con el fin de garantizar la "libertad e igualdad" de los ciudadanos. El 17 de febrero Carlos Alberto de Piamonte expide las "Cartas Patente" que reconocen los derechos de los valdenses a "gozar de todos los derechos civiles y políticos de nuestros súbditos".[12] Si bien se establecían limitaciones con respecto a la libertad de cultos, los valdenses festejan el acontecimiento como el reconocimiento oficial de una libertad que les había sido negada durante siglos.

POSTURA TEOLÓGICA DE LOS VALDENSES

"En coherencia con uno de los principios doctrinales importantes que surgen de la Reforma, esto es: el 'sacerdocio universal de los creyentes', la Iglesia Valdense sostiene la igualdad de todos ante Dios con las respectivas responsabilidades en la vida de la Iglesia".[13] De esta manera Delmo Rostan nos señala la fundamental marca que ha dejado el espíritu de la reforma en los valdenses.

Así estructuran su posición teológica:

1) Las Sagradas Escrituras no son objeto de veneración sino de meditación. Deben ser leídas por todos, por lo cual es imprescindible verterlas a la lengua vulgar.
2) La piedad valdense no es ni ascética ni dualística, sino que es el producto de una viva esperanza en que Dios cumplirá la promesa de regeneración del mundo.
3) La conciencia de ser una comunidad cristiana autónoma, diferente tanto doctrinaria como organizativamente de la Iglesia Católica.
4) La superación del poder sacerdotal, a través de la posibilidad de consagración de los sacramentos por parte de cualquier creyente.
5) La creencia de que el destino eterno se juega en la Tierra, conforme se recorra el camino del bien o del mal. El purgatorio o las intercesiones de los santos deben ser combatidos como falsos.
6) El rechazo absoluto de la mentira y del juramento, adquiriendo un carácter netamente subversivo donde el juramento es la base de las relaciones sociales.[14]

La postura política de los miembros de la Iglesia pasa por la pluralidad. Desde esta concepción, "la Iglesia no trata de establecer ni imponer una opción, sino que cada uno debe decidir libremente y a conciencia".[15]

EMIGRACIÓN VALDENSE HACIA AMÉRICA DEL SUR

Luego de su reconocimiento, por parte del Estado italiano, comenzó una etapa de extraña tranquilidad que influyó notablemente en su población. Se podría decir que las persecuciones, las guerras y las matanzas, oficiaban cual infalible control de natalidad dentro de la comunidad valdense. Este aumento demográfico, enmarcado en la situación de los valles, se convirtió en un interesante problema.

Su tradición de pueblo eminentemente agrícola y las restricciones que les había impuesto la condición de heréticos, imposibilitó el surgimiento de industrias que pudieran absorber mano de obra en períodos de aumento demográfico. Asimismo, esta cultura agrícola había forjado en esta comunidad una actitud de rechazo hacia el mundo exterior, a las innovaciones y los cambios, y a toda tarea no agrícola, y a tratar de impedir la emigración de las nuevas generaciones a los centros industriales cercanos. Esta conducta estaba fuertemente vinculada a las severas persecuciones seculares que habían sufrido a lo largo de su historia.

Si bien se estaba produciendo un proceso emigratorio estacional, individual y desorganizado, se tornaba imposible compensar el aumento de la población de esta manera. Posiblemente, esta válvula de escape hubiera retardado en algunos años el fenómeno de la emigración masiva, de no ser por la crisis agrícola de 1850.[16] La situación de pobreza crónica derivada de la presión demográfica se vio agravada por la tenebrosa aparición del hambre, a tal punto que 3.000 familias debieron ser socorridas por la Iglesia. Fruto de esta extrema miseria se generarían algunas manifestaciones de relajamiento espiritual, por lo que no era extraño encontrar pecaminosas situaciones de ebriedad y litigios en la vida valdense de aquellos tiempos.

Esta coyuntura por demás crítica conducirá a plantear el problema de la emigración en términos de estricta supervivencia. La asamblea de 1855 en San Giovanni reconocía las causas de la miseria:

> Excesiva aglomeración de habitantes en un suelo poco fértil y posesión de pocos inmuebles; imposibilidad de desvincularse de los hábitos de sus antepasados; división y subdivisión excesiva de los bienes inmuebles en materia generacional; alta contracción de deudas por parte de las familias.[17]

Si bien esquivos a todo intento de emigración masiva a un país lejano, se fueron marcando dos tendencias en referencia a la cuestión: los que proponían la fundación de una colonia en lugares cercanos (Cerdeña, Francia), representados por el moderador J. P. Revel y los que defendían la tesis de canalizar la emigración hacia América del Sur, específicamente la Argentina, liderados por el pastor Miguel Morel. Si bien la asamblea no resolvió nada definitivo, quedó claro que era imperioso encontrar una solución urgente a la problemática. Lo cierto fue que ninguno de estos proyectos lograron concretarse oficialmente y, a pesar que las reuniones continuaron, la Iglesia no organizó directamente un proyecto de colonización.

Por lo tanto, la emigración se dará en forma espontánea:

> No es el amor por las aventuras ni la atracción de las ganancias lo que nos impulsa a llevar nuestras familias allende el Océano, en un país lejano que no conocemos y de donde probablemente ninguno habrá jamás de volver. No: son la miseria, el sufrimiento, el hambre los que nos echan.[18]

Delmo Rostan nos amplía:

> Luego de muchos siglos viviendo asfixiados en las montañas del Piamonte, cuando reciben el edicto de la libertad en 1848, esa liberación implica también una expansión por toda Italia y hacia América del Sur y del Norte. Hay una razón económica, no es una inmigración de misión en sí. Vienen como comunidades, luego llegan los primeros pastores desde Italia para atender esas comunidades y así se mantiene la vida de una comunidad de fe.[19]

De esta manera, multitudes de valdenses comenzaron el proceso emigratorio en varias direcciones. Entre las que se imponían, América del Sur era la zona más importante, seguida por Estados Unidos, Francia y en menor proporción otros países. A diferencia de la experiencia sudamericana, la inmigración a Estados Unidos fue dispersa e individual, sin llegar a constituirse colonias. En el sur de Francia, Provenza y la Costa Azul, la inmigración valdense fue considerable a fines del siglo pasado. Los valdenses de Alemania sufrieron cambios de mentalidad luego de años de germanización, si bien existe el vínculo común de origen y fe. También Suiza acogió valdenses y es el país que recientemente ha recibido la mayor cantidad.

LA INMIGRACIÓN HACIA EL RÍO DE LA PLATA

La inmigración hacia el Río de la Plata, que comienza a fines de 1850, se acerca en un primer momento a las costas de Uruguay. Delmo Rostan nos introduce en el proceso aclarando que: "La inmigración desde Italia estaba proyectada originariamente hacia la Argentina. Despues se registraron movimientos en ambos sentidos entre los dos países rioplatenses".[20]

Los primeros colonos se encuentran con un país en pleno proceso de consolidación y formación nacional, donde los múltiples enfrentamientos entre facciones de la oligarquía territorial condicionan el paisaje político de la época. Los intentos de las clases dirigentes por orientar este aluvión inmigratorio multiplicarán los proyectos de colonización agrícola. Uno de esos proyectos será la "Sociedad Agrícola", constituida el 6 de agosto de 1857. Fluctuando entre el interés de lucro y el fomento del trabajo y la economía del país, esta sociedad tendrá vital influencia en la colonización valdense.

El adelantado Juan Planchón es quien enviará en 1856 a Europa las primeras noticias previas a la primera emigración uruguaya, compuesta por sólo once personas. Establecidos en la zona de Montevideo, se trasladarán luego a la zona de la Florida. En 1857 llegaba un segundo grupo más numeroso. Los valdenses comienzan a construir su colonia madre en la zona de Rosario Oriental, luego de emigrar por un conflicto desatado con las autoridades católicas.[21]

Las últimas décadas del siglo XIX propondrán un escenario político más apacible, situación propicia para los valdenses. El objetivo de estos años era consolidar la colonia del Rosario Oriental y orientar la expansión colonizadora. Es de suma importancia en este momento la participación de la Iglesia y del pastor para guiar al colono en el proceso de adaptación con el medio hostil.

El proceso de expansión valdense en Uruguay tiene características singulares: la escasez de tierras y la presión demográfica conducen a que algunas familias emigren hacia puntos relativamente cercanos de la colonia madre. La originalidad del proceso consiste en que esta expansión no concluya en una gran diseminación. Se constituyen bajo el control de la Iglesia colonias "satélite" de la colonia madre. Estas nuevas colonias repiten el proceso originario con la intención de mantener los elementos culturales propios.

En apenas treinta años, el primitivo núcleo de Rosario Oriental se había expandido por todo el departamento de Colonia, donde se levantaron dos grandes templos y múltiples capillas. Su población era de 3.800 habitantes en 1899. Constituyen obras valdenses diversas escuelas primarias y un fenómeno verdaderamente importante en la historia uruguaya: un centro de estudios secundarios. Esta política nos muestra la prioridad que otorgaban al tema educativo.[22]

La presión demográfica seguía siendo un problema a resolver, y en este período aparecen en escena nuevos enemigos: el latifundio ganadero propio de las oligarquías locales, y la inercia del Estado para desarrollar políticas de colonización eficaces. La búsqueda de tierras para nuevos asentamientos es la principal ocupación política de los valdenses. A fines de la década de 1920 asistiremos al nacimiento de las últimas colonias en Uruguay: Arroyo Negro, Nin y Silvia en Paysandú y Nueva Valdense o Bellaco en Río Negro.[23] A pesar de los esfuerzos de las comunidades agrarias, los problemas de colonización continuarán agravándose hasta la crisis de 1930.

LA INMIGRACIÓN HACIA LA ARGENTINA

El proceso inmigratorio hacia la Argentina es similar al que se dirige a Uruguay, aunque reviste características diferentes. Podemos sistematizarlo en tres procesos: a) los valdenses que arribaron a Uruguay y que se dispersan de la colonia madre de Colonia Valdense hacia el interior uruguayo y el litoral argentino en el siglo XIX, y hacia la provincia de La Pampa en el siglo XX; b) los valdenses que provienen de Europa en un proceso similar a la colonización de Uruguay; c) las familias valdenses que vienen en grupos migratorios protestantes, en su mayoría de origen suizo, francés o alemán.

Un hecho a destacar en la particularidad argentina es que la mayoría de las colonias establecidas durante la segunda mitad del siglo XIX incluyeron colonos de otras confesiones. Como carecían de un sistema organizado y jerárquico que les permitiera llevar a cabo un plan racional y colectivo de colonización, la consolidación de núcleos familiares se tornó más compleja que en el caso uruguayo, terminando muchos grupos bajo la supervisión religiosa de otras denominaciones protestantes.

San Carlos es el más antiguo de los asentamientos valdenses argentinos. Esta colonia del sur de Santa Fe fue el producto de un contrato entre la gobernación y una sociedad colonizadora suiza, Beck & Herzog en 1857. Los primeros valdenses llegados fueron de origen suizo, intensificándose la colonización hacia la década del ochenta. Belgrano fue la primera colonia que contó con un pastor estable, primero en la figura de A. Minnet y luego con Enrique Beux. Esta colonia será conocida como la "trinchera valdense en Santa Fe". En 1899 estos grupos superaban las 350 personas.[24]

Producto de los delirios del reverendo Pendleton y los afanes de lucro de una casa bancaria londinense, Thomson, Bonar y Cía., nacerá Colonia Alejandra. Esta colonia será recordada como el mayor fracaso de colonización valdense en el Río de la Plata.[25] Pese a la oposición de las autoridades de Colonia Valdense en Uruguay, en 1872 se embarcaban 226 personas con destino a la colonia. Los indios, la mala calidad de la tierras y la explotación por parte de la empresa colonizadora llevaron a que al cabo de un año se fueran retirando las familias a otros parajes, y en 1899 el número de familias que quedaba era de 25. De esta frustrada colonización la Sociedad de Historia Valdense recuperará épicos relatos de las familias que participaron. Narraciones que confunden la fe en el progreso, la resistencia a la adversidad encarnada en el indio y la unión de la familia con la Iglesia.

Se debe mencionar el caso de Colonia Iris, que marca el comienzo de la emigración de valdenses de Uruguay a la Argentina. El surgimiento de trabas estructurales a la expansión agrícola de Uruguay formalizará la intención de fundar una colonia al sudoeste de la provincia de Buenos Aires, en los actuales límites con La Pampa. La empresa colonizadora argentina Stroeder y Cía. se ocupó de los fraccionamientos, bajo condiciones de adquisición consideradas en extremo ventajosas para la época. En marzo de 1901 se establecieron en la futura Colonia Iris los primeros colonizadores provenientes de Uruguay y Entre Ríos, que eran 150.

Colonia Iris fue en cierta medida, la confirmación de la gran capacidad de adaptación de los colonos valdenses a las tareas agrícolas. Acostumbrados a la labranza de minúsculas parcelas de tierra en sus valles de origen, se habían adaptado rápidamente a las características productivas locales. La Pampa les ofreció un escenario alternativo: clima árido, viento seco y largas sequías. Sobre la base de las largas extensiones de tierra, se hizo necesaria una obligada "maquinización" de las tareas agrícolas. Debido a esta necesidad, el cooperativismo, como forma de enfrentar colectivamente los costos, se desarrolló con más vigor que en Uruguay.

El proceso de colonización en la Argentina tiene a su vez una arista que es interesante rescatar. Las ubicaciones geográficas de los asentamientos se encontraban en el límite de la civilización. Los procesos de colonización tenían lugar en sitios no ocupados por la oligarquía terrateniente, o de escaso valor productivo. De esta manera los ideólogos del régimen que consolidaría al país veían la manera más propicia de, por un lado, ponerle freno a las invasiones indígenas especialmente del norte santafesino, y por el otro lado, poblar espacios no controlados totalmente por el Estado, celebrando contratos que vinculaban las tierras, al menos fiscalmente, a la Nación. Las familias de origen protestante con su gran tenacidad laboral y su fe en el progreso personal fueron interpretadas como las que mejor podían cumplir ese doble papel.[26]

Ser el último bastión de la civilización "blanca", al menos hasta la guerra contra los indios del Chaco austral de 1917, fomentó la creación de historias de contenido épico por parte de los valdenses. La escasa productividad de la temprana colonización obligó a muchos a realizar migraciones internas e incluso a tener que trabajar como arrendatarios de campos y estancias de los terratenientes de la zona. Historias que hablan de ataques indígenas y valientes defensas familiares. Historias que nos cuentan acerca de desventuras climatológicas y de rezos esperanzadores de intervención divina para remediarlos. Historias que nos hablan de la dura misión de colonizar aquellas tierras indomables.

Los pueblos necesitan de la creación de mitos, de héroes tempranos, que otorguen identidad a las comunidades. Así como en los siglos de persecusiones de la Sagrada Inquisición, la cruda realidad geográfica influenció notablemente en la formulación y perduración de cuentos, muchos de ellos rescatados por la Sociedad Sudamericana de Historia Valdense a partir del año 1935.[27]

MOTORES CONSTITUYENTES DE LA IDENTIDAD VALDENSE. EL TEMPLO Y LA ESCUELA

Las primeras comunidades establecidas en el Río de la Plata dieron una importancia primordial a la educación. Antes de levantar templos construyeron escuelas, y muchos de los primitivos lugares de culto fueron, en los días hábiles, aulas escolares. En algunas comunidades se crearon a su vez colegios de nivel secundario y terciario. En las comunidades donde no se crearon colegios de nivel secundario, las uniones cristianas fueron en su tiempo verdaderos centros culturales y de capacitación, donde se formaron muchos dirigentes de cooperativas y distintas organizaciones seculares.

Ernesto Tron y Emilio Ganz nos hablan de la necesidad de los colonos de instrucción y educación para la niñez. Una vez que estaban definitivamente radicados, los valdenses "solicitaron la venida de un Pastor e insistieron para que lo acompañara un Maestro. [...] Los colonos pagaban una cuota anual y además sembraban de trigo cierta extensión de terreno para el sostén del maestro".[28]

Delmo Rostan dice acerca del libro de Geymonat: "El título del libro *La escuela y el templo* evidencia que las dos cosas van unidas: la fe y la cultura, la fe y la educación. En esa línea el primer liceo (como se denomina a las escuelas secundarias en Uruguay), fue creado por la Iglesia, transfiriéndose al Estado posteriormente" (fundado en Colonia Valdense en 1888). Concluyendo luego con una apreciación personal: "En Uruguay, como dato interesante, puede decirse que la educación laica es más acentuada que en la Argentina".[29]

Mucho tuvo que ver la formación de instituciones escolares con la independencia de la Iglesia en relación con el Estado. Nuevamente reflexiona sobre este tema Delmo Rostán:

> De ahí se deduce que también la postura de la educación en la escuela debe ser no religiosa. La educación, tanto primaria como secundaria, debe ser secular. La postura de la Iglesia es en ese sentido separar templo y escuela. Por ejemplo, el liceo en Colonia Valdense, aunque era de la Iglesia no tenía una educación religiosa denominacional.[30]

Resulta interesante remarcar la constitución de templos y escuelas como uno de los fundamentos básicos de las Iglesias que podríamos denominar de trasplante.[31] Iglesias existentes en Europa que al emigrar sus integrantes por motivos laborales a América los acompañan. El templo para continuar con su experiencia religiosa, la escuela para no perder su identidad cultural. Es un hecho para destacar la diferencia entre los valdenses con respecto a otras Iglesias de trasplante. La Iglesia Valdense abandona rápidamente el francés (y el dialecto "patois") y adopta el idioma de Cervantes,[32] pero esto no significa que en las unidades familiares se pierdan los hábitos idiomáticos. Los nuevos valdenses crecerán entre el idioma "casero" y el idioma de la comunidad local.

Estas dos instituciones forjaron una identidad cultural valdense propia del Río de la Plata. Resulta trascendente el elemento religioso como constituyente de la identidad valdense, ya que otros aspectos identitarios aparecen teñidos o pueden ser explicados a partir del mismo.[33] Nos proponemos analizar algunos de ellos.

La endogamia como comportamiento clásico de la comunidad encuentra su explicación en el peligro que podrían entrañar los matrimonios exogámicos para la conservación de la fe de los padres.

La tendencia a vivir en colonias compactas, muchas veces homogéneas (recordemos que compartieron la colonización con comunidades suizas, francesas y alemanas), buscaba la preservación de la fe religiosa evitando la contaminación del medio. "Se puede decir que el gueto es propio de toda corriente inmigratoria colectiva."[34]

Geymonat acentúa

> el hincapié en la instrucción, que si bien nunca fue confesional era fundamental para la existencia de una religión basada en la interpretación de las sagradas escrituras por parte del "creyente", a tal punto que Daniel Armand Ugon, uno de los primeros y más influyentes pastores, la destacaba como "una cuestión de vida o muerte para la colonia en general y para la Iglesia en especial".[35]

Esta unión entre Iglesia y educación fortaleció una identidad que en la década del treinta ya había producido un grado de aculturación local elevado. Esta identidad debió ser repensada en función de los cambios del modelo económico mundial, para permitir que estas variaciones no generaran una imaginada, y temida, dispersión (caratulada según cartas de la época como de posible desaparición del grupo valdense).

CÓMO ANALIZAR EL PERÍODO DE 1930-1943

Podemos dividir la vida de la Iglesia Valdense en el Río de la Plata en cuatro etapas (que ya fueron anteriormente narradas): la primera (1857-1870) marca el período traumático de la llegada y aclimatación al medio local. Se trata de un período de asentamiento y adaptación que trae disputas y divisiones internas, y desorganización.

La segunda (1870-1900) marca un período de expansión colonizadora hacia el interior. Se fundan nuevas colonias, primero, cerca de la colonia madre para luego extenderse hacia otros territorios. Esa expansión tiene éxito en gran parte porque los valdenses son conscientes de que la unidad es fundamental, y de que la dispersión significa la pérdida de la fe de los padres.

La tercera (1900-1930) nos muestra los límites de la expansión agrícola en Uruguay especialmente. Culmina la llegada de contingentes provenientes de Europa, y se consolida la Iglesia rural como centro de la vida civil del pueblo.

El estancamiento del agro marca el fin de las colonias y da lugar a la cuarta etapa (1930 hasta el presente), caracterizada por las situaciones que la comunidad valdense debió enfrentar y para las que no estaba preparada.

Esto plantea algunos interrogantes que la Iglesia tiene que responder. Qué pasa cuando lo valdense no es signo de virtud y cuando la sociedad va creando instituciones sin la Iglesia para atender situaciones que tradicionalmente la Iglesia cubría. Cómo se enfrenta el proceso de secularización como proceso en que la Iglesia pierde su base. Cuáles son las salidas cuando el consciente colectivo característico de la comunidad cristiana se pierde en el individualismo creado por la crisis económica. Qué camino debe tomar la Iglesia para recrearse como una institución necesaria. Cómo repercute la migración posterior a la caída de 1929 en las comunidades valdenses? Cómo asimila la Iglesia valdense el pasaje de ser una Iglesia netamente rural a intentar ser una Iglesia urbana.

Indudablemente no planteamos contestar la totalidad de estas preguntas. Simplemente creemos que podemos brindar algunas pistas que permitan comprender cómo los procesos, en su gran parte mundiales, influyen en las continuidades de los pueblos. Cómo muchas veces las rupturas de determinados paradigmas abren la posibilidad de otros nuevos y se reinventan otros que permanecieron en el letargo esperando momentos históricos más favorables.

CRISIS DE IDENTIDAD PROPIA DEL PERÍODO HISTÓRICO

Comencemos por tratar de comprender qué significa la crisis del año 1930. Sabemos que gracias a ella surgen sendos golpes militares tanto en la Argentina como en Uruguay. Sabemos que el paradigma positivista-liberal entra en una crisis muy grave desde el fin de la Primera Guerra Mundial. También sabemos que el Estado liberal no se llevaba del todo bien con las Iglesias Evangélicas y protestantes, pero sí se llevaba realmente mal con la Iglesia Católica.

> La crisis de la economía mundial de 1919-1930 dañó irreparablemente el sistema económico argentino, basado en la producción agropecuaria exportadora, y modificó sensiblemente su vinculación con el sistema internacional de dominación.[36]

La nueva organización del mercado mundial caracterizada por una coyuntura sistemáticamente desfavorable para los productos primarios, la retracción y el cambio de la inversión internacional, la formación de áreas de comercio cerradas y la elevación de rígidas barreras proteccionistas en los países centrales impulsó un cambio, difícil al principio, en la organización productiva tanto argentina como uruguaya. Lenta y trabajosamente la estructura económica comenzó a volcarse hacia el mercado interno. Esta etapa es conocida como de sustitución de importaciones. En ella, la industria pasa a ser el elemento dinámico de la expansión económica y se produce una traslación de ingresos del sector agrícola al sector industrial.

La vertiginosa caída de la producción agraria fue acompañada por una rápida migración hacia las ciudades y la aparición de masas de desocupados en busca de empleo. Las colonias agrarias del interior del país se ven inmersas en grandes dificultades. Las comunidades valdenses no son la excepción y ante el peligro manifiesto de la exclusión económica elaboran una serie de respuestas no tanto en la faz económica, pero muy ligadas a los aspectos sociales de la comunidad.

> Dentro de un marco rioplatense muy particular –crisis económica y crisis política– los valdenses debieron enfrentar el inicio de un profundo cambio en sus vidas y costumbres. Uno de los factores más destacados en ese cambio fue, sin dudas, el fin de la colonización agrícola en tierras uruguayas.[37]

Este fin es producto del proceso que estamos analizando.

Buenos Aires y Montevideo surgen como polos de atracción de los excluidos por el agro. Se inicia la migración del campo a la ciudad. Los valdenses inician un período de dispersión que perdura hasta nuestros días. "La experiencia ha enseñado a los colonos que si se esparcen en todo el país pierden sus hábitos de trabajo y su sobriedad de vida",[38] decía el pastor Armand Ugón en una carta de diciembre de 1879. Parece que esta idea está demasiado arraigada entre los valdenses, y sin embargo no logran evitar la corriente migratoria hacia las ciudades. La Iglesia Valdense debe migrar también, debe pasar de ser Iglesia rural a constituirse como una Iglesia urbana.

Los problemas económicos dan lugar a una crisis de identidad. Es necesario recrear el ser valdense. Esto no significa abandonar los vínculos identitarios anteriores, sino muy por el contrario encontrar ámbitos en los cuales fortalecerlos.

Surgen dos grandes corrientes, una conservadora y otra renovadora. La primera cree que la solución a la nueva disyuntiva se debe encontrar en las recetas del pasado, la segunda (creemos finalmente vencedora) intenta repensar el ser valdense para encontrar una receta válida para el momento histórico. Podemos citar como ejemplos de las corrientes mas conservadoras el pensamiento que indicaba que se debían continuar con los procesos de colonización hacia otros territorios, e intentan probar suerte en regiones como La Pampa y el sudoeste de la provincia de Buenos Aires. Muchas familias optaron por esta solución y emigraron hacia estos nuevos destinos.

Dentro de las corrientes renovadoras las ideas de abrirse al mundo comenzarán a imponerse en la década de 1950, aunque ya en 1930 están dadas las condiciones para comenzar el debate de apertura. Este debate renovador o reformador del Río de la Plata es conducido en su mayor parte por jóvenes. Se inicia lo que hemos llamado la reconstrucción de la identidad valdense.

RECONSTRUCCIÓN DE LA IDENTIDAD VALDENSE

En todo proceso de reconstrucción siempre se encuentran opciones contrapuestas. Muchas veces sus diferencias se agrandan según el nivel de la confrontación política entre los ideólogos que sustentan esas opciones. Genéricamente las llamamos visión conservadora y visión renovadora. En la mayoría de los casos no se da el triunfo de una sobre la otra, sino más bien una influencia mayor de la vencedora. Las corrientes triunfantes son vistas como hegemónicas durante el tiempo en que hacen viable su propuesta.

Cuando se habla de reconstrucción de identidad no quiere decirse que esta identidad haya sido perdida o se encuentre en un proceso de disolución. Lo que queremos mostrar es que los aspectos fundantes de la identidad valdense del período de la colonización ya no son viables y requieren una nueva reformulación por parte de la comunidad.

Cuando ocurren cambios vertiginosos en el escenario político y social, las formaciones sociales ingresan en un proceso de crisis en las que los anclajes identitarios del pasado no encuentran lugar, y los nuevos que las recrearán no aparecen o se encuentran en un proceso de elaboración.

Nuestra hipótesis de trabajo es que la comunidad valdense, junto con la mayoría de las Iglesias, ingresan en un período de transición en el cual reformulan sus identidades. Los movimientos que mejor transitan esta etapa de transición perduran y se reafirman como comunidades autónomas, pero muchos otros desaparecen en el intento.

La base para el éxito en un proceso de crisis de identidad es que se produzca una renovación. Hablar de producir movimientos de renovación sin rescatar el pasado común es difícil. De esta misma manera lo comprendieron los valdenses del segundo lustro de este siglo, fundando un instituto de historia y luego un museo. La "Sociedad Sudamericana de Historia Valdense" será la promotora de estas actividades culturales.

Esta renovación está fomentada por varios sectores laicos que ocuparán el lugar que antes llenaba la Iglesia, generando ámbitos de discusión de los problemas de la sociedad, y un reavivamiento de las comunidades. Debemos poner en claro que la aparición de estos movimientos está en concordancia con una corriente generalizada de surgimiento de organizaciones en todas las Iglesias.

Movimientos laicos surgen en el seno de la Iglesia Católica, primero como los Cursos de cultura católica de 1922 y luego la Acción Católica en 1931, como un "instrumento con el cual emprender la recristianización de la sociedad".[39] La incorporación del laicado a tareas antes ejercitadas por el clero produce un cambio importante en la forma en que una sociedad se relaciona con la Iglesia y con el Estado.

> Es a partir del treinta cuando se consolida el modelo de la Argentina católica […] De un catolicismo a la defensiva se pasa a otro a la ofensiva, donde el clero y los notables católicos tienen relaciones con el Estado y sus principales instituciones (entre ellas las Fuerzas Armadas).[40]

Estas relaciones entre la Iglesia Católica y el Estado repercuten en el resto de las religiones. Para poder ejercer libremente el culto de otras confesiones se instrumentan una serie de medidas tendientes a reglamentar todo culto no católico. El marco legal para que el Estado reconozca a las restantes Iglesias es el Registro Nacional de cultos no católicos.[41]

Las Iglesias no católicas comienzan un período que podemos considerar defensivo. El catolicismo las ataca acusándolas de responder a intereses foráneos. Las reacciones institucionales buscan demostrar el compromiso de las diferentes denominaciones con una supuesta identidad nacional.[42] Es necesario tener en cuenta que la Iglesia Católica no sólo comienza a ejercer una presión importante sobre la sociedad, es la propia sociedad, abrumadoramente católica, la que construye esta hegemonía.

Pero el movimiento del laicado no sólo se da en el ambiente católico, también ocurre en el resto de las Iglesias. Intentaremos analizar este fenómeno desde la perspectiva de la vida civil de los valdenses.

Decimos que los aspectos identificatorios de la comunidad valdense son reafirmados merced a nuevas elaboraciones de sus integrantes. Dentro de estas nuevas formas que aparecen en este período mencionamos: la recuperación de la memoria histórica de la emigración valdense a América del Sur; la federalización de Iglesias Evangélicas Valdenses, con la idea de consensuar discursos comunes y de tener ámbitos más propicios para el debate religioso; la formación de corrientes de jóvenes y de mujeres bajo la forma de asociaciones cívico-religiosas; la aparición de un nuevo sitio de reunión, que no reemplaza el templo sino que se complementa, en la implementación de campamentos; y por último, el acento que comienza a poner la Iglesia en las obras comunales.

LOS VALDENSES Y SU HISTORIA

El 2 de marzo de 1926 se crea la Sociedad de Historia Valdense, que más adelante se llamará Sociedad Sudamericana de Historia Valdense, homologándose a su par italiana Società di Studi Valdesi. De la década posterior son los primeros trabajos históricos, hechos en su mayoría por pastores, que a nuestro juicio crean una idea heroica de la corriente inmigratoria colonizadora. Sabemos que la formación de una colonia es un proceso arduo y complicado, pero es durante este período cuando, basándose en determinados hechos, se construye un imaginario que asocia el ser valdense con el martirio. Tal vez se buscaba alguna línea en común con el pasado histórico. Posteriores reflexiones llevaron a demostrar que los valdenses sufrieron tanto como las demás colonias agrarias.

"Hoy como entonces las personas que no aprecian la rica herencia que nos han legado nuestros antepasados son numerosas [...] En vez de guardar lo que poseemos como historia, que otros nos envidian, renunciamos a nuestra tradición para correr tras lo nuevo [...]".[43] En este párrafo del siglo pasado se muestra lo fundamental que resulta para toda comunidad la preservación de la historia común como forma de mantener los lazos de identidad. Esta plegaria conservadora tan arraigada en el espíritu valdense es la que da origen al Instituto de Historia Valdense, que siguiendo a su par italiano recupera y construye la historia de la colonización a América del Sur.

Otra forma de preservar la historia es la aparición de gran cantidad de periódicos en la comunidad. La necesidad de comunicar y de expresar nuevos puntos de vistas dan vida a la prensa local. El *Mensajero Valdense* (1919) aparece *fusionando La Unión Valdense* y *El seminario de las Colonias*. El quincenal *Renacimiento* (1935) aparece por no considerar suficiente la página dedicada a los jovenes en el *Mensajero Valdense*. A su vez, gran cantidad de boletines parroquiales se emiten a partir de 1939, y otras publicaciones netamente religiosas (aunque no todas valdenses ni sudamericanas) se crean o se amplían, ejemplo de ello son: *L'Eco delle Valli*, *La Luce*, *La vie Protestante*, *Réforme*, *La Bonne Revue*, *El Cruzado* y *El estandarte evangélico*.

LA FEDERALIZACIÓN DE IGLESIAS EVANGÉLICAS VALDENSES

La Iglesia Valdense correrá su suerte ligada a la Federación de Iglesias Evangélicas Valdenses del Río de la Plata del año 1934, y se une a una amplia corriente ecuménica de las Iglesias Evangélicas que terminan por formar la Confederación de Iglesias Evangélicas del Río de la Plata en el año 1939.

La causa que acelera el proceso de federalización es el surgimiento de un Estado de raíz católica en la Argentina. Para poder continuar profesando el culto las Iglesias Protestantes debieron registrarse ante los organismos de contralor del Estado. Este marco legal obra como reafirmador de la independencia valdense respecto del Estado.

La federalización es tomada por la sociedad valdense como algo natural. Extraño le puede parecer al observador inexperto que mientras los valdenses como Iglesia tienden a buscar integrarse con el resto de las Iglesias Evangélicas, los valdenses como laicado son influenciados por una fuerte corriente identificatoria con su propio ser. La recuperación del ser valdense aparece como un efecto que no se contradice con la vocación ecuménica sino, muy por el contrario, busca fortalecerla.

Es mi convicción de que el ecumenismo fructífero se da cuando sus actores (denominaciones) poseen clara conciencia de sus respectivas identidades, identidades que pasan por elementos de la historia pero que convergen hacia un punto común: el Evangelio. Esto a condición de que las iglesias sean fieles a ese Evangelio.[44]

Tal vez esta cita logre mostrar la naturalidad con la que la membresía valdense toma la federalización.

LAS UNIONES CRISTIANAS DE JÓVENES VALDENSES

Las Uniones Cristianas de Jóvenes Valdenses surgen en 1891 como forma de canalizar las inquietudes juveniles de la colonia. Desde 1921 resuelven unirse en Federación por iniciativa de Ernesto Tron (considerado como *alma mater* del movimiento).

Algunas de las iniciativas de la Federación fueron: la fiesta anual de Canto Sagrado, que luego de algunos años pasó a ser actividad de la Iglesia; la creación de la organización "El Evangelista Itinerante de los Valdenses Diseminados del norte argentino", que también pasa a ser coptado luego por la Iglesia;

el periódico *Renacimiento*; los campamentos; los torneos atléticos, y el Cancionero Juvenil.

La Unión Valdense solía tener una sección política, como expresión del deseo de las nuevas generaciones valdenses de participar en el proceso social y político del país, Renacimiento retomará estos aspectos políticos asumiendo

> una postura de defensa de una autonomía juvenil al estilo de las Asociaciones Cristianas y de compromiso socio-político como juventud evangélica, ante la crisis del sistema parroquial, de la Iglesia confesante y de la Iglesia que invoca la tradición. Y que ante el avance de las fuerzas antidemocráticas entiende que debe expresarse levantando "la voz en contra de ciertos males permitidos o practicados en la vida internacional, nacional y particular, haciendo propaganda en contra de la guerra".[45]

Existe una relación con la Iglesia Confesante alemana (con importantes aportes teológicos de Bonhoeffer) que también forma núcleos juveniles de renovación. Entre los jóvenes valdenses va tomando creciente importancia la necesidad de crear un ámbito físico de reunión, en donde la discusión y el estudio se fusionaran, donde la política pudiera estar presente. Ese nuevo ámbito serán los campamentos.

LA FEDERACIÓN FEMENINA VALDENSE

"La participación femenina cumple un papel fundamental, tanto entre las representantes laicas como las pastoras […], ha ido creciendo, va creciendo el porcentaje".[46] Nuestra inquietud tenía que ver con la manera en que participaba la mujer en ese período.

Un 4 de marzo de 1935 un grupo de mujeres que ya estaba trabajando en las Ligas Femeninas de sus respectivas iglesias se reúne con la idea de formar una agrupación que las reuniera y respaldara en las tareas propias de la mujer valdense. Estas tareas tienen que ver con las "ansias de superación en su preparación espiritual y cultural, para así poder servir mejor ocupando su lugar en la viña del Señor".[47] Las primeras tareas que se encomiendan son la ayuda económica a sus Iglesias, tareas de beneficencia y asistencia social.

En su segunda reunión declaran:

> Convencidas de que el secreto del progreso de nuestras Ligas depende de la vida espiritual de sus socias, cada miembro de la Asamblea se compromete en hacer todo lo posible para convencer a sus consocias de la necesidad de dedicar unos momentos diarios al cultivo de la vida espiritual.[48]

Adquieren una página en el *Mensajero Valdense* destinada a comunicar las resoluciones de las asambleas en que participen y mostrarán en forma casi doctrinaria el ideal de la mujer valdense. Mujer que, mediante el estudio de la *Biblia*, logra (desde su ubicación en el seno de la familia) ser el eje de la primera socialización del niño, transmitiendo y forjando la identidad del nuevo miembro de la comunidad valdense.

Tal vez la mayor virtud de estos grupos de mujeres fue haber promovido la utilización de los campamentos como forma de reunión social laica. La propia Federación Femenina Valdense expone, como máxima concreción conjunta de sus ligas, la realización en el año 1944 del "Campamento de niños débiles", al que llaman "primer eslabón de una cadena de colonias de vacaciones que dio y sigue dando innumerables beneficios a cientos de niños".[49]

Lo que rescatamos es que a través de encuentros y reuniones ha sido posible la incorporación masiva de la mujer al movimiento valdense. Con anterioridad sólo la esposa del pastor o alguna pastora eran las representantes femeninas de la comunidad. El movimiento ecuménico y los movimientos feministas de los sesenta hicieron el resto. Hoy la mujer valdense se ha incorporado a la vida política valdense de cada país en donde se encuentre.

EL PARQUE 17 DE FEBRERO DE COLONIA VALDENSE

El primer campamento de que se tenga noticia tuvo lugar en el año 1933. La idea surgió por iniciativa de los jóvenes de Ombúes de Lavalle, que eran dirigidos por el pastor Carlos Negrin. Se llevó a cabo en Paso del Hospital bajo el puente del arroyo San Juan, cerca de Colonia Valdense en Uruguay. Luego, sobre el Río de la Plata, en unos terrenos conocidos como la playa Robert, se realiza en enero y febrero de 1935 una nueva experiencia de campamentos. Fruto de la misma, el odontólogo Luis Bonjour cede gratuitamente a la comunidad los terrenos utilizados, que pasarán a llamarse Parque 17 de Febrero.

Un acampante que concurrió al primer campamento recuerda:

> Cada hora en el campamento es un recuerdo amable, un momento grato, de hondo significado; puede ser un culto, en los juegos, en el estudio, en el fogón, la charla apacible frente al río, donde lentamente se vive una vida que se aproxima mucho a la verdadera vida de fraternidad cristiana.[50]

Ése es el espíritu del campamento.

El campamento es recordado como una "inolvidable experiencia" por los miembros que participaron en él. Pero lo que nos interesa remarcar es el sitio elegido por esta generación de jóvenes para poder expresar su deseo de reunión. Las discusiones que en él se produzcan muchas veces repercutirán en futuras orientaciones de la Iglesia. La fuerza del cambio reformador está en los jóvenes.

Creemos que buscar un lugar espacial particular es lo que les permite marcar (inconscientemente) sus distancias con las corrientes conservadoras de la comunidad valdense. Debemos aclarar que de estos campamentos participaban tanto los sectores del laicado de la comunidad como los sectores eclesiásticos. Muchas veces las reuniones eran guiadas por el pastor de la comunidad. Los temas que se tocaban iban desde el estudio minucioso de algún párrafo del evangelio hasta los problemas cotidianos de la sociedad en la que vivían.

Lo crucial era generar posibilidades de encuentro que les permitieran pensarse a sí mismos como sociedad y como Iglesia para, desde la reflexión, intentar analizar cuáles debían ser las modificaciones que se debían realizar para las dos tareas que se planteaba la comunidad valdense: mantener la identidad y recrearla en cada nuevo escenario histórico.

Un dato del 31 de enero de 1934 nos da la pauta del proceso anterior:

> La necesidad de la formación de una nueva comisión Valdense de colonización será la inquietud de elementos juveniles de nuestras colonias, haciéndose intérprete de ellos en *Mensajero Valdense* el entonces joven pastor Carlos Negrin, aprovechando la circunstancia muy favorable de un campamento juvenil valdense en el "Paso Hospital".[51]

Observamos en ella que los problemas económicos son discutidos en un nuevo ámbito, que no es más la mesa valdense o algún sínodo, sino un campamento juvenil. Es interesante que si bien la solución de seguir colonizando la consideramos como parte de la tradición conservadora, el ámbito elegido se observa dentro de la tradición reformadora.

OBRAS COMUNALES: CULTURA Y SERVICIO

A partir del fin de la colonización, y tal vez por el hecho de tener afianzado el sistema educativo para sus pares, los valdenses comienzan a realizar un giro hacia la comunidad en general creando instituciones de servicios. Ejemplo de esta nueva postura es la inauguración en 1933 del "Hogar para Ancianos" de Colonia Valdense.

Este fenómeno parece ser parte de un proceso histórico mucho más importante y fundamental que simplemente delinearemos. La aparición del "Welfare State" lleva a que el Estado se encargue de los servicios de seguridad social y de salud antes inexistentes o muy precarios. Esta oleada hacia el contralor de la vida privada de las personas intentando transformar y ampliar el espacio público, fomenta la aparición de asociaciones y la formación de instituciones mixtas. En el caso de la Argentina, la Iglesia Católica empieza a compartir gastos sociales con el Estado. La denominada "cuestión social" pasa a ser un punto importante en la agenda de todas las Iglesias.

Este giro hacia los servicios de la mayoría de las Iglesias también se da en los valdenses, aunque el testimonio de Delmo Rostan nos aclara que "la Iglesia valdense ha subrayado siempre su vocación de servicio".[52]

Poco a poco, y en todas las colonias surgen centros de servicios sociales. En 1963 el "Hogar Nimmo" para niños sin familia; en 1960 el centro de Servicio Social "El Pastores" en una zona marginal de Rosario (Uruguay); en 1971 "El Sarandí, Hogar Valdense" que reúne y atiende a discapacitados psicofísicos; en 1978 un nuevo "Hogar para ancianos" en Jacinto Arauz (Argentina) y luego otro en La Paz (Argentina).[53]

También se han fundado hogares estudiantiles en las ciudades donde los valdenses se instruían, como Montevideo, Buenos Aires y Bahía Blanca, para que los jóvenes al emigrar a las grandes ciudades no perdieran su identidad y se mantuvieran unidos.

EL FUTURO DE LOS VALDENSES

Un mensaje producido al concluir la Asamblea Sinodal de la Iglesia Evangélica Valdense del Río de la Plata del año 1975 nos da una noción de cómo se pensó el futuro. A lo largo de la historia de la Iglesia se le ha dado mayor énfasis a la conservación del legado cristiano. Fue necesario conservar las tradiciones heredadas de sus antepasados, buscar y reunir a los miembros dispersos, organizando congregaciones y formando una Iglesia.

Esa necesidad de conservar tradiciones logra llegar a un punto exacto de equilibrio para conformar una forma de expresión de fe en un ambiente dominado por el catolicismo. Pero se plantea, en ese sínodo, que

esas actitudes eran y siguen siendo necesarias, pero el momento actual nos exige más, tenemos que lograr una renovación y apertura de nuestras congregaciones [...]. El evangelio de Jesucristo nos capacita para profundizar nuestra apertura hacia nuestros hermanos en la fe a encarar obras en conjunto, profundizar y expandir las obras ecuménicas empezadas en las distintas áreas (capacitación de laicos, obras sociales, educación teológica, ayuda para damnificados).[54]

El proceso ecuménico que comienza en el siglo pasado con la creación de institutos teológicos se acentúa en la década de 1930. Posiblemente esta idea reformista haya tomado un empuje sostenido desde la quiebra de la etapa de sustitución de importaciones, seguramente por el radical cambio de la posición de la comunidad valdense con el aparato productivo de los países rioplatenses. El agro deja de ser la "vedette" de la economía para pasar a ser uno de los tres sectores que motorizan nuestros países. La industria y los servicios superan rápidamente, al menos en porcentajes del PBI, la riqueza generada por el campo. Dicho de otra manera mucho más coloquial, colonizar y explotar el campo no es tan buen negocio, requiere de inversiones arriesgadas y de mercados a futuro tranquilos. La baja de los productos primarios del período de sustitución de importaciones reafirma aún más esta noción.

La comunidad valdense, junto con muchas otras comunidades religiosas –católicas y no católicas–, emprenden un proceso de cambio hacia una Iglesia que se ocupa, aún más que antes, de los aspectos sociales. Institutos teológicos comunes, centros asistenciales abiertos a la comunidad en general, bibliotecas públicas, excelentes relaciones con otras Iglesias denominacionales, son algunos de los caminos recorridos en este sentido.

La Iglesia Valdense integra el Consejo Mundial de Iglesias; la Alianza Reformada Mundial; la Asociación de Iglesias Presbiterianas y Reformadas de América Latina (AIPRAL); el Consejo Latinoamericano de Iglesias (CLAI); la Comunidad Evangélica de Acción Apostólica (CEVAA), y las federaciones de Iglesias de Argentina y Uruguay. Es asimismo parte de las iglesias constituyentes del Instituto Superior Evangélico de Estudios Teológicos (ISEDET); la Junta Unida de Misiones (JUM), y el Centro Emmanuel y el Consejo Unido de Educación Cristiana (CUEC). Todas estas organizaciones son una muestra más del espíritu ecuménico de los valdenses, que permite que tradiciones diferentes con diversos énfasis se unan en el debate.

La separación con la Iglesia madre es otra de las aristas importantes. Llevar dos sínodos paralelos pero complementarios reafirma aún más el carácter particular de la reforma valdense del Río de la Plata. Mantiene sus lazos pero acrecienta su independencia con respecto a la Iglesia Valdense de Italia y con respecto a otras Iglesias evangélicas.

La Iglesia valdense, desde finales de la Segunda Guerra Mundial, alienta a que cada miembro participe en las organizaciones que tiene la sociedad civil, tanto políticas como religiosas. Éste puede haber sido un factor que haya menguado la importancia de los movimientos que analizamos. Posiblemente la causa se encuentre en las transformaciones que sufrieron nuestras naciones en las décadas del sesenta y posteriores, donde la política invadió todos los ámbitos de la vida, desplazando organizaciones particulares o encolumnándolas tras ella.

A MODO DE CONCLUSIÓN

Ese espíritu reformista dio sus frutos en el largo plazo. Permitió que la Iglesia Evangélica Valdense pudiera perdurar manteniendo una identidad para sus miembros. Una identidad que varía de acuerdo con los acontecimientos mundiales y que se adapta a nuevos escenarios y a nuevas economías.

Las organizaciones que surgieron y tomaron impulso a partir del fin de la colonización fueron, a nuestro entender, los ejes del cambio reformador. Esas organizaciones fueron la fuente de cuadros de dirección que optaron por una reforma que no quebró la idea de identidad sino que la adaptó a los nuevos tiempos.

La cuestión –señala Rostan– pasa por promover el diálogo a todo nivel. Creo que los prejuicios y las exclusiones se van a resolver a través del diálogo, y a través de él viene el conocimiento, y a través del conocimiento viene la comunión.

Y es en relación con esta frase que sustentamos que estas organizaciones y sus campamentos pudieron generar un reavivamiento en el seno de la comunidad. La unión en el interior de los movimientos juveniles generó situaciones de diálogo, de pensarse como comunidad y de repensarse en función de futuro.

Mientras existan ámbitos de discusión, en los cuales se puedan debatir ideas, confrontarlas y lograr consensuar las mejores soluciones, las posibilidades de perdurabilidad están dadas. Aun para una Iglesia con escasos miembros en un ambiente católico muchas veces intolerante.

BIBLIOGRAFÍA

Amestoy, Norman: "Mentalidades misioneras protestantes", en AA. VV., *500 años de cristianismo en la Argentina*, Buenos Aires, Centro Nueva Tierra-Cehila, 1992.

Barth, K.: *Introducción a la teología evangélica*, Buenos Aires, La Aurora, 1986.

Dalmas, Marcelo: *Historia de los valdenses en el Río de la Plata*, Buenos Aires, La Aurora, 1987.

Devoto, Fernando (comp.): *L'emigrazione italiana e la formazione dell'Uruguay moderno*, Torino, Fondazione Giovanni Agnelli, 1993.

Devoto, Fernando y Rosoli, Gianfranco (comps.) *La inmigración italiana*, Buenos Aires, Biblos, 1985.

Geymonat, Roger: *El templo y la escuela, los valdenses en el Uruguay*, Montevideo, OBSUR, 1994.

––––––––––: "Aproximaciones a la identidad cultural valdense", en *Revista Sociedad y Religión*, N° 13, Buenos Aires, marzo de 1995.

Kinder, H. y Hilgemann, W. (comps.): *Atlas histórico mundial. De los orígenes a la Revolución Francesa*, Madrid, Istmo, 1980, tomo I.

Luccini, Cristina. "El proceso de industrialización por sustitución de importaciones en la Argentina", en Di Tella, T y Luccini, C. (comps.), *La Sociedad y el Estado en el desarrollo de la Argentina moderna*, Buenos Aires, Biblos, 1997.

Mallimaci, Fortunato: "Movimientos laicales y sociedad en el período de entreguerras. La experiencia de la Acción Católica en Argentina", en *Revista Cristianismo y Sociedad*, N° 108, Madrid, 1991.

––––––––––: "El catolicismo argentino desde el liberalismo integral a la hegemonia militar", en AA.VV., *500 años de cristianismo en la Argentina*, Centro Nueva Tierra-Cehila, Buenos Aires, 1992.

————: "Catolicismo y militarismo en la Argentina (1930-1983). De la Argentina liberal a la Argentina católica", en *Revista de Ciencias Sociales*, N° 4, Quilmes, Universidad Nacional de Quilmes, agosto de 1996.

Ochoa, Daniel: "La formación del protestantismo, Cronología", en AA. VV., *500 años de Cristianismo en la Argentina*, Centro Nueva Tierra-Cehila, Buenos Aires, 1992.

Tron, Ernesto: *Historia de los valdenses*, Colonia Valdense, Colonia, Librería Pastor Miguel Morel, 1952.

————: *Historia de la iglesia de Colonia Valdense desde la fundación de la colonia del Rosario Oriental hasta el día de hoy*, Montevideo, 1928.

Tron, Ernesto y Ganz, Emilio: *Historia de las colonias valdenses sudamericanas en su primer centenario (1858-1958)*, Colonia Valdense, Colonia, Librería Pastor Miguel Morel, 1958.

Villalpando, W.: *Las Iglesias de trasplante*, Buenos Aires, CEC, 1970.

Zanatta, Loris: *Del Estado liberal a la nación católica. Iglesia y Ejército en los orígenes del peronismo 1930-1943*, Quilmes, Universidad Nacional de Quilmes, 1996.

PERIÓDICOS UTILIZADOS

Boletín Comisión de Historia, Biblioteca y Museo Valdense, Colonia Valdense, varios números.

Boletín de la Sociedad Sudamericana de Historia Valdense, Colonia Valdense, varios números.

Cuadernos de Historia Valdense, de la Comisión de publicaciones de la Comisión de Historia Valdense y Museo Valdense, Colonia Valdense, varios números.

Mensajero Valdense, Colonia Valdense, varios números.

Renacimiento, Ombúes de Lavalle, varios números.

NOTAS

1. Este período de transformación también se observa en la mayoría de las Iglesias, tanto católicas, evangélicas, protestantes, etcétera. Con esto queremos acentuar que el proceso valdense se encuentra enmarcado en un momento histórico de profundos cambios.

2. Delmo Rostan es uruguayo, vive en Buenos Aires y participa activamente en la comunidad valdense del Río de la Plata. Hasta 1985 se desempeñó como pastor de una comunidad en Buenos Aires. Actualmente es profesor de la Escuela de Música de ISEDET, tarea que comenzó a realizar en 1975.

3. ISEDET es la sigla de Instituto Superior Evangélico de Estudios Teológicos. Esta entidad es única en el mundo por la cantidad de denominaciones auspiciantes del instituto: nueve denominaciones de signo protestante o de tradición anglicana. Funciona en Buenos Aires.

4. Se pueden encontrar datos relacionados con estas disputas religiosas en H. Kinder y W. Hilgemann (comps.): *Atlas histórico mundial. De los orígenes a la Revolución Francesa*, Madrid, Istmo, 1980, tomo I, pág. 155. Con respecto a la historia de la comu-

nidad valdense véase E. Tron: *Historia de los valdenses*, Colonia Valdense, Colonia, Librería Pastor Miguel Morel, 1952, pág. 2.

5. Originalmente los adherentes a estos movimientos evangélicos rechazaban toda denominación personal excepto la que llevaba el nombre de Cristo. Por consiguiente, permaneció por mucho tiempo, y por voluntad de Pedro Valdo, el nombre de pobres de Lyon. La denominación valdense, que prevaleció más tarde, fue creada y aplicada por sus adversarios.

6. Pedro Valdo vivió en Lyon en 1140. El joven rico, ambicioso e inteligente que creía encontrar la felicidad completa en los bienes materiales, se enfrentó con una crisis de conciencia que lo llevó a renunciar a sus bienes y cambiar la orientación de su vida. Una vez distribuida su fortuna entre los pobres, se dedicó a traducir fragmentos de la Biblia a la lengua vulgar. Pasó el resto de su vida yendo de casa en casa, leyendo y explicando el Evangelio.

7. E. Tron: *Historia de los valdenses*, op. cit., pág. 2.

8 La Iglesia Católica combate a los herejes utilizando para ello las órdenes mendicantes (como auxiliares del Papa), las cruzadas y la Inquisición (a partir de 1215).

9. Comienza un período que varios autores denominan el valdismo reformado.

10 Las masacres de 1655, "las Pascuas Piamontesas", y la revocación del edicto de Nantes son ejemplos de esta nueva ofensiva contra los valdenses, durante las cuales mueren 2.000 hombres y hay 8.500 encarcelados. Los valdenses emigran hacia Ginebra en 1687. Luego, las condiciones políticas europeas colaboraron con los valdenses, y gracias a las potencias protestantes de la época, pudieron volver a sus valles, etapa que se conoce como el "Glorioso Retorno". Véase R. Geymonat: *El templo y la escuela, los valdenses en el Uruguay*, Montevideo, OBSUR, pág. 42.

11. R. Geymonat: *El templo y la escuela...*, op. cit., pág. 43.

12. E. Tron: *Historia de los valdenses*, op. cit., pág. 15.

13. Entrevista a Delmo Rostan, realizada el 25 de junio de 1997.

14. R. Geymonat: *El templo y la escuela...*, op. cit., pág. 38 y sigs.

15. Entrevista a Delmo Rostan.

16. Los principales rubros de la producción agrícola valdense (uvas, nueces, castañas y papas) sufrieron un verdadero colapso. Esta crisis es ampliamente analizada en un artículo de E. Sori: "Las causas económicas de la emigración italiana entre los siglos XIX y XX", en F. Devoto y G. Rosoli (comps.): *La inmigración italiana en la Argentina*, Buenos Aires, Biblos, 1985, y también es mencionada en F. Devoto: *L'emigrazioni italiana e la formazione dell'Uruguay moderno*, Torino, Fondazione Giovanni Agnelli, 1993.

17. R. Geymonat: *El templo y la escuela...*, op. cit., pág. 52.

18. R. Geymonat: *El templo y la escuela...*, op. cit., pág. 53.

19. Entrevista a Delmo Rostan.

20. Entrevista a Delmo Rostan.

21. Se produce un conflicto en la localidad de Florida con un sacerdote católico. No obstante, los colonizadores contaron con la cooperación del Consulado Británico como árbitro. Luego de la disputa, decidirán trasladarse al Rosario Oriental en busca de mayor tranquilidad.

22. Véase R. Geymonat: *El templo y la escuela...*, op. cit., y E. Tron y E. Ganz: *Historia de las colonias valdenses sudamericanas*, Colonia Valdense, Colonia, Librería Pastor Miguel Morel, 1958.

23. Para una ampliación acerca de la emigración valdense a Uruguay ver E. Tron y E. Ganz: *Historia de las colonias valdenses sudamericanas...*, *op. cit.*, en la que se detallan en un capítulo los diversos asentamientos.

24. Para una ampliación acerca de la emigración valdense a la Argentina véase E. Tron y E. Ganz: *Historia de las colonias valdenses sudamericanas, op. cit.*

25. R. Geymonat: *El templo y la escuela, op. cit.*, pág. 110 y sigs.

26. Las Iglesias no católicas (a excepción del judaísmo) no consiguieron una inserción importante en las sociedades del Río de la Plata. Las Iglesias de raíz protestante, que fueron muchas veces elogiadas y respetadas por las clases dirigentes, obtuvieron la mediación del Estado en conflictos con la Iglesia Católica y recibieron muchas veces ayuda financiera para desarrollar sus obras de civilización. Pero la asimilación social fue débil. Para ampliar el tema véase Daniel Ochoa: *La formación del protestantismo. Cronología*, Buenos Aires, Centro Nueva Tierra-Cehila, 1992.

27. E. Tron: *Historia de los valdenses, op. cit.*, pág. 306.

28. E. Tron y E. Ganz: *Historia de las colonias valdenses sudamericanas...*, *op. cit.*, pág. 260.

29. Entrevista a Delmo Rostan.

30. Ídem.

31. Es ya clásica la distinción entre Iglesias de trasplante e Iglesias de misión. El primer caso responde a causas estrictamente inmigratorias y el segundo se vincula al carácter misionero de la radicación. Para una mayor comprensión del tema sugerimos ver W. Villalpando: *Las iglesias de trasplante*, Buenos Aires, CEC, 1970.

32. La utilización inicial del francés en los oficios religiosos se hacía no sólo para preservar la unión cultural con los Valles Valdenses sino porque era el idioma de la Reforma. Ser miembro valdense era igual a ser religioso valdense. El haber sido reemplazado por el castellano marca el grado de aculturación local de la comunidad valdense.

33. Es muy interesante un ensayo de R. Geymonat: "Aproximaciones a la identidad cultural valdense", en *Sociedad y religión*, Nº 13, marzo, Buenos Aires, Cinap, 1995.

34. Entrevista a Delmo Rostan.

35. R. Geymonat: *El templo y la escuela..., op. cit.*, pág. 91.

36. C. Luccini: "El proceso de industrialización por sustitución de importaciones en la Argentina", en T. Di Tella y C. Luccini: *La sociedad y el Estado en el desarrollo de la Argentina moderna*, Buenos Aires, Editorial Biblos, pág. 144.

37. R. Geymonat: *El templo y la escuela, op. cit.*, pág. 167.

38. E. Tron y E. Ganz: *Historia de las colonias valdenses sudamericanas...*, *op. cit.*, pág. 54.

39. L. Zanatta: *Del Estado liberal a la Nación católica*, Quilmes, Universidad Nacional de Quilmes, 1996, pág. 76.

40. F. Mallimaci: "Catolicismo y militarismo en la Argentina (1930-1983). De la Argentina liberal a la Argentina católica", en *Revista de Ciencias Sociales*, Nº 4, Quilmes, Universidad Nacional de Quilmes, agosto de 1996, pág. 193.

41. Si bien el Registro de Cultos ya existía en el período de la consolidación argentina, a partir de la década de 1930 y merced a varios cambios administrativos se subdivide y aparece el Registro de Cultos no católicos. Las reglamentaciones varían constantemente hasta la década de 1960. A partir de ese momento existe como una mera formalidad. Otro aspecto importante son las reglamentaciones que surgen en el ambien-

te educativo, restringiendo fuertemente a las confesiones protestantes y judías, y favoreciendo notoriamente al catolicismo. Para ampliaciones sobre el tema se encuentran en el archivo general de la Nación los diversos cambios en la normativa recopiladas bajo el rótulo "Registro Nacional de Cultos no católicos".

42. Véase N. Amestoy: "Mentalidades misioneras protestantes", en AA.VV., *500 años de Cristianismo en la Argentina*, Buenos Aires, Centro Nueva Tierra-Cehila, 1992, pág. 474.

43. Carta de Daniel Armand Ugon a Augusto Revel citada en *Boletín de la Comisión de Historia*, Biblioteca y Museo Valdense, año 3, N° 1.

44. Entrevista a Delmo Rostan.

45. M. Dalmas: *Historia de los valdenses en el Río de la Plata*, Buenos Aires, La Aurora, 1987, pág. 104.

46. Entrevista a Delmo Rostan.

47. *Boletín de la Comisión de Historia Valdense y Museo Valdense*, 1985, N° 2.

48. Ídem.

49. *Boletín de la Comisión de Historia Valdense y Museo Valdense*, 1985, N° 2.

50. Ídem.

51. E. Tron y E. Ganz: *Historia de las colonias valdenses sudamericanas...*, *op. cit.*, pág. 119.

52. Entrevista a Delmo Rostan.

53. La recopilación de los datos de los centros sociales es elaboración propia.

54. Párrafo extractado del mensaje de clausura del sínodo señalado.

LOS CATÓLICOS INTEGRALES EN LOS ORÍGENES DEL PERONISMO[1]

LEONARDO MORETTA

RESUMEN

Los estudios sobre los orígenes del peronismo son, en el contexto de la historia social argentina, una discusión permanente. Llama muy particularmente la atención la escasa importancia que los científicos sociales han puesto en el estudio sistemático del fenómeno del catolicismo en los años treinta y cuarenta, y sus rupturas y continuidades con el movimiento peronista. Creemos que la desestimación de los comportamientos y movimientos del catolicismo, y su relación con la realidad política y social de la época, obedece más a razones conceptuales que metodológicas.

El objetivo general de este estudio es explorar las imbricaciones entre el catolicismo y los orígenes del peronismo. A partir de caracterizar el origen, el desarrollo, la consolidación y la difusión de los imaginarios simbólicos que traspasaron el catolicismo integral,[2] analizaremos su influencia en distintos actores sociales que, durante los años treinta y cuarenta, colaborarían en el origen, el desarrollo y la consolidación del peronismo. El objetivo específico analizará la visión del historiador Robert Mc Geagh sobre la relación entre el catolicismo y el peronismo, a partir de realizar una deconstrucción de sus conceptualizaciones y una crítica a su metodología historiográfica. Finalmente, y atendiendo a todo lo expuesto, ensayaremos sobre los fundamentos de la identificación del catolicismo en los orígenes del peronismo.

INTRODUCCIÓN

En el proceso de revisión bibliográfica y documental, observamos las profundas limitaciones que los análisis sociológicos centrados en los conceptos convencionales de *clase social* tenían para analizar el fenómeno del catolicismo en los orígenes de la experiencia peronista. En efecto, ¿pueden las rupturas y oposiciones de clase abarcar sin reduccionismos lo sucedido en aquellos tiempos? ¿Es posible subsumir al resto de los actores sociales en cuestión, en la lógica binaria capital-masas obreras? Creemos que para no caer en esquematismos es necesario ampliar el horizonte de nuestros interrogantes, agregando un vértice más al análisis de aquel relevante período sociopolítico. Nos referimos al *catolicismo integral*; este tipo de catolicismo cumple un papel muy importante influyendo sobre diversas matrices culturales de la época. No tenerlo en cuenta es producir sesgos irremediables en la construcción de lo acontecido.

Como diversos autores han señalado,[3] la realidad social argentina de los años treinta asiste a la crisis de su modernidad. Aquel fenómeno, que el pensamiento filosófico positivista había signado mecanicistamente como "atrasado", tomaba nuevos bríos y se disponía a presentarse como superación de la crisis del proyecto societal liberal. Este catolicismo es parte de una corriente de pensamiento que se había ido gestando a nivel mundial desde el siglo XIX,[4] a partir del enfrentamiento a las tendencias secularizantes de la modernidad. Sin lugar a sobreestimaciones, la Argentina de las décadas de 1930 y 1940 fue testigo privilegiado de los esfuerzos del movimiento católico integral por la transformación de la sociedad.

Este catolicismo de acción, a la vez que ganaba legitimidad en el espacio de lo cultural –vía su masificación en los sectores subalternos– también traspasaría ámbitos institucionales, con el objetivo de plasmar su imaginario socio-cultural en instancias político-institucionales. Con el correr de la década del treinta, una compleja integración no tardaría en manifestarse: de los complejos vínculos y afinidades entre el catolicismo integral, el nacionalismo y las fuerzas armadas, surgiría la fuerza simbólica capaz de acabar con los últimos resabios de aquel proceso de "reducción a la unidad"[5] que el orden conservador había intentado perpetuar durante más de medio siglo. El gobierno instaurado tras el golpe cívico-militar-religioso de junio de 1943 es la expresión más evidente de la quiebra de la matriz oposicional liberalismo-socialismo: una nueva argentinidad y una nueva cristiandad se alistaban para gobernar, con el objetivo de moldear la sociedad a su imagen.

En este marco, contextualizar adecuadamente los acontecimientos del período 1943-1946, no es de importancia secundaria en lo que se refiere al análisis del movimiento católico. Con el transcurso del conflicto mundial, y la derrota de los nacionalismos europeos, los "católicos nacionalistas"[6] se irían distanciando de los "nacionalistas católicos", a la vez que hacían suyas las condenas episcopales contra un nacionalismo exagerado.[7] Esta distancia, simbólica y política, será clave para comprender los sucesos acontecidos en la sociedad argentina entre 1943 y 1946 y las complejas imbricaciones que el integralismo católico estableció durante aquellos años. Que el golpe cívico-militar-religioso de 1943 encontrara a ambos haciendo "frente común" contra los males del demoliberalismo, no nos debe impedir analizar sus diferencias.

Si intentamos construir, de manera provisoria, un "campo de posiciones simbólicas" en el catolicismo, frente a la campaña para las elecciones constitucionales de 1946, podemos hacer nuestras las siguientes afirmaciones:

> En algunos grupos (minoritarios pero no marginales al aparato institucional) encontraremos una constante que va desde el apoyo a la República española... o neutralidad en ese conflicto, a la toma de posición en favor de los llamados "países democráticos", [...] apoyando a los candidatos de la Unión Democrática en 1946. [...]
> Por otro lado, *tendremos una corriente ampliamente mayoritaria en el movimiento católico* (será el nudo central del catolicismo intransigente o integralista) que tomará decidido partido por el bando "nacional" o franquista, que asumirá una postura neutralista en la guerra europea, que participará en la revolución de 1943 y apoyará al movimiento popular no liberal y no comunista en las elecciones de 1946.[8]

Resumiendo, nuestro intento de validar la hipótesis del apoyo del catolicismo integral al movimiento peronista en sus orígenes tendrá dos instancias. En primer lugar, realizaremos una crítica teórica, epistemológica y metodológica del trabajo del historiador Robert Mc Geagh, que sostiene una hipótesis opuesta. Posteriormente ensayaremos sobre las consecuencias de la primera experiencia peronista (1946-1955) en la resignificación del papel del catolicismo en los orígenes del peronismo.

UNA VISIÓN DE LA JUNTA DE HISTORIA ECLESIÁSTICA ARGENTINA

Toda visión histórica contiene una perspectiva y una toma de posición desde el presente. A nuestro entender, no escapa a este presupuesto ni el estudio del historiador Robert Mc Geagh ni el espacio sociocultural que promovió y vehiculizó su obra. Consecuentemente, en este capítulo se analizará la visión del historiador como la resignificación contemporánea de las relaciones entre el catolicismo y el peronismo, según las perspectivas manejadas en la década de 1980 desde la Junta de Historia Eclesiástica Argentina. El estudio citado se titula *Relaciones entre el poder político y eclesiástico en la Argentina*.[9] A los efectos de poder evaluar su hipótesis sobre la relación entre el catolicismo y los orígenes del peronismo, analizaremos las afirmaciones y documentos presentados en el prólogo, la introducción y los capítulos II y III de ese libro.

Precauciones metodológicas

Acercarnos al ejercicio de deconstrucción crítica de una determinada textualidad historiográfica supone implícitamente un contrato de lectura, o sea una intertextualidad. Este contrato abarca dos posiciones de sujeto diferentes. Entre el *escritor* y el *escribiente*, entre quien cumple una función social y quien cumple una actividad, se esconde la misma distancia que existe lingüísticamente entre el sujeto y el verbo (transitivo). Y es precisamente esta distancia la que nos permite abordar el estudio en cuestión. Esto es, gracias a que Robert Mc Geagh se posiciona como escritor, lo que lo define "[...] es el hecho de que su proyecto de comunicación es ingenuo: no admite que su mensaje se vuelva y se cierre sobre sí mismo, y que se pueda leer en él, de manera diacrítica otra cosa de lo que quiere decir [...]".[10] En contrapartida, lo que dinamiza este contrato de lectura es posicionarnos como escribientes, pues éstos: "[...] a su vez, son hombres 'transitivos'; proponen un fin (testimoniar, explicar, enseñar) del que la palabra sólo es un medio; para ellos, la palabra soporta un hacer, no lo constituye."[11] Así encontramos el espacio para nuestro propio juego de lenguaje, cuyo sentido no se articula con el del texto de Mc Geagh por una oposición dialéctica entre la estructura de lo real y la estructura del lenguaje, sino por una significación-dimesionalización diferente del mismo problema y de las mismas relaciones. Se trata precisamente de tomar distancia, no a la manera de la observación sustancialista y positivista, sino a partir de comprender que analizamos palabras que poseen su propia estructura. En síntesis, el propósito de nuestro trabajo es acercarnos a la obra de Mc Geagh con el objetivo de ver el peso de un conjunto de superpalabras en su metanarrativa historiográfica. La distancia entre narrativa y metanarrativa en la obra del autor se hará evidente, cuando a lo largo del capítulo examinemos los problemas de contexto y la validación de las proposiciones de su trabajo.

Definiciones preliminares

En la introducción, el autor realiza una serie de acotaciones previas que definirán su construcción de lo acontecido:

- Limita el período de análisis a los sucesos acontecidos entre 1943 y 1955.
- Reduce el concepto de "Iglesia" a la jerarquía episcopal.
- Define una idea de católico "sistemáticamente practicante".
- Postula una relación de adhesión plena a las políticas de la jerarquía episcopal por parte de la Acción Católica.

El primer obstáculo que posee la obra de Mc Geagh es acotar el análisis de las relaciones entre el catolicismo y el peronismo al lapso comprendido entre 1943 y 1955. Esta periodización histórica conlleva sesgos irremediables. No es posible pensar los vínculos y afinidades del catolicismo en los orígenes del peronismo sin observar el proceso acaecido en la década anterior, de penetración católica y militarización de la sociedad argentina[12] y, consiguientemente, el papel que estos acontecimientos tuvieron en: a) el desgaste de los imaginarios liberal y comunista, b) la especificidad del consenso al gobierno instaurado tras el golpe cívico-militar-religioso de 1943 y, c) el apoyo al movimiento no liberal y no comunista que triunfaría en febrero de 1946.

Al reducir el concepto de "Iglesia" a la jerarquía episcopal, y definir como unidad de análisis a los "grupos jerárquicos y laicos" construye una idea de catolicismo que no toma en cuenta ni la realidad multifacética y conflictual de "lo católico" en la sociedad ni el conjunto de "certezas"[13] a partir del cual reconoce su unidad. A su vez, al presentar una imagen monolítica y armónica de la relación de la jerarquía con el resto de los miembros de la Iglesia, se esquematiza y simplifica un problema cuyas imbricaciones traspasan el ámbito de lo religioso. Pensar a la Acción Católica como plenamente encuadrada por las políticas episcopales, es un ejemplo de tal perspectiva.

Por otro lado, al definir como "católico" a aquel "sistemáticamente practicante" se limita la posibilidad de discernir las identificaciones del imaginario católico en el resto de los individuos católicos *no practicantes*. Enfatizamos: en el intento de comprender las identificaciones del catolicismo en los orígenes del peronismo, más útil que tratar de analizar los vínculos y afinidades de un catolicismo entendido como corporación, es ver las implicancias de su imaginario social en el resto de la sociedad.

Nuestras críticas anteriores nos permiten realizar dos afirmaciones. En primer lugar, en esta construcción, el espacio para una mejor comprensión de las acciones y percepciones de la masa de católicos desde una perspectiva popular, es inexistente. En segundo lugar, los esquematismos conceptuales hasta ahora vistos limitan la posibilidad de moldear una noción de la experiencia histórica concreta del cuerpo social católico y sus respuestas complejas, ambiguas y a menudo contradictorias.

Experiencia privada y discurso público en la jerarquía eclesiástica

En la introducción aparece la primera hipótesis fuerte que articulará todo el trabajo respecto de la jerarquía episcopal argentina. Tras hacer mención a la filiación inmigrante italiana y española, mayoritaria en la composición del episcopado, el autor realiza una original distinción entre la experiencia privada y el discurso público de los arzobispos y obispos. Por un lado, su experiencia privada es de afinidad con el radicalismo; este vínculo se constituye gracias a que desarrollaron su primera socialización en el "ambiente de igualitarismo de la clase media de Irigoyen". Por otro, su discurso y conducta social se identifica con el pensamiento oficial de la Iglesia.

Al tener en cuenta el peso de las metanarrativas en la construcción de la historia, debemos pensar en los procedimientos conceptuales y metodológicos que la historiografía utiliza para justificar tales textualidades. La primera hipótesis de la obra de Mc Geagh, nos muestra una de las formas en que se construye este tipo de axiologías. La diferenciación entre el "discurso público apolítico" de la jerarquía eclesiástica y su "experiencia privada" de afinidad con el radicalismo, merece varias observaciones.

En primer lugar, la inexistencia de citas o referencias bibliográficas para validar esa afirmación, impide la posibilidad de apelar a algún tipo de legitimación más allá del texto; a partir de lo anterior debemos pensar tal diferenciación como el intento de justificar una posición simbólica por fuera de los datos.

En segundo lugar, al sobrestimar la influencia del ámbito familiar en la constitución de la identidad política, se produce un sesgo lamentable para la observación de aquellas contingencias históricas y experiencias concretas vividas tras la etapa de socialización primaria. ¿Dónde se encuentra el espacio para pensar la ruptura o distancia generacional? ¿Dónde aparece el contexto internacional y el conflicto de imaginarios que traspasaba el pensamiento político de los actores y actrices sociales de los años treinta y cuarenta? ¿Cuál es la influencia del nacionalismo y el "virtuoso" y "restaurador" militarismo, en el pensamiento político de la jerarquía? ¿Dónde se encuentra el espacio para pensar las múltiples significaciones que moldean la identidad?

En tercer lugar, la hipótesis encuentra amplia refutación documental en las numerosas afirmaciones episcopales que aparecieron durante la "década infame", las cuales nos muestran una profusa apelación a la referencialidad del imaginario católico-nacionalista, al tercer vértice, crítico del comunismo-socialismo y del demoliberalismo.

Además, si los pronunciamientos de la jerarquía ponen en evidencia las dificultades de mantener este tipo de escisión, la imagen de plena adhesión a las políticas de la jerarquía episcopal por parte de la Acción Católica termina por volverla insostenible. En efecto, si analizamos el desarrollo del nacionalismo y el integralismo de la A.C. y los numerosos pronunciamientos documentados, tendríamos que pensar en una profunda escisión entre, por un lado, la experiencia privada de los obispos y los miembros de la A.C. (de orientación democrática y radical), y por otro lado, su discurso público (ensalzador de la tradición patriótica, católica y nacional).

Fascismo y nacionalismo *vs.* catolicismo democrático

La segunda hipótesis fuerte que traspasa el estudio sostiene que las influencias fascistas y nacionalistas en el catolicismo deben ser pensadas como excepción, tanto en el clero en general, como en los capellanes militares en particular.

En el intento de caracterizar la mentalidad de los católicos de aquellos tiempos –y apoyándose en una condena al nazismo expresada en la revista *Criterio* del año 1951, el autor presenta a monseñor Franceschi como un amante de la democracia y un gran antinacionalista.

A nuestro entender, intentar moldear el pensamiento de Franceschi a partir de una expresión contra el nazismo desarrollada en la posguerra, es un desacierto documental. Creemos que el pensamiento político de este prelado (y de gran parte del movimiento integralista) debe rastrearse en los documentos de la década anterior y no en la posterior. ¿Cuál es la validez de una afirmación desarrollada a un lustro de la derrota del nacionalismo exagerado en Europa, en el intento de comprender las expresiones del catolicismo de los años treinta y cuarenta? ¿Qué otro discurso público se debería haber esperado de las jerarquías episcopales, a la luz de las imputaciones de complicidad de la Iglesia con tales nacionalismos, por parte de las facciones que triunfaron en la guerra? Por otro lado, cuando revisamos el contexto en que fue publicada tal afirmación, no encontramos otra cosa que una condena al nacionalismo exagerado –similar a las manifestadas por la jerarquía, a principios de los cuarenta–, pero dotada de una signicidad cuyo referente son los horrores de la experiencia nazi. Para que esta cita sea pertinente, debemos suponer la existencia de una fuerte continuidad en el pensamiento de la jerarquía entre los años treinta y cincuenta. Este tipo de continuidades no pueden postularse sino a costa de subestimar los cambios acontecidos en aquel período, tanto en el contexto nacional como en el internacional.

A partir de la idea de un poder eclesiástico que adhería al pensamiento democrático ortodoxo, y del distanciamiento que existía en consecuencia con el gobierno de facto instaurado en 1943, Mc Geagh resignifica el decreto de educación religiosa, promulgado en diciembre de ese año, interpretándolo como "un signo de aproximación a la paz". Por otro lado, a pesar de las presiones de la Acción Católica y de muchos educadores católicos para que se realizara tal reforma, su impacto en las conciencias católicas debe ser minimizado.

Las anteriores afirmaciones merecen nuestras observaciones. En primer lugar, la inexistencia de referencias bibliográficas que apoyen la hipótesis del distanciamiento conflictual entre la Iglesia y el golpe de 1943, nos remite a pensar tales afirmaciones como desprovistas de legitimidad más allá del texto. Además, la descalificación de la importancia de ese decreto, limita la posibilidad de pensarlo como uno de los logros más importantes del catolicismo integral. Finalmente, la minimización del impacto en las conciencias católicas de este decreto –moldeado en el catolicismo integral–, es sólo el primer eslabón de un conjunto de premisas. El complemento de esas afirmaciones será la minimización del impacto en dichas conciencias del apoyo de la UCR a la escuela laica (dentro de la plataforma de la Unión Democrática para las elecciones de 1946), no obstante su flagrante violación a la carta pastoral del 15 de noviembre de 1945.

Respecto de los debates ideológicos en relación con los pros y los contras del nacionalismo, desarrollados entre los intelectuales católicos a principios de 1940, el autor incurre nuevamente en un deficiente uso documental, que esta vez es más evidente. Para validar su idea de que la mayoría de los católicos "adhirieron a los principios democráticos ortodoxos", Mc Geagh recurre a una publicación de noviembre de 1942 donde los jóvenes de la Acción Católica publicaron sus "normas". De una lectura detallada de este documento, no se pueden inferir tales afirmaciones, no obstante intenta salvar el problema de interpretación en la cita N° 22 del capítulo II, en la cual nos sugiere, en la misma línea argumentativa pero con "más elaboración", documentos episcopales de agosto de 1951 y mediados de 1953. Así, la idea de una posición ideológica más allá de las coyunturas sociohistóricas se encontraría no sólo en la jerarquía, sino también en "el pensamiento católico". Este tipo de argumentos sesgan la posibilidad de pensar el trabajo de la intelectualidad católica intransigente y sus exitosos esfuerzos para resignificar el movimiento cultural nacionalista argentino. Por otro lado, este manejo documental debe desestimarse, a la luz de la profusa documentación que nos muestra la influencia del nacionalismo sobre la Acción Católica.

A lo largo del capítulo III, un argumento aparece recurrentemente: el intento de descalificar cualquier producción –ya sea de la historiografía norteamericana, ya sea de algún trabajo periodístico argentino– que sustente la hipótesis del apoyo de la Iglesia a Perón en la campaña electoral de 1945-1946, a partir de apelar a todos los documentos episcopales en donde la Iglesia hacía explícita su neutralidad política.

Si la forma en que Mc Geagh cita e interpreta documentos llama particularmente la atención, nada será más notorio que el uso documental de la Carta Pastoral Colectiva del 15 de noviembre de 1945 y otros pronunciamientos episcopales similares. A lo largo del capítulo III, no hay trabajo de la historiografía norteamericana o argentina que no sea descalificado por la simple oposición de esos documentos. El autor parece no haber atendido al hecho de que los contenidos de la carta pastoral de noviembre de 1945, son "constantes doctrinarias" clásicas de los pronunciamientos eclesiales en los períodos preelectorales. En consecuencia, a menos que las plataformas y pronunciamientos de los partidos entren en contradicción con tales contenidos, debemos desestimar su uso documental.

Jerarquía apolítica y pensamiento católico *vs.* opinión popular

Tras hacer mención al proceso de catolización acaecido en la Argentina y el papel de la Acción Católica al respecto, Mc Geagh da cuenta del conocimiento de los partidos políticos de esa situación y de sus esfuerzos por lograr apoyos explícitos de la Iglesia. Nuevamente, aparece la imagen de excepción. Esta vez se refiere al apoyo de los sacerdotes en la campaña proselitista a favor de uno u otro bando electoral. En este marco y en el esfuerzo de resaltar las manifestaciones de la jerarquía y los grupos católicos en relación con su posición apolítica, el autor construye un particular concepto de "opinión popular". Según él, no hay fundamento para las afirmaciones populares que sostenían el apoyo electoral a Perón desde los púlpitos de las Iglesias. En consecuencia, es necesario establecer amplia distancia entre el "pensamiento católico" y las afirmaciones populares.

Si la obra de un historiador puede ser pensada como la significación histórica de un sector en particular, tal vez deberíamos ubicar el trabajo de Mc Geagh bajo esta premisa. La distancia que establece entre el "pensamiento católico" y la "opinión popular" merecería tal distinción. Creemos que este tipo de consideraciones deriva de reducir el concepto de catolización de la sociedad a una relación de identidad entre la clase media (de orientación radical) y el poder eclesiástico (procedente de esa misma clase). Nuestro cuestionamiento va más allá de las limitaciones de este reduccionismo (numerosos estudios del CEHILA nos revelan otra forma de hacer historia social), y de los documentos que invaliden ese esquema macroexplicativo. Creemos que este distanciamiento de lo popular posee importantes implicancias éticas. Que en determinados círculos de estudios se construya este tipo de caracterizaciones, nos debería llevar a preguntarnos sobre las ideologías e imaginarios que traspasan a sus historiadores en particular, y a quienes legitiman estas visiones en general. Hay una clara distancia entre esta posición y la que deriva de pensar: "La historia de la Iglesia como Pueblo de Dios, en el contexto de la sociedad en su conjunto y teniendo en cuenta principalmente el papel de los preferidos de Cristo, los pobres y oprimidos".[14]

Catolicismo *vs.* fascismo-peronismo

La tercera hipótesis fuerte del trabajo es la que da cuenta del profundo distanciamiento que existe entre el catolicismo como comunidad y el fascismo-peronismo. En este contexto, la condena de Franceschi a la emisión de medallas con la imagen de Perón y de la Virgen de Luján, las críticas del periodismo católico al fascismo-nacionalismo del gobierno de Farrel, o el distanciamiento de Perón respecto de ciertos elementos relacionados con el nacionalismo extremo, son analizados en el marco de la profunda desconfianza que existía por parte de la jerarquía eclesiástica y el periodismo católico sobre la figura de Perón.

Si hasta ahora era posible realizar observaciones sobre el uso documental, nada las hará más evidentes que los procedimientos utilizados para justificar la hipótesis de distanciamiento conflictual entre el peronismo y el catolicismo. Baste como ejemplo la cita N° 23 del capítulo III, que acompaña la totalizante afirmación sobre la profunda desconfianza que "la jerarquía y el periodismo católico" tenían del movimiento político de Perón en el gobierno de Farrel. Donde deberíamos encontrar alguna referencia sobre estudios que convaliden este concepto, aparece otra afirmación englobando al "periodismo católico" en una misma línea con el "virulento diario antiperonista de Córdoba", *Los Principios*. Delinear la naturaleza ideológica de Perón y sus colaboradores, a partir de las afirmaciones de un determinado grupo católico opositor, en plena campaña electoral, y claramente definidos los rivales electorales, es sesgar profundamente lo acontecido. Este tipo de manipulaciones documentales impiden comprender el espacio conflictivo que se generó en el seno del catolicismo como consecuencia de la campaña electoral. A la vez, derivan de una construcción reduccionista de la idea del "catolicismo como comunidad", a partir de las opiniones y valores de una fracción católica particular.

Los sindicatos católicos *vs.* el sindicato único

Con el objetivo de demostrar la hipótesis del distanciamiento conflictual existente entre el catolicismo y el peronismo; el autor realiza un análisis pormenorizado de la reacción católica ante la instauración del sindicato único por parte de Perón. Entre otros argumentos se destacan:

- La presentación de los beneficios sociales impulsados por Perón desde la Secretaría de Trabajo como estrategia de poder.
- La interpretación del sindicato único como violación de la encíclica *Rerum Novarum*.
- La oposición de monseñor De Andrea, y de los sindicatos católicos inspirados a partir de los Círculos de Obreros.
- Las condenas del periodismo católico y la prensa independiente.

Si en algún momento, a lo largo del capítulo III, las afirmaciones de Mc Geagh cobran alguna solidez documental, ésta se encuentra en la fundamentación realizada sobre "la reacción católica ante el sindicato único". No entraremos en cuestionamientos sobre la interpretación de los documentos que sobre el tema presenta el autor, pues posee el mismo tipo de deficiencias que aparecen a lo largo de toda su obra. Es un hecho ampliamente documentado la reacción de monseñor De Andrea y los Sindicatos Católicos ante la imposición del sindicato único por parte de Perón. En el intento de comprender aquellos conflictivos sucesos, atendamos a la siguiente frase: "La figura de Monseñor De Andrea representa, quizás, el intento más avanzado de ampliar el espacio para ese catolicismo de conciliación".[15] Pero este catolicismo de "conciliación", no sólo es minoritario frente a las posturas intransigentes y maximalistas de aquel catolicismo que devino mayoritario a partir de su "enfrentamiento" con la modernidad. Además, deberíamos pensar estos sucesos (de manera provisoria), como la oposición mediada –pero existente– entre ambos tipos de catolicismos. En otras palabras, los problemas ante la imposición del sindicato único deben ser vistos como la reacción de un catolicismo de conciliación –superado en eficacia simbólica por las coyunturas históricas emergentes– frente a las políticas laborales de un gobierno que entre las bases de su legitimidad poseía al catolicismo integral. Más aún, en el catolicismo social y democrático que tenía en monseñor De Andrea, su más emblemático representante, no existió homogeneidad de criterios frente al problema del "unicato". El discurso pronunciado el 24 de agosto de 1944 por José Pagés, otro destacado católico "democrático", sirve quizás para matizar este problema: "¿Por qué sorprendernos de que en la Argentina se funden sindicatos que prácticamente son únicos? ¡Si no puede ser de otra manera! Lo que cabe esperar es que la buena voluntad de los dirigentes gubernamentales por una parte, la acción de ciertos elementos sanos por otra, evite consecuencias desastrosas".[16] Como observamos, sólo una exhaustiva investigación podría ayudarnos a esclarecer estos interrogantes.

Si el distanciamiento que realiza el autor respecto de lo popular fue sugerido en líneas anteriores, la cita 28 del capítulo III –a propósito del decreto de imposición del sueldo anual complementario– permite ampliar nuestras consideraciones. Calificar como "larguezas" los beneficios sociales instaurados por Perón entre 1943 y 1945, nos indica algo mas que un "distanciamiento". Presentar de esta forma uno de los hitos más importantes en la redistribución social del ingreso en la Argentina en los últimos cincuenta años, nos debe llevar a pensar en profundos sesgos ideológicos. Mc Geagh da cuenta de estos sucesos con el asombro y los argumentos de un típico individuo liberal que en 1945 apoyaría a la Unión Democrática. Como a lo largo de toda la obra, la distancia del historiador con los contenidos de los documentos es poco perceptible. En nuestra opinión, nos encontramos frente a una producción historiográfica fuertemente traspasada por el imaginario católico-liberal.

La campaña electoral de 1945-1946: metodologías e ideologías

A partir de este marco conceptual, el autor realizará un estudio de los sucesos acontecidos entre la emisión de la carta pastoral de noviembre de 1945 y las elecciones de 24 de febrero de 1946. En el desarrollo de este proceso analítico, y con el objetivo de validar sus afirmaciones, se destacan tres procedimientos esquemáticos:

Primer esquema: a) cita de los conceptos a favor de la estrecha relación de colaboración entre el peronismo y el catolicismo, ya sea de la historiografía norteamericana, ya sea de periodistas o historiadores argentinos; b) oposición de la carta pastoral para invalidar esos conceptos.

Segundo esquema: a) presentación de las afirmaciones de diarios como *La Prensa, La Nación, Los Principios, El Pueblo*, o *La Voz del Interior*, sobre el carácter democrático y constitucional de la Iglesia; b) interpretación de la pastoral de noviembre de 1945 como adhiriendo a tal hipótesis; c) percepción de los candidatos de la Unión Democrática como aquellos que poseían mayor afinidad con el catolicismo.

Tercer esquema: a) presentación de citas extraídas de los periódicos anteriormente mencionados, a favor de las afirmaciones sobre la naturaleza manipuladora y fascista de Perón y sus colaboradores; b) análisis de tales sucesos como una flagrante violación a los pronunciamientos episcopales; c) inferencia de una clara oposición del catolicismo en general y el poder eclesiástico en particular, respecto del candidato del Partido Laborista.

A esta altura de nuestra crítica, hemos acreditado serios cuestionamientos respecto de estos tres esquemas procedimentales.

En nuestra opinión, hacer eco exclusivamente de las opiniones vertidas en diarios tales como *La Prensa, La Nación, Los Principios* o *La Voz del Interior*, es transformarse en interlocutor histórico de una de las facciones electorales en pugna. Pero esto sería sólo anecdótico si no tuviera avales institucionales. ¿Hasta dónde este discurso institucional quiere controlar y limitar el discurso en el el catolicismo? ¿Hasta dónde puede ser pensado como la manera en que determinados círculos quieren monopolizar la producción, circulación y difusión del universo simbólico religioso, al punto de resignificar lo acontecido mas allá de lo verosímil? En este marco, cuestionar la falta de contextualización histórica, que –en el intento de presentar la imagen de una catolicidad antiperonista– existe al homologar las leyes de Enseñanza Laica y Matrimonio Civil de 1884, con las "leyes anticatólicas" de 1954-1955, es sólo un ejemplo más de lo poco sustentable que resultará al lector atento este trabajo.

El voto católico: el apoyo a quienes representen el "mal menor"

Los anteriores conceptos servían de preludio para fundamentar su cuarta hipótesis. Ésta deriva de interpretar el consejo de la carta pastoral del 15 de noviembre de 1945 –respecto de votar al partido que represente el "mal menor"– a la luz del comportamiento preelectoral del peronismo y de las implicancias respecto del problema de la escuela laica en los dos bandos electorales. Si la falta de recursos documentales y las interpretaciones forzadas son evidentes a lo largo del capítulo III, el tratamiento de la carta pastoral de noviembre de 1945 respecto de votar al mal menor, no podía dejar de merecer nuestras consideraciones.

El autor comienza su explicación desestimando las implicancias sobre el electorado católico del decreto de implantación de la enseñanza religiosa del año 1943, y de la eficacia del discurso de Perón que se erigía como "campeón de la enseñanza religiosa y del catolicismo". Los argumentos son dos: en primer lugar, descalificar tanto el decreto como las proclamas procatólicas de Perón a la luz de la derogación de la ley de enseñanza religiosa en el año 1954; en segundo lugar, minimizar el impacto en las conciencias católicas de ese decreto, en el marco de la casi inexistente documentación que demuestre su repercusión periodística.

En nuestra opinión, desestimar las implicancias sobre el electorado católico del decreto de educación religiosa del año 1943 argumentando la derogación de la ley 12.978 en el año 1954, parece obviar un dato fundamental. Dicha ley fue consensuada por el poder Legislativo en el año 1947 y reglamentada por el Ejecutivo en el año 1948; en consecuencia, no puede ser pensada como una manipulación electoral. Además, este tipo de afirmaciones limitan la posibilidad de comprender doce años de educación religiosa oficial, ya sea como las identificaciones ideológicas del peronismo en una sociedad catolizada, ya sea como la continuidad de ciertos valores del catolicismo integral en el seno del gobierno peronista.

Por otro lado, al minimizar el impacto del decreto de 1943 en las conciencias católicas a partir de la inexistencia de documentación que demuestre su repercusión, Mc Geagh se contradice a la vez que invierte la lógica a partir de la cual una afirmación tiende a ser plausible. En las páginas anteriores reconoce la presión de los educadores católicos, para la imposición de tal decreto. Estas presiones serían una clara evidencia (junto con los pronunciamientos episcopales a favor de la educación religiosa) de la importancia del decreto en el seno del catolicismo integral. Pensar en su impacto (a la vez que limitarlo) a la luz de la inexistencia de pronunciamientos periodísticos, es la antítesis de la construcción historiográfica. ¿Podemos descartar una hipótesis sobre las repercusiones de un acontecimiento a partir de la inexistencia de documentación periodística? ¿Desde cuándo la única referencialidad histórica pertinente para validar la importancia y consenso que hay detrás de una ley son las repercusiones periodísticas? ¿Es ésta la manera más adecuada de plantear el escaso disenso que tuvo una década de educación religiosa en las escuelas estatales?

En el intento de explicar el papel de la UCR en la implantación de la Escuela Laica en la plataforma de la Unión Democrática, Mc Geagh sostiene dos argumentos. Por un lado, enuncia la presión de los partidos Socialista, Comunista y Demócrata Progresista sobre la Unión Cívica Radical. Por otro, interpreta la oposición de la UCR al decreto de enseñanza religiosa como una toma de posición política en contra de cualquier decreto del gobierno de facto.

A nuestro entender, es sumamente cuestionable tanto la interpretación como la argumentación de esta construcción. Por un lado, existen numerosos pronunciamientos documentados a partir de los cuales diferentes nombres del catolicismo han condenado el laicicismo en las escuelas públicas. Este conflicto, que recrudeció en ocasión de los debates por las leyes de Enseñanza Laica y Matrimonio Civil en 1884, no dejó de estar presente en ningún momento en las proclamas católicas, tal como lo demuestra un análisis exhaustivo de la *Revista Eclesiástica*. Si además pensamos en la expansión del accionar de la Acción Católica y su programática adhesión a la enseñanza religiosa en las escuelas, deberíamos desestimar toda hipótesis que parta de la minimización del impacto en los católicos de la actitud laicicista de la UCR.

Por otro lado, no creemos que sea pertinente desmerecer la importancia de esta evidente violación de la carta pastoral a partir de la ausencia de documentos periodísticos al respecto. Para el autor, aunque la Unión Democrática violara con su plataforma electoral las recomendaciones de la Carta Pastoral Colectiva del Episcopado Argentino, aun así representaría para el catolicismo el mal menor. A lo largo del desarrollo de estas ideas, son inexistentes las referencias bibliográficas que permitan validar sus afirmaciones más allá del texto. Por otro lado, son profusas las afirmaciones totalizadoras sobre el pensamiento del catolicismo, del clero y del poder eclesiástico, con una parcializada referencia documental (como a lo largo de todo el capítulo, la prensa católica y laica, opositora al peronismo). Además presentar, estos razonamientos como la forma en que las estructuras mentales de los católicos significaban aquellos sucesos, limita la posibilidad de construir una noción de la experiencia histórica concreta del multifacético cuerpo social católico y sus respuestas complejas, ambiguas y a menudo contradictorias. Llama particularmente la atención la ausencia de historias de vida para validar su particular idea del "pensamiento católico". Los evidentes reduccionismos en los que incurre Mc Geagh al desarrollar sus razonamientos, son otro indicio de los profundos desaciertos de su construcción de la relación entre catolicismo y peronismo.

Más allá de lo verosímil: la experiencia privada del clero

La quinta hipótesis se articulará con la primera y dará cuenta del pensamiento político (experiencia privada) del clero en general. La forma en que se presenta la argumentación es la siguiente: a) la mayoría del clero procedía de hogares de la clase media conservadora; b) el sacerdote típico compartía las orientaciones democráticas y radicales de su familia; c) su educación, ya sea en órdenes religiosas, ya sea en el seminario, los volvía conformistas; conclusión: las ideas de la mayoría de los sacerdotes argentinos coincidía en una oposición general a Perón. Tal hipótesis se complementa con dos afirmaciones:

– En las parroquias de barrios de trabajadores, los sacerdotes eran también de clase media, no pudiéndose entonces establecer relación entre el origen social del sacerdote y el espacio social donde ejercía su discurso público.

– La indiferencia general hacia la religión en los hogares humildes no favorecía la vocación sacerdotal. Las excepciones a esta situación asumían los valores de clase media que encontraban en el seminario y "no se distinguían del elemento burgués común en el clero argentino".

Nuestras críticas a la quinta hipótesis del trabajo son similares a las desarrolladas en la primera. Si la sobreestimación de la influencia de las ideologías familiares en la constitución de la identidad es cuestionable como modelo de interpretación de la experiencia privada de la jerarquía, ¿cuánto más lo será intentar inferir esas categorías respecto del clero en general? ¿Cómo se explican los cambios en las matrices de pensamiento a los que asistió el catolicismo de los años treinta y cuarenta? ¿Cómo percibir esta reestructuración del campo católico, concomitante con la expansión del campo religioso, sin atender a las coyunturas históricas de aquellos años? No se trata de negar la influencia de la educación familiar y/o la de los seminarios en la constitución de la identidad de los clérigos. Sólo se trata de modularla a partir de la experiencia histórica concreta. ¿Cómo influyó la quiebra del orden liberal, en el clero en particular y en el catolicismo en general? ¿Qué soluciones alternativas a la modernidad se propusieron desde el catolicismo? Desde nuestra perspectiva, creemos que diferenciar entre la experiencia privada de los miles de católicos y el discurso público de la Iglesia es fundamental para comprender las múltiples ramificaciones de la experiencia social católica. Pero aquí también tomamos distancia de Robert Mc Geagh. Para el historiador, esta diferenciación es necesaria a los efectos de: a) reducir el catolicismo argentino a un conjunto de identificaciones entre una jerarquía y un clero de clase media radical y democrática, y un catolicismo practicante (perteneciente a esa misma clase); b) presentar una imagen de plena adhesión al discurso público eclesiástico por parte de ese catolicismo practicante. Para nosotros esta distinción también es fundamental, pero por otros motivos. Se trata pues, de ir más allá de esa imagen de unidad monolítica que el discurso público de los obispos presentaba respecto de la relación de la Iglesia con sus miembros. A partir de investigar la experiencia privada de este catolicismo de acción, podemos intentar descifrar sus multifacéticas significaciones. O sea, a partir de analizar la transformación de las mentalidades católicas en los años treinta y cuarenta, podemos comprender los vínculos, las afinidades, los lazos sociales o las hegemonías que, en mayor o menor grado, se produjeron en diversos actores y actrices sociales de aquel significativo período.

LAS IDENTIFICACIONES DEL CATOLICISMO EN LOS ORÍGENES DEL
PERONISMO (APUNTES EXPLORATORIOS PARA EL DESARROLLO
DE LA HISTORIA ORAL)

Intentar acercarnos al problema de las posibles identificaciones del catolicismo en los orígenes del peronismo, supuso un esfuerzo por demás interesante. En el proceso de revisión bibliográfica, observamos tesis profundamente
encontradas respecto de la relación entre el catn_licismo y los orígenes de este
movimiento. En realidad –y como lo sugerimos en nuestra crítica al trabajo de
Mc Geagh–, la mayoría de los textos que proclaman análisis sociológicos e
historiográficos al respecto, sobreestiman cierta documentación en desmedro
de otra. De esta jerarquización documental derivan esquematismos que, en general, llevan a poner el énfasis en determinados pronunciamientos documentados –y sus repercusiones– y no en otros. Creemos que este planteo encierra dos
paradojas. Por un lado, aquella que incorpora a esta histórica discusión la necesidad de conceptos y procedimientos que limiten las macroexplicaciones. El
objetivo: enriquecer el análisis a partir de no sesgar sus complejidades; se trata entonces, de evaluar la diversidad de acontecimientos, aun los mas contrapuestos, y a partir de ahí, intentar sistematizar algunas nociones sobre la historia del catolicismo. Por otro lado, ver en los distintos tipos de discursos
electorales de Perón, algo más que las estrategias de un líder político para obtener consenso. Intentamos pensar las identificaciones generadas por aquellos
discursos, ya no como las tácticas manipuladoras de un fascista, sino como la
evidencia de una profunda mutación en el espacio político argentino. En este
proceso, distintos grupos sociales expresaron su identidad a la par que se les
reconocía status cívico. En este marco los discursos de Perón y de sus aliados
políticos en el período de 1943 y 1946, deben ser vistos, como mecanismos de
solicitación que generaban identificaciones en los distintos imaginarios que
traspasaban el espacio social.

Nuestras extensas apreciaciones sobre el trabajo del historiador Robert Mc
Geagh respecto del papel del catolicismo en los orígenes del peronismo, nos permitieron comprender el peso de la experiencia del catolicismo de los años cincuenta y en la resignificación de lo acontecido en las décadas de 1930 y 1940.

En el contexto mundial, el catolicismo pugnaba por sacarse el pesado lastre
que implicaban las acusaciones internacionales de complicidad con el nazismo
y el fascismo. En el contexto nacional, la experiencia peronista dejaba de lado
las banderas de la doctrina social católica: la doctrina peronista ya no necesitaba esos símbolos para justificarse. En el marco de esta coyuntura histórica, no
nos queda otra opción, si no queremos limitar la comprensión de lo acontecido,
que generarnos algunas preguntas. ¿Hasta dónde los conflictos acaecidos hacia
el final del segundo gobierno peronista han contribuido a resignificar en el seno del catolicismo, su papel en la experiencia peronista, sobre todo en sus orí-

genes? ¿Hasta dónde tales conflictos han generado al interior del catolicismo, una ideología pesimista y fatalista respecto de Perón como figura nacional, y del peronismo como movimiento social y político? No se trata de negar o invalidar la existencia de estos estereotipos negativos, sino de observar sus limitaciones para la comprensión histórica y sociológica de las relaciones entre el catolicismo y el peronismo.

Los límites de la identificación con la experiencia peronista

Al pensar en la campaña electoral de 1945-1946, no tratamos de entender las orientaciones políticas del "catolicismo como comunidad", a partir de las opiniones y valores de una fracción católica en particular, sino de comprender el espacio conflictivo que ésta originó en el seno del catolicismo: las divisiones y tensiones que se generaron entre el catolicismo liberal y el catolicismo integral durante más de sesenta años, tuvieron su máxima expresión en los orígenes de la experiencia peronista.

Fueron tiempos de desencantos e incertidumbres, tiempos de redefinición de la competencia de lo religioso, tiempos de decisión: tras quince años de proscripciones y fraudes electorales, los católicos eran llamados a votar y las numerosas precauciones de las jerarquías eclesiales[17] evidenciaban el conflicto entre fe e ideología que tal decisión generaba. ¿Hasta dónde la ilusión de una sociedad civil y de un gobierno católico pesaron más que las imputaciones de fascismo que enunciaba la oposición? ¿Hasta dónde el discurso navideño de Pío XII en 1944 –a favor de la democracia–, y el resultado del conflicto mundial, habrán influido más que el decreto de enseñanza religiosa de 1943 y su implícito reconocimiento de los derechos de los católicos?

Lectura de la pastoral del 15 de noviembre de 1945 sobre votar al candidato que representa el mal menor en fidelidad con las encíclicas papales *Non abbiamo bisogno* y *Mit brenneder Sorge* (contra el nacionalismo extremo)?; o, lectura de la pastoral en concordancia con el *Syllabus*, *Pascendi* y *Divini Redemptoris* (contra el liberalismo, el modernismo y el comunismo)?

A nuestro entender, aun otra lectura de la pastoral era posible: las encíclicas *Rerum Novarum* y *Quadragésimo Anno*[18] nos revelan la importancia de la equidad social en la práctica de los valores cristianos. Y es precisamente en este terreno donde el candidato del laborismo resolvió a su favor el conflicto entre fe e ideología, y ganó el mayoritario apoyo de los católicos integrales. Al asociar el accionar de la Secretaría de Trabajo a los principios de la justicia social cristiana, dotó a su discurso de la credibilidad necesaria para convencer al integralismo de apoyarlo en las elecciones de 1946.

BIBLIOGRAFÍA

Botana, N.: *El orden conservador*, Buenos Aires, Sudamericana, 1994.

Franceschi, G.: *Totalitarismos*, tomo I, *Nacionalsocialismo y fascismo*, Buenos Aires, Serie Sociológica, Difusión, 1946.

Mc Geagh, R.: *Relaciones entre el poder político y eclesiástico en la Argentina*, Buenos Aires, Itinerarium, 1987.

Mallimaci, F.: "Catholicisme et etat militaire en Argentine", tesis doctoral, París, EEHSS, 1988, mimeo.

——————: *El catolicismo integral argentino (1930-1946)*, Buenos Aires, Biblos, 1988.

——————: "El catolicismo argentino desde el liberalismo integral a la hegemonía militar", en AA.VV., *500 años de cristianismo en la Argentina*, Buenos Aires, Centro Nueva Tierra-Cehila, 1994.

——————: "Diversidad católica en una sociedad globalizada y excluyente. Una mirada al fin del milenio desde Argentina", en *Revista Sociedad y Religion*, N° 14/15, noviembre de 1996, Buenos Aires, págs. 71-94.

Pagés, J.: "Los ensayos sindicales de inspiración católica en la República Argentina", en *Anales de la Corporación de Ingenieros Católicos*, Buenos Aires, CIC, 1944.

——————: *Origen y desarrollo de las ideas democráticas cristianas en nuestro país*, Buenos Aires, Gráficas del Colegio León XIII, 1956.

Poulat, E.: *Intégrisme et catholicisme Integral*, Bélgica, Casterman, 1969.

Zanatta, L.: *Del Estado liberal a la nación católica. Iglesia y Ejército en los orígenes del peronismo 1930-1943*, Quilmes, Universidad Nacional de Quilmes, 1996.

NOTAS

1. Los esfuerzos realizados en esta investigación buscan ser un aporte para la modulación y complejización de las conceptualizaciones para el estudio de los orígenes del peronismo. Agradecemos a Mark Healey por las consideraciones realizadas para la optimización de nuestros conceptos.

2. El marco conceptual y metodológico a partir del cual analizaremos este complejo y polifacético proceso, es el desarrollado en los trabajos de Fortunato Mallimaci:

– "Catholicisme et etat militaire en Argentine", tesis doctoral, París, EEHSS, 1988, mimeo.

– *El catolicismo integral argentino (1930-1946)*, Buenos Aires, Biblos, 1988.

– "El catolicismo argentino desde el liberalismo integral a la hegemonía militar", en AA.VV., *500 años de cristianismo en la Argentina*, Buenos Aires, Centro Nueva Tierra-Cehila, 1994.

3. F. Mallimaci: *op. cit.* También es posible consultar:

– Loris Zanatta: *Del Estado liberal a la nación católica. Iglesia y Ejército en los orígenes del peronismo. 1930-1943*, Quilmes, Universidad Nacional de Quilmes, 1996.

4. Un exhaustivo análisis sobre el desarrollo internacional del catolicismo integral

lo encontramos en Emile Poulat: *Intégrisme et catholicisme Integral,* Bélgica, Caster-man, 1969.

5. N. Botana: *El orden conservador,* Buenos Aire, Sudamericana, 1994, Estudio Preliminar.

6. "A nivel político y cultural, el nacionalismo aparece como referente obligado. La 'argentinización' de la sociedad se convierte en un mito movilizador contra las 'injerencias extranjeras', 'las elites ilustradas' y 'los movimientos importados'. Aquí también se producirán idas y venidas, con grupos que identificarán el nacionalismo con los modelos de [la] Alemania nazista, o de [la] Italia fascista o [la] España franquista o [el] Portugal de Salazar o [la] Austria de Dolfus. Nacionalismo exagerado contra 'verdadero' nacionalismo, nacionalistas católicos y católicos nacionalistas [...] No seamos apresurados y comencemos a distinguir unos de otros." (F. Mallimaci: *op. cit.,* pág. 260.)

7. Las encíclicas papales *Non abbiamo bisogno* (1931, contra el fascismo) y *Mit brenneder Sorge* (1937, contra el nazismo), son pronunciamientos contra el nacionalismo extremo, cuyas repercusiones también traspasaron el catolicismo argentino, mas allá de la jerarquía eclesial. Una visión de significativa trascendencia por su impacto en el caso argentino es la desarrollada, a través de numerosos pronunciamientos editoriales, por monseñor Franceschi. Una exhaustiva y comentada compilación de esos pronunciamientos se encuentra en: Franceschi, G.: *Totalitarismos,* tomo I, *Nacionalsocialismo y fascismo,* Serie Sociológica, Buenos Aaires, Difusión, 1946.

8. F. Mallimaci: *El catolicismo integral...,* op. cit., pág. 12 (las itálicas son nuestras).

9. R. Mc Geagh: *Relaciones entre el poder político y eclesiástico en la Argentina",* Buenos Aires, Itinerarium, 1987.

10. *Op. cit.,* pág. 116.

11. Ídem.

12. "Este movimiento de penetración, de ganar espacios sociales e ideológicos, se completará con un lento y eficiente trabajo a nivel de las Fuerzas Armadas [...]. Vicarías, capellanías, presencia en actos públicos, permitirán un contacto estrecho. Los movimientos del ACA se abren a los militares. Las ceremonias litúrgicas incluyen a jefes y tropa." (F. Mallimaci: *El catolicismo integral...,* op. cit., págs. 22-23). Asistimos a un proceso de "creciente militarización de la sociedad", pero no debemos confundirnos; descifrar esta compleja realidad en pos de la idea de una catolización de las Fuerzas Armadas y su accionar político, es sólo uno de los registros posibles. El otro registro necesario, para comprender la eficacia simbólica del imaginario que se estaba constituyendo, es el de la "[...] militarización católica y en especial de una institución verticalizada como la Acción Católica" (AA.VV., *500 años..., op. cit.,* pág. 291).

13. Una pedagógica explicación de esta perspectiva la encontramos en: Mallimaci, F.: "Diversidad católica en una sociedad globalizada y excluyente. Una mirada al fin del milenio desde Argentina", en *Revista Sociedad y Religión,* N° 14/15, noviembre de 1996, págs. 71-94.

14. F. Mallimaci: "El catolicismo argentino..., *op. cit.,* pág. 9.

15. *Op. cit.,* pág. 239: "Entre el catolicismo de enfrentamiento y el catolicismo de conciliación, entre los que buscaban una 'nueva edad media' y los que buscaban una 'nueva cristiandad', se desataría una polémica que llevaría a unos y otros a diferencias irreconciliables. Diferencias que se irían acentuando con el correr de la llamada Segun-

da Guerra Mundial, a la vez que buscarían consenso en estratos sociales diferentes. En la concepción de "nueva edad media" al remontarse al imaginario feudal, se busca una sociedad donde las corporaciones [...] formen una sola identidad: [...] trabajadores, militares y sacerdotes deben ir juntos para construir una nueva sociedad. [...] En cambio los que buscan la 'nueva cristiandad' al querer dialogar con la modernidad en países dependientes y empobrecidos, serán más tentados por una presencia entre las clases medias y acomodadas que entre las populares". F. Mallimaci: *op. cit.*, pág. 291.

16. J. Pagés: "Los ensayos sindicales de inspiración católica en la República Argentina", en *Anales de la Corporación de Ingenieros Católicos*, Buenos Aires, CIC, 1944. Frente a aquellas comprensiones superficiales del comportamiento de los actores que se identifican con el catolicismo, a partir de analizar sincrónicamente algunos de sus pronunciamientos –muchas veces ingenuamente elegidos– y luego inferirlos a la totalidad del entorno en el que se agrupan, la figura de José Pagés es, quizás, una de las más deficientemente analizadas. Entre los fundadores del Partido Popular –de marcado carácter confesional– hacia finales de los años veinte, integrará un movimiento en el catolicismo que propugnó por una mayor autonomía política del laicado frente a las jerarquías eclesiales. Tras su sumisión a éstas hacia 1931, fue aceptando otras formas de participación política, entre ellas se destaca su participación en la Corporación de Ingenieros Católicos. Con el correr de la década de 1940, este católico eminentemente "social", apoyará la experiencia política surgida tras el golpe cívico-militar-religioso de junio de 1943, y los programas sociales y educativos del gobierno de facto, siendo además durante 1945 y 1946 Secretario de Hacienda del Consejo Nacional de Educación. Tras el ocaso de la experiencia peronista, este católico vindicará nuevamente la idea de la necesidad de un partido confesional como opción política para los católicos, a la vez que defenderá el papel del catolicismo durante la experiencia peronista.

A quien le interese seguir diacrónicamente esta figura, aconsejamos los siguientes textos de Pagés:
   – *Criterio*, 8 y 15 de octubre de 1931, "Los católicos y la política"; y 15 de octubre de 1931, "¿Organización política de los católicos?".
   – *Anales de la Corporación de Ingenieros Católicos, op. cit.*, 1944.
   – *Origen y desarrollo de las ideas democráticas cristianas en nuestro país*, Buenos Aires, Gráficas del Colegio León XIII, 1956.
   – Carta de José Pagés a Ludovico García de Loydi, abril de 1957. Archivo de Loydi, con autorización de su responsable.

17. La carta Colectiva del Episcopado Argentino del 15 de noviembre de 1945, es el más significativo de un conjunto de pronunciamientos desarrollados en los últimos meses de la campaña electoral para las elecciones presidenciales de febrero de 1946. Un detalle pormenorizado de esos documentos (respetamos aunque disentimos en la significación histórica dada por el autor) se encuentra en R. Mc Geagh, *Relaciones entre el poder político...*, *op. cit.*, cap. III.

18. Las encíclicas papales son, en el debate del catolicismo, una instancia de justificación de considerable eficacia simbólica. Un análisis exhaustivo de la importancia de las encíclicas papales en la legitimación de la matriz católica integral, la encontramos en E. Poulat, *Intégrisme...*, *op. cit.*

LOS DIVERSOS CATOLICISMOS EN LOS ORÍGENES DE LA EXPERIENCIA PERONISTA

Fortunato Mallimaci

RESUMEN

Las articulaciones entre peronismo y catolicismo han sido reducidas en gran número de artículos a las relaciones entre personalidades: Perón y sus ministros por un lado, obispos y jerarcas católicos por otro. Esta manera de analizar impide ver las complejidades y tramas múltiples que entrelazan los hechos sociales. El artículo analiza las diversas relaciones entre grupos católicos y grupos peronistas en los orígenes de esta experiencia en la primera mitad de la década de 1940 desde la perspectiva del amplio y diverso mundo católico. Se muestra cómo la incorporación de católicos a la experiencia social peronista proviene de distintas matrices culturales y religiosas donde cada una de ellas posee su propia concepción de sociedad, política, religión y mundo a construir.

INTRODUCCIÓN

Las múltiples y complejas relaciones entre los universos simbólicos y los procesos concretos de creación de identidades sociales, políticas y religiosas en nuestro país, en especial con referencia al peronismo, están comenzando a tener cada vez mayor importancia en los estudios de sociología histórica.

Los estudios tanto de otros países como del nuestro nos han mostrado la importancia de lo simbólico, lo cultural, la compleja trama de relaciones que deben ser tenidas en cuenta al analizar los procesos sociales. Junto con datos y aportes económicos y estructurales se hace cada vez más necesario conocer los hechos sociales "desde la perspectiva" de los actores, mostrando cómo se van creando y reproduciendo comportamientos, visiones, sueños y expectativas en aquellos y aquellas que asumen y hacen suyo tal o cual comportamiento social.[1]

Dentro de estos universos simbólicos es importante destacar aquel ligado a las concepciones culturales y religiosas, dada la importancia que tienen éstas en "otorgar sentido" a las acciones que realizan los individuos y los grupos sociales.

Analizar entonces las relaciones múltiples y complejas entre el catolicismo y el peronismo, entre los catolicismos y los peronismos (subrayamos el plural frente a estudios "reduccionistas") es dar cuenta de las posibles relaciones que en un determinado momento se dan entre opciones religiosas y opciones políticas; entre legitimidades simbólicas y legitimidades sociales; entre diversos actores como el político y el religioso que buscan "monopolizar" su campo (y por ende poseer el poder de nominación legítimo) para a partir de allí, establecer nuevos y renovados vínculos entre ellos.

En este estudio nos interesa analizar esos vínculos en los orígenes de la experiencia peronista y mostrar las diversas "ofertas católicas" presentes en el "mercado de bienes simbólicos" y que tienen como objetivo central "recristianizar la sociedad".

I. EL IMAGINARIO CATÓLICO EN LA ÉPOCA

Comprender el imaginario católico en los años cuarenta y su impacto sobre los diversos actores sociales significa dar cuenta del "aire de los tiempos" al cual debe dar respuestas y propuestas.

Los sueños de una sociedad distinta a la vivida hasta ese entonces, ya no se hará solamente en los moldes liberales o socialistas o anarquistas sino que aparecen nuevas ideas –imágenes que dan sentido, pertenencia e identidad a los nuevos actores. El catolicismo, relegado en décadas anteriores a sectores y clases dominantes aparece ahora como uno de esos "nuevos dadores de sentido" y ya no sólo para esos sectores sino para los grupos medios y los trabajadores.

La sociedad argentina, como en épocas anteriores y posteriores se entrega a una nueva invención de sus propias representaciones. Estas representaciones tienen un impacto diferenciado sobre los comportamientos y las mentalidades de los distintos actores y actrices sociales. Como nos recuerda Baczko, "todo poder se rodea de representaciones, símbolos, emblemas, etc., que lo legitiman, lo engrandecen, y que necesita para asegurar su protección".[2] Pero estos imaginarios no actúan sobre "espacios vacíos" sino que lo hacen en pugna con otros sueños, memorias, esperanzas y utopías.

1. La crisis del consenso liberal

Las crisis social, política, cultural, religiosa y económica vividas con la depresión del treinta y el surgimiento de nuevas experiencias políticas tanto a nivel mundial, latinoamericano como local muestran la quiebra del modelo liberal hegemónico. El consenso liberal construido predominantemente desde 1880 y que había suscitado apoyos, sueños, futuros, progresos, lealtades y "sentidos" no sólo en la elite dominante sino a amplios y vastos sectores sociales, comenzaba a hacerse añicos.

Ese largo período, con consensos más amplios y más restringidos según épocas y procesos, con mayor o menor coerción y represión según el tipo de protestas y propuestas (en el que indios, negros y trabajadores, entre otros, fueron las principales víctimas) durante el cual el proyecto liberal había proporcionado un mito unificador y movilizador (no sólo a los nativos sino, y sobre todo, a las grandes masas de inmigrantes), estaba llegando a su fin.

Esta quiebra del modelo liberal arrastra consigo no sólo un tipo de Estado o de proceso económico o de intercambio entre naciones sino el modelo ideológico, cultural y religioso a él asociado. La búsqueda de alternativas a la "democracia liberal burguesa" y a los movimientos sociales, políticos, religiosos y económicos por ella generada estarán en la Argentina, en América latina y en Europa a la orden del día. Se comienza a cuestionar la asociación entre democracia y liberalismo y se crean posibilidades a nuevas articulaciones: se puede ser demócrata sin ser liberal; se puede ser liberal sin ser demócrata. Sólo teniendo como telón de fondo esta profunda crisis de representatividad del imaginario liberal podemos comprender "las nuevas ofertas" simbólicas. El "granero del mundo" encuentra sus límites internos y externos.

2. Revitalización de utopías

El liberalismo no sólo se presenta como proyecto de vida y de concreciones sino también con proyección utópica, es decir mostrando al final del camino –si son seguidos sus postulados– una sociedad feliz e igualitaria. La desilusión con el modelo liberal y el combate de aquellos que se enfrentan al liberalismo, llevará también a construir otras utopías que se enfrenten a la liberal.

Las anticipaciones utópicas antihegemónicas obran como "dadoras de esperanzas" mostrando los "cielos y paraísos" a los cuales se llegará siguiendo tal o cual camino transformador y cuestionador. En tal sentido contribuyen a dar fuerza a aquellos y aquellas que, si bien viven en un presente "duro y de sacrificio" saben que al final ellos o sus descendientes, llegarán a la "tierra prometida". Los "cielos, paraísos e infiernos" presentes en los procesos sociales. Recompensas de la tradición judeo-cristiana ubicados en "el más allá" serán secularizados y tratados de vivir "en el más acá" tanto en movimientos religiosos como sociales. No se acaban las utopías sino que son resignificadas. Los sociólogos del fenómeno religioso han estudiado muy bien esta "inversión simbólica" entre el más allá y el más acá, donde la utilización de uno u otra dependerá de las circunstancias y del movimiento social que la lleve adelante.[3]

Lo importante es analizar que la crisis de la utopía liberal pone en movimiento a otras utopías. Félix Weinberg ha logrado rescatar dos utopías a comienzos del siglo XX en la Argentina,[4] ligadas a experiencias obreras, una anarquista y otra socialista. Ambas imaginan cómo será nuestro país cuando el socialismo y el anarquismo triunfen, proyectando sus concepciones y sueños hacia el futuro. A su vez el autor nos recuerda cómo "tanto en el campo del socialismo como en el del anarquismo se censuraba duramente a quienes se dejaban arrastrar por los caminos de esas elucubraciones intelectuales aparentemente escapistas". Más aún, se critica a aquellos que especulan sobre la futura sociedad socialista o buscan retirarse del mundo para fundar grupos habitados únicamente por elegidos.

Este mismo proceso es también vivido en el catolicismo argentino por grupos que pondrán en marcha sus propias utopías. Frente a lo que se considera la crisis liberal no sólo se reactivan utopías socialistas y anarquistas sino también cristianas y católicas en particular. La "nueva cristiandad" o "la nueva edad media" son propuestas globales de superación del "desorden liberal" mientras que las "comunidades utópicas" son lugares "apartados del mundo donde ya se viven los valores de la tierra prometida".[5]

Desconocer o ignorar estas otras utopías anti o no liberales nos puede impedir analizar las diversas alternativas presentes en la sociedad argentina ante la crisis del consenso liberal.

3. Nuevas relaciones entre religión y política

El imaginario liberal había supuesto con respecto a la religión diversas posibilidades. O suponía su lenta e inexorable desaparición frente al avance de la ciencia, o buscaba confinar lo religioso al ámbito de lo privado y del templo o transformar el peso social de las instituciones cristianas (en especial el de la Iglesia Católica, mayoritaria en el país) en apoyo a las gestiones del Estado a través de la sumisión y apoyo a su gestión o la creación de Iglesias Nacionales.

En este proceso es importante diferenciar –algo que los investigadores apresurados a veces olvidan– las diversas variantes que el liberalismo plantea en este período: desde un liberalismo intransigente a todo fenómeno religioso hasta aquellos que buscan conciliar con lo religioso instituido. Tenemos así posturas arreligiosas, antirreligiosas y religiosas. Se puede ser religioso y anticristiano o cristiano y anticatólico; o católico y anticlerical. Gran parte del anticlericalismo de fin del siglo XIX y del XX fue llevado a cabo por cristianos o católicos "convencidos" de que su cristianismo o catolicismo era "el verdadero" y que la institución eclesial "era intrínsecamente perversa".[6]

Al mismo tiempo, es importante remarcar que religión y política, tanto en la Argentina como en el resto de las sociedades, han estado íntimamente relacionados. La manera, la forma y el sentido de esa relación es la que ha cambiado. El investigador debe ser capaz de dar cuenta de esas transformaciones donde tanto lo religioso como lo político, los actores religiosos como políticos van cambiando e interactuando continuamente. Por eso debemos estar atentos cuando algunos estudiosos analizan esta relación como "anormalidad", "desviación" o "presencia corporativa". Parten de un supuesto teórico que "lo religioso" debe ocupar el espacio de lo privado o cultural y que su actual presencia es "reminiscencia" de poderes pasados dado que vivimos en una sociedad "científica y secularizada" alejada de lo "mágico y atrasado". Suponen que lo político no debe ligarse a lo religioso. ¿Postura de investigador, de ideólogo o de miembro de la Iglesia?[7]

Además, en el caso argentino (que no se reduce a un grupo de la ciudad de Buenos Aires), dados los años de dictaduras, proscripciones y dificultades de los partidos políticos como la cultura predominante a partir de los años treinta, una parte significativa de hombres y mujeres que actúan en los ámbitos públicos (estatales y partidarios) han sido socializados en ambientes católicos. En los círculos de sociabilidad y más particularmente en esos laboratorios de ideas que son las asociaciones, los círculos, los movimientos, los colegios, las órdenes religiosas, las redes de revistas, etcétera, ligados al amplio y heterogéneo "mundo católico" se crean, renuevan y promueven paradigmas de acción pública, especialmente a nivel social y político. Esto también supone otra concepción sobre el Estado y su funcionamiento.[8]

4. El surgimiento y la consolidación del Estado Benefactor

Se trata de analizar las características de los distintos tipos de Estado en su desarrollo histórico y ver allí las diversas concepciones –enfrentadas o no– que se dieron sobre la concepción del fenómeno religioso y su presencia en la sociedad. Esto supone además visualizar el Estado como un actor importante, con características propias que influyen en los procesos a través de sus políticas y de sus relaciones con los diferentes grupos sociales. Esto contrasta con la "aplicación de abstracciones conceptuales analíticas características de ciertas <teorías> estructural funcionalistas o neomarxistas".[9]

Estado que al dejar atrás su modelo de democracia restringida, debe ampliar la ciudadanía a otros actores sociales y con otros contenidos. Para ello necesitará nuevas legitimidades y fuerzas e instituciones que lo acompañen. La institución católica y su doctrina social.

El nuevo tipo de Estado llamado "de Bienestar" por los científicos sociales, busca ahora sumar actores relevantes a su accionar. Aquí el catolicismo aparece como un dador de identidad nacional y cultural que legitima esta nueva dominación y permite tomar distancia de la alianza liberal-agrícola-ganadera precedente. Se busca que la institución católica y los símbolos se sumen a la nueva hegemonía. El crecimiento del Estado nación va acompañado del crecimiento de la institución eclesial, donde los espacios específicos de ambos se van construyendo conflictivamente, dado que el viejo paradigma que diferenciaba público y privado, por un lado, y el de no intervención estatal, por otro (característicos del orden liberal), ha dejado de ser creíble y operativo.

Un autor, analizando otro país de América latina –y esto nos muestra cómo los procesos tienen también dimensiones más amplias– muestra que, a fin de reemplazar la hegemonía liberal es necesaria una "simbiosis" entre la Iglesia y el Estado Benefactor. La simbiosis, para el autor, tiene dos vías:

> Lo que la Iglesia aporta al Estado y lo que éste proporciona a aquella. En el primer carril, tenemos el apoyo a las propuestas reformistas como las únicas legítimas en la óptica cristiana [...] En el segundo carril encontramos las partidas específicas del presupuesto [...] y la habitual participación de las autoridades de la iglesia en los actos de culto civil. La hipótesis indica también que el Estado concederá a la Iglesia diversas facilidades para que desarrolle su labor pastoral, a condición de que consolide la mentalidad de los sectores medios y evite la confrontación entre las clases sociales.[10]

Este enfrentamiento al viejo orden liberal supone una ampliación de la ciudadanía a otros sectores sociales y crear una mayor legitimidad al desarrollo del propio Estado. En este modelo de Estado se trata no de rechazar el catolicismo sino de incorporarlo a las gestiones reformadoras del Estado. Esto produce una nueva situación debido a que la jerarquía eclesial no se apoya en organismos propios para conseguir una presencia social, sino que de hecho ha delegado esa función en el Estado. Por otro lado, el Estado y la Iglesia Católica pasan a formar parte de los grandes dadores de sentido.

Al mismo tiempo que las relaciones entre el Estado Benefactor y la institución eclesial crecen y se expanden, la posibilidad para una pluralidad religiosa amplia, disminuye. Ahora es el catolicismo quien –desde posiciones de poder– combate las nuevas expresiones religiosas institucionalizadas, especialmente norteamericanas, que luego del fin de la guerra en 1945, se expanden por Amé-

rica latina y el Caribe. Busca que sean toleradas las ligadas a grupos y comunidades inmigrantes siempre y cuando acepten su hegemonía en el campo religioso y cultural. El hispanismo, su lucha contra el modelo "wasp-white anglo-
sajón protestante", la amenaza comunista y la valorización de lo nacional
entendido ahora como continuidad de la larga tradición en el continente de presencia católica y española, son los elementos centrales. El protestantismo es
descalificado en términos de no representar la identidad nacional.

II. TIPO DE CATOLICISMO HEGEMÓNICO A PARTIR DE LA DÉCADA DE 1930

En otros estudios hemos mostrado cómo lentamente se va haciendo hegemónico desde mediados de los veinte años un tipo de catolicismo al que hemos
llamado "integral", "catolicismo en toda la vida", donde lo religioso no se
comprende alejado de lo social y la fidelidad al Papado en Roma y a los objetivos estratégicos de la institución guían el accionar cotidiano.[11]

Si bien se está construyendo desde años atrás, a partir de la década de 1930
se consolida el modelo llamado –por los propios autores eclesiásticos– de "Argentina católica".[12] De un catolicismo a la defensiva, se pasa a otro a la ofensiva; de un catolicismo de posición a otro de movimiento; de un catolicismo de
conciliación se pasa a otro de penetración, donde el clero y los notables católicos comienzan a tener relaciones privilegiadas con el Estado y sus principales
instituciones (entre ellas las Fuerzas Armadas).[13]

A partir de la crisis del consenso liberal de esta época, el catolicismo dominante busca ser dador de identidad nacional y presentarse como factor de integración a fin de crear una nueva hegemonía enfrentada a la hasta ayer dominante. Este proceso fue llevado adelante con fuertes resabios autoritarios dado
su enfrentamiento a la matriz liberal como a la "amenaza socialo-comunista" y
a su concepción del orden, del control social y de las jerarquías. Fue llevado a
cabo también con una fuerte insistencia en la justicia y la armonía social, el
bien común, la igualdad y la sospecha a la vida democrática.

El catolicismo puede jugar así como nacionalismo de sustitución[14] produciéndose una lenta pero tenaz catolización de la sociedad y el Estado en la Argentina. La presencia, de impacto y de reconocimiento del catolicismo dejan
de ser secundarios para convertirse en uno de los principales elementos de
identidad cultural y simbólica de amplios sectores sociales, especialmente los
populares.

En un lento pero abarcador proceso el movimiento católico y la institución
eclesial buscan que "identidad nacional" sea comprendida como igual a "identidad católica" y viceversa. Al mismo tiempo que la sociedad se catoliza,
vastos sectores institucionalizados del catolicismo se militarizan y estatizan.
Las Fuerzas Armadas y policiales, los agentes estatales (se destaca la Justicia,

la Educación, Relaciones Exteriores) y la mayoría de los partidos políticos parlamentarios hacen suya también la defensa de la "sociedad católica", produciéndose una simbiosis que ha perdurado –con matices– hasta la fecha.

Desconocer esta matriz ha llevado a tantos investigadores a ignorar a un actor tan importante como el movimiento católico y a esta identidad católica difusa que impregna la sociedad. Esto ha llevado a ver la "historia como complot" (sólo aparece lo eclesial en algún momento de conflicto sin explicarse la génesis de esa posibilidad) o utilizar esquemas binarios (liberales o socialistas "progresistas" frente a católicos "tradicionalistas" o "conservadores") o a reproducir el esquema de análisis histórico elaborado por la propia institución eclesial confundiendo así "catolicismo" o "religioso " con la propuesta hegemónica de alguno de los grupos internos eclesiales.

III. LOS CATOLICISMOS EN LOS ORÍGENES DE LA EXPERIENCIA PERONISTA

Siguiendo entonces con nuestro esquema de análisis y comprensión de los fenómenos sociales y en especial del religioso, vemos cómo "el catolicismo" presenta diversas facetas en 1946. Algunas son frutos de su devenir histórico; otras se desarrollaron con mayor fuerza desde el golpe cívico-militar-religioso de 1943; otras nacen y se reproducen en la interacción con los nuevos actores sociales y políticos de la época.

Debemos recordar, por otro lado, que la institución trata de mostrar, especialmente en su cuerpo de especialistas, una imagen de homogeneidad. Como nos recuerda Pierre Bourdieu, debemos analizar el conflicto religioso dentro de un "campo con ofertas y demandas varias", donde los actores tratan de "monopolizarlo" y poseer así "el poder de nominación legítimo", diciendo "esto es verdadera religión", "esto es verdadero catolicismo".[15]

Por otro lado, los obispos –especialmente en esta época– raramente expresaban en público sus diferencias. Su homogeneidad no es unanimidad debiéndose buscar las divergencias en otros actores, como sacerdotes, religiosas, órdenes, congregaciones y movimientos cristianos. Se autocomprenden como los "sostenedores y custodios de la unidad". Tratan de atenuar conflictos y las decisiones que toman buscan recoger la mayor cantidad de adhesiones a partir de grandes orientaciones.

Además, como ya hemos observado, tratándose de un catolicismo "integral" su presencia no se reducía al ámbito de la sacristía sino que buscaba penetrar a otros actores (militar, obrero, partidario, estatal) y en otras dimensiones: lo cultural, lo político, lo social, lo simbólico.

Los miembros de este movimiento católico ya no provenían, como en las primeras décadas del siglo XX, de "familias de notables" sino que habían sido formados en la propia institución y en sus movimientos. Son ahora "militantes" que han hecho una carrera y una experiencia de socialización dentro de la Iglesia Católica. Se destaca la Acción Católica en sus diversas ramas y expresiones, donde a la inicial división de 1931 por edad y sexo (adultos y jóvenes, hombres y mujeres) se le suma la de los "ambientes sociales" (obreros, estudiantes, agricultores).

Como hemos analizado a partir de numerosas entrevistas y documentos, el espíritu de estos hombres y mujeres es de entrega, fervor, cruzada, compromiso social, restauración... El antiliberalismo y el antisocialismo están a flor de piel... Más aún, varios de ellos sienten admiración y a veces fascinación por "los que se juegan, los que luchan, los que la pelean" dentro del campo socialista y comunista en nombre de "ideales de solidaridad". Los consideran "equivocados" pero los prefieren a los "pitucos liberales", "a los individualistas burgueses" lectores de *La Prensa*...

Las movilizaciones obreras de 1945 y las elecciones de febrero de 1946 en la Argentina son nuevamente fuente de conflictos como ayer lo fueron la guerra en España y la guerra mundial. No se trata ya de hechos externos sino de vivencias cotidianas. Si no se puede ser católico y liberal, ¿es posible ser católico y nacionalista? ¿Es lo mismo ser católico nacionalista que nacionalista católico? ¿Es posible ser católico y antinacionalista? ¿Se puede ser católico y apoyar opciones políticas liberales y socialistas? ¿Se puede ser parte del movimiento católico y tener adhesiones públicas individuales contrarias a las del movimiento?

Una constatación ya hecha en otros artículos pero que me parece importante reiterar. No debemos confundir a los católicos nacionalistas con los nacionalistas católicos. Los primeros son una de las partes del catolicismo integral y del movimiento católico. Son primero católicos y luego nacionalistas. Son seguidores del Papa, de la institución y del conjunto de los principios de la doctrina social de la Iglesia. Son "catholique d'abord".[16] Es decir, priorizan su adhesión católica a sus opciones partidarias. Los segundos son nacionalistas integrales y adhieren a ciertas cuestiones morales y principistas de la doctrina católica. Han socializado sus principios políticos y sociales en otras tradiciones, sean maurrasianas, fascistas, nazistas, monárquicas o hispanistas. Son "politique d'abord". Es decir, priorizan sus adhesiones políticas a su pertenencia al movimiento católico.

Es indudable que las conexiones, ligazones, mutaciones y combinaciones varias son posibles. Especialmente cuando se trata de denigrar, estigmatizar y caricaturizar al "enemigo liberal" y/o al "comunismo intrínsecamente perverso". Pero en situaciones clave o conflictivas afloran las tradiciones y fidelidades construidas en el tiempo.

1. Católicos en el campo político partidario

La polarización entre la Unión Democrática y el Partido Laborista también dividió el campo católico. El catolicismo de acción, característica central del catolicismo integral, toma caminos varios en 1945-1946.

Aquellos que se consideraban a sí mismos como "católicos liberales y católicos sociales" se agrupan en grupos ligados a la experiencia de la Democracia Cristiana (son llamados Unión Demócrata Cristiana en Córdoba; Acción Social Democrática en Rosario; Fraternidad, Esquiu, Estrada y Movimiento Social Democrático en Buenos Aires. La proclama de diciembre de 1945, titulada "Declaración por la Justicia social", de Augusto Durelli, resume estas posiciones. Se reclaman del "humanismo integral" ligados al filósofo católico francés Jacques Maritain.

En una carta, llaman a votar por la Unión Democrática:

> No obstante esta inclusión (la de la enseñanza laica en la plataforma de la UD) nos consideramos en el deber de votar como lo haremos. Peor que una equivocada solución a cuestión determinada es la perversidad integral del sistema. Y el sistema que propicia el coronel Perón es el totalitarismo.

Y agrega:

> A través de él […] se ha encendido la lucha de clases […]. De nada vale invocar a Dios y a las encíclicas pontificias, si con ello se pretende instrumentar las conciencias y la Iglesia al servicio del Estado, como por otra parte, lo han procurado todos los despotismos.[17]

Sin embargo, no debemos confundir a estos "humanistas integrales" con su utopía de "nueva cristiandad" (que se enfrentaban al "liberalismo burgués, al comunismo y al estatismo totalitario" como proclamaba Maritain) surgidos del catolicismo integral de otros católicos defensores del capitalismo liberal. La revista *Orden Cristiano*, que como su nombre lo indica hace referencia a la necesidad de "ordenar la sociedad" frente al desorden provocado por el "totalitarismo comunista y fascista" a partir de los principios cristianos, es también otro de los voceros antiperonistas.[18] Sin embargo la postura de su autor de defender el capitalismo liberal hará que los demócratas cristianos tomen distancia de su prédica. Dirá su director

> el capitalismo liberal, cambiará tal vez de nombre, pero la división del trabajo, el mercado libre y abierto, la libre empresa y la ganancia, sus postulados básicos no serán jamás sustituidos, si no se quiere ahogar nuestra civilización y llevarla a la miseria, a la guerra y al caos.[19]

Como nos recuerda uno de los historiadores de los demócratas cristianos en la Argentina, si bien caminaron juntos durante el gobierno peronista, luego este grupo se separa

> formando la mayoría en los 60 la agrupación "Unión Cristiana Democrática" que apoyó decididamente a partir de 1976, el llamado "Proceso de Reorganización Nacional" y en particular la gestión del ministro José Martínez de Hoz.[20]

Otros católicos, también provenientes del catolicismo integral, se suman y apoyan al coronel Perón.

Recordemos que éste comienza a hablar en sus discursos de que se inspira "en la doctrina social de la Iglesia" y que su propuesta es "humanista y cristiana". Además, el laborismo proclama la candidatura de Perón-Quijano en el santuario de la Virgen de Luján. Los símbolos están cambiando vertiginosamente. Es ahora la Virgen de Luján quien "protege y apoya" al candidato laborista. La oposición "denuncia" esta maniobra al mismo tiempo que afirma su laicidad en los símbolos y en la propuesta educativa. Un nuevo universo simbólico se está gestando donde lo religioso católico adquiere un lugar central como legitimador, dador de identidad y factor de unidad espiritual. El tema de debate público ya no es si debe o no haber presencia sagrada junto al poder sino que lo sagrado se simboliza ahora en lo católico. Se disputa cuál catolicismo dará sentido y quién lo controla.

El diario católico *El Pueblo* con el titular de "Proclamóse la candidatura laborista en Luján" así lo relataba:

> A través de su discurso el candidato laborista expresó, entre otras afirmaciones, que la enseñanza religiosa inspiraba el verdadero sentimiento patriótico. Finalizado el acto el coronel (R) Perón y sus acompañantes se trasladaron a la basílica, orando al pie de la imagen de la Virgen de Luján.[21]

Ese mismo día aparece en el diario la noticia que "la Unión Popular Cristiana aconseja a sus afiliados a votar la fórmula Perón-Quijano".[22] Recordemos que en la Capital Federal hay una lista de legisladores que apoyan la fórmula Perón-Quijano con boleta propia a nombre de la Alianza Libertadora Nacionalista. Sus principales candidatos son, entre otros, Juan Queraltó, el sacerdote Leonardo Castellani, Carlos Ibarguren (interventor de la provincia de Córdoba durante el gobierno militar de Uriburu en la década de 1930) y un antiguo dirigente de la rama juvenil de la Acción Católica,[23] Basilio Serrano (funcionario de la intervención de Corrientes durante el gobierno militar surgido en 1943).

Otro grupo de católicos formados en la Acción Católica y en otros movimientos similares, se incorporarán directamente a la experiencia partidaria y estatal llevada adelante por el justicialismo. Su ser religioso significa presencia social y política en movimientos que no atenten contra sus creencias e identidad católica. A diferencia de los demócratas cristianos, no se incorporan a experiencias "cristianas" sino que se suman a aquellas de "inspiración cristiana". Para ellos, el justicialismo, será también una manera de llevar adelante sus concepciones religiosas. Antonio Cafiero, Emilio Mignone, A. Juárez, entre otros, representan esta corriente.

2. Católicos en relación con grupos militares y estatales

Otro grupo de católicos integrales apoyan el surgimiento del peronismo, sobre todo por lo que significa de orden, autoridad, jefe militar, preservación de la identidad argentina frente a lo extranjero considerado como judío, yanky, protestante... Numerosos capellanes militares ven surgir la Nueva Argentina anunciada años atrás por el católico Alejandro Bunge:[24] "Cruces y espadas, sotanas y banderas, flameando a los vientos de la gloria, nos lanzamos una vez más a la batalla".[25]

Pero no es en los capellanes militares donde debemos buscar una mentalidad católica con fuertes tintes integralistas jerárquicos. Es importante destacar la figura del sacerdote Julio Meinvielle quien desde la década de 1930 hasta la de 1960 representará una mentalidad católica muy cercana a grupos políticos y militares, sin que ello haya significado participación directa en la administración del Estado.

Si bien mantiene excelentes relaciones con grupos nacionalistas y anticomunistas, su principal (y en última instancia) adhesión es a la institución eclesial. Por ello también, continuamente estará denunciando a "los infiltrados progresistas en el catolicismo". Para él existe una concepción católica jerárquica de la economía, de la política, de la sociedad que deben ser mantenidas por el Estado. Una definición precisa de su pensamiento en un libro editado y reeditado varias veces:

> Artificialismo, liberalismo, individualismo en Rousseau; fisicismo, estatismo en la Action Francaise. Uno y otro, igual que el autonomismo kantiano, implican la adoración del hombre, con la exigua diferencia de que, si en una son aduladas sus tendencias individuales, en la otra se exaltan sus tendencias sociales [...]. Por esto, *sólo el catolicismo* que establece eficazmente la trascendencia de Dios sobre lo creado y la absoluta dependencia del hombre con respecto a su Creador, puede salvarnos del absurdo de estas concepciones.[26]

Años más tarde, al denunciar a aquellos que buscan cambiar el catolicismo lo hace reafirmando "la inmutabilidad de la regla de conducta que comporta la doctrina de la Iglesia [...] la consigna sagrada e inviolable de la Iglesia es conservar con fidelidad el depósito que le ha sido confiado". Acusa a Maritain y a sus seguidores en la Democracia Cristiana de invitar a la Iglesia a plegarse a la causa de la Revolución, que es el Progreso de la Humanidad [...]. Implícitamente subordina la Iglesia a la humanidad [...]. Maritain con su Nueva Cristiandad renueva la tentativa de conciliación de la Revolución con la Iglesia como en tiempos de Pío IX hacía lo mismo el liberalismo católico. El mundo moderno debe ser tachado de malo por la esencia perversa que lo constituía.[27]

Estas posturas y enfrentamientos en el campo católico, hará que unos acusen a otros de "progresistas" y éstos a los primeros, de "integristas". Esto sin embargo, no nos debe hacer olvidar la matriz común que ha gestado estas diversas maneras de ser católicos.

3. Católicos seducidos por la composición social y cultural popular

Otro grupo presente en los orígenes de la experiencia peronista es aquel que visualiza al nuevo movimiento que surge en octubre de 1945 como una experiencia popular (en el sentido amplio del término), de trabajadores que buscan la armonía social sin ligazón con la "violencia anterior de las organizaciones sindicales", ligado a una "cultura argentina" y donde las posibilidades de "cristianizarlo" son amplias.

Gente que surge de la matriz antiliberal y anticomunista, como los escritores Juan Carrizo, Manuel Gálvez, Leopoldo Marechal, Gustavo Martínez Zuviría y Ernesto Palacio, juristas como Tomás Casares, constitucionalistas como Arturo Sampay, abogados como Nimio de Anquin, etcétera. Son algunos ejemplos de figuras que se suman a la naciente experiencia peronista desde sus particulares concepciones y expectativas de lo nuevo que surge y que con el devenir del tiempo irán también tomando diversos caminos.

El artículo de Delfina Bunge de Galvez en el diario *El Pueblo*, comentando las jornadas del 17 de octubre es un ejemplo de esta mentalidad.

"Una emoción nueva en Buenos Aires" se titula el único aporte que aparece en un diario nacional a favor de la manifestación obrera. Allí se hace referencia a esa "muchedumbre de trabajadores reunidos en actitud de paz y con fines pacíficos [...]. Esas turbas parecían cristianas sin saberlo. Y sabiéndolo, eran argentinas [...]. Sí, Jesús debió efectuar su milagro (de la multiplicación de los panes) en favor de turbas semejantes a éstas, de 'desarrapados' [...] [y de paso: es incomprensible este reproche que se les aplica: si son "desarrapados", culpa será de los exiguos sueldos que no les dan para más]. A nosotros nos toca no defraudar a un pueblo pacífico en sus esperanzas de buena acogida y de un mínimo siquiera de justicia social.[28]

Una figura a destacar es la del sacerdote Hernán Benítez, dado que llevará activamente su adhesión al nuevo movimiento, ocupando un lugar privilegiado junto a Eva Duarte tanto en su vida personal como en sus actividades sociales.

Sacerdote jesuita de prestigio y reconocimiento institucional (predicaba las homilías de Semana Santa en la Catedral Metropolitana de Buenos Aires en la década de 1940), cuando el laborismo gana las elecciones en febrero de 1946, será quien realice los primeros comentarios políticos en la revista *Criterio*, dado que su director, el sacerdote Gustavo Franceschi, se abstiene de analizar.

Director de la *Revista de la Universidad de Buenos Aires* desde 1948 a 1955, expresa allí y en otros artículos sus reflexiones y comentarios sobre el rol del catolicismo, la Iglesia, el justicialismo. Su postura fue la de ligar la suerte de la clase obrera a la de la institución eclesial, de rechazar el paternalismo y asistencialismo católicos, de combatir el capitalismo liberal a partir de la doctrina católica y el movimiento justicialista. Así como sus amigos eran los sacerdotes Leonardo Castellani, Juan Sepich, Wilkinson, se sentía "enemigo irreconciliable" de Manuel Ordoñez y su grupo demócrata cristiano. Afirma que "los grandes movimientos espirituales deben cabalgar sobre las grandes empresas materiales".[29]

Un libro resume sus posturas. Objeta el capitalismo, critica a las clases dirigentes argentinas, se asume que la Iglesia Católica debe trabajar no para sino con el pueblo, se identifica como justicialista y lo dedica "a mis amigos los obreros de mi barrio 'Presidente Perón'",del "17 de octubre", de "Los Perales", de "Villa Cartón" y bastiones obreros del Gran Buenos Aires".[30]

4. Católicos que acompañan en la vida cotidiana

Y por último, es importante destacar la red católica de sacerdotes, religiosas, religiosos, notables católicos, militantes de Acción Católica que de una u otra manera, participaron con su presencia, su palabra y sus gestos en dar legitimidad, legalidad y consenso a la "subversión" de los reclamos de los trabajadores que no estaban asociados a socialistas o comunistas.

Quizás el ejemplo más nítido –aunque no el único– haya sido la experiencia de Cipriano Reyes en el sindicato de la carne en Berisso. En su enfrentamiento con la conducción comunista del sindicato y en su necesidad de mayor reconocimiento e impacto no dudó en pedir colaboración a diversos sacerdotes de La Plata cercanos a las experiencias populares. En su libro sobre la experiencia del 17 de octubre no sólo rescata a un Jesús, "primer anarquista [...] que un día salió al encuentro de los menesterosos y con ellos organizó su apostolado de lucha emancipadora" sino que muestra la relación directa con sacerdotes para llevar adelante sus huelgas y sus triunfos.

El padre González, secretario del obispo de La Plata en 1944 y 1945, y presidente del Sindicato de Obreros Católicos de la construcción de la misma ciudad, es quien participa de las asambleas de los obreros de la carne, los acompaña ante el Jefe de Policía, primero, y luego ante el Interventor militar, legitimando así un liderazgo obrero no comunista.

El Padre González se asombraba al escuchar algunos aspectos de la explotación humana, del tratado y de la subestimación de los trabajadores de los frigoríficos [...]. La presencia del P. González [junto a las autoridades] representaba una garantía sobre nuestra verdad [...].

Cuando el General Interventor les dice que la huelga está dirigida por comunistas, él le puede responder junto al sacerdote: "¡Eso no es cierto, general! Los obreros de Berisso no estamos en huelga por ideas extrañas a nuestros sentimientos de argentinos sino por hambre [...]".[31]

CONCLUSIONES

Esta breve reseña nos permite llegar a algunas conclusiones.

1. Debemos reconocer el catolicismo en general y el catolicismo integral, en particular una presencia social, política, simbólica y religiosa diferenciada a lo largo de los años. La llegada del peronismo permitirá relacionar un imaginario católico antiliberal y antisocialista a una experiencia social de fuerte contenido obrero y popular. Esto sólo fue posible dada la crisis del consenso liberal y a la necesidad de nuevas legitimidades. Imaginario católico antiliberal disponible tanto para experiencias ligadas a grupos militares, movimientos nacionales o grupos antiyanky.

2. El catolicismo no sólo aporta cuadros y militantes a los orígenes del peronismo sino, fundamentalmente, una cultura católica de fuerte presencia nacional que logra integrar a una nueva hegemonía a sectores sociales hasta ayer excluidos de los derechos de ciudadanía y reconocimiento social. La "burla o afrenta a los símbolos de autoridad" que realizan los trabajadores libremente y "que en ocasiones no tiene otro objetivo que desafiar la seguridad hegemónica, despojar al poder de su mistificación simbólica o incluso meramente vilipendiarlo"[32] a diferencia de décadas anteriores no se realizan ahora contra figuras o edificios católicos como había ocurrido en 1875, 1905 o 1919. La catolicidad difusa es parte de esa nueva cultura naciente de los trabajadores.

3. La diversidad en el catolicismo nos exige rigor metodológico y teórico para analizar procesos en el largo plazo, entender lógicas y matrices en sus continuidades y rupturas, relaciones en el campo religioso como con el resto de la sociedad en continuo conflicto y transformación. Las "afinidades electivas" de los actores no nos deben impedir ver sus identidades y objetivos de largo plazo. Esto evita el etiquetamiento que responde más a la ideología o concepción previa del analista que a la investigación científica.

4. El conflicto del catolicismo integral con la modernidad no es circunstancial o pasajero sino que responde a una matriz forjada en el siglo pasado y que bajo diversas posturas, nombres y movimientos expresa un "desencantamiento

del mundo burgués" y una búsqueda de superación sea en una vuelta al pasado, en una restauración, en alianzas con actores sociales que hagan de su combate uno de sus objetivos, en proponer su superación sin aceptar sus conclusiones. No modernos, premodernos, antimodernos y hoy posmodernos son propuestas a las cuales este catolicismo de acción acude en su intento de "deslegitimatizar el mundo moderno" como ya lo reclamaba Pío IX con su *Syllabus* en 1864. No es el único catolicismo pero es el que ha hegemonizado el espacio católico desde el proceso de "romanización" en el siglo XIX hasta el período que hemos analizado. Frente al mito del apoliticismo de la Iglesia Católica, recordemos que "la fuga del mundo", tema espiritual clásico, jamás ha sido ni es una máxima romana.

NOTAS

1. Son numerosos los estudios que están renovando nuestra concepción de los procesos sociales. Quiero destacar los más significativos sobre el período estudiado:

Daniel James: "17-18 de octubre de 1945: el peronismo, la protesta de masas y la clase obrera argentina" en *Desarrollo económico*, Buenos Aires, N° 107, 1987.

Mariano Plotkin: *Mañana es San Perón*, Buenos Aires, Ariel, 1993. Véase una crítica a esta obra en María C. Cangiano: "Mañana es San Perón... ¿Trabaja el patrón?", en *Desarrollo Económico*, N° 141, Buenos Aires, 1996.

Lila Caimari: *Perón y la Iglesia Católica*, Buenos Aires, Ariel, 1995.

2. Bronislaw Baczko: *Los imaginarios sociales*, Buenos Aires, Nueva Visión, 1991.

3. H. Desroche: *Socialismes et sociologie religieuse*, París, Cujas, 1965.

M. Hill: *Sociología de la religión*, Madrid, Cristiandad, 1976.

4. F. Weinberg: *Dos utopías argentinas de principios de siglo*, Buenos Aires, Solar, 1976.

5. Numerosas comunidades cristianas de órdenes y congregaciones religiosas católicas como de otros grupos evangélicos crecen y se desarrollan a fines del siglo XIX y principios del XX en la Argentina. En 1889, por ejemplo, "cuando la miseria se cernía sobre la masa obrera [...] dos ilustres damas [...] inauguran las Señoras de la Sociedad de San Vicente de Paul que crean luego la Colonia Obrera de Nueva Pompeya". Véase Julián Alameda, *Argentina Católica*, Buenos Aires, Padres Benedictinos, 1935.

6. R. Remond: *L'anticlericalisme en France de 1815 a nos jours*, París, 1976.

7. Uno, entre tantos ejemplos. Cuando el presidente, general Justo, consagra el país en 1934 al Sacratísimo Corazón de Jesús, un investigador se pregunta: "La oración del presidente: acto político o religioso?", en A. Ciria, *Partidos y poder en la Argentina moderna (1930-1946)*, Buenos Aires, De la Flor, 3ª ed., 1975.

8. Sobre nuevas maneras de analizar el Estado, resumiendo diversas posiciones: Francois Xavier Merrien: "Etat et politiques sociales. Contribution a une theorie neo-institutionnaliste", en *Sociologie du Travail*, N° 3, París, 1990.

9. Skocpol, Theda: "El Estado regresa al primer plano", Carrera de Sociología, Cuaderno N° 5, 1993.

10. Manuel Picado: *La Iglesia costarricense entre Dios y el César*, San José, Dei, 1988.

11. Fortunato Mallimaci: *Catolicismo integral en la Argentina 1930-1946*, Buenos Aires, Biblos, 1988. Ibíd., *Del liberalismo integral a la hegemonía militar*, Buenos Aires, Cehila; *La iglesia en el cono sur*, Salamanca, Sígueme, 1994. Ibíd., "La iglesia en los regímenes populistas en América Latina (1930-1959)", en E. Dussel (comp.), *Resistencia y esperanza*, San José, DEI, 1995.

12. La primera mención que he encontrado con este nombre en un libro editado y difundido en los ambientes católicos es: Julián Alameda: *Argentina católica*, Buenos Aires, Padres Benedictinos, 1935. El autor es un sacerdote salesiano que en sus 1.031 páginas muestra cómo la Argentina se ha transformado en un país católico. Describe, por ejemplo, la influencia de las 113 parroquias de la ciudad de Buenos Aires en la época.

13. Un estudio del proceso de largo plazo de militarización del catolicismo y de catolización de las Fuerzas Armadas puede verse en Fortunato Mallimaci: "Catolicismo y militarismo en la Argentina (1930-1983). De la Argentina liberal a la Argentina Católica", en R*evista de Ciencias sociales*, Universidad Nacional de Quilmes, N° 4, agosto de 1996.

14. Frente a otras ofertas de nacionalismo, el catolicismo logra rehacer una historia (los historiadores revisionistas son el mejor ejemplo) que lo presenta junto con las "auténticas FF.AA. en los orígenes de la nacionalidad y luchando contra la injerencia extranjera (inglesa y norteamericana)" y el liberalismo "vendedor de la Patria". Una importante lectura de esta historiografía y del debate sobre el revisionismo puede verse en Diana Quattrocchi-Woisson: *Los males de la memoria*, Buenos Aires, Emecé, 1995.

15. Pierre Bourdieu: "Genese et structure du champ religiuese", en *Revue Française de sociologie*, XII, 1971.

16. El sociólogo francés Emile Poulat es quien más y mejor ha analizado este tipo de catolicismo en el largo plazo. Sus principales obras: *Integrisme et catholicisme integral*, París, Casterman, 1969; *Eglise contre bourgeoisie*, París, Casterman, 1977; *L'eglise c'est un monde*, París, Cerf, 1986.

17. Carta publicada en *La Nación* y *La Prensa* el 23 de enero de 1946, con la firma de 565 católicos.

18. La revista *Orden Cristiano* fue editada por Alberto Duhau desde 1941 a 1948.

19. A. Duhau: "La Iglesia, la justicia social y la riqueza", en *Orden Cristiano*, N° 141, 1947. Otros autores de la misma revista planteaban la disyuntiva entre "capitalismo o caos totalitario".

20. Ricardo Parera: *Los demócratas cristianos argentinos*, Buenos Aires, Buschi, 1986, vol. I y II.

21. *El Pueblo*, 21 de enero de 1946.

22. Proclaman la fórmula el profesor M. Domínguez Blanco, el contralmirante Tesaire y el presidente de la UPC, el Dr. Carmelo Latrónico.

23. Lista de la Alianza Libertadora Nacionalista en *La Prensa*, 5 de febrero de 1946.

24. Alejandro Bunge: *Una nueva Argentina*, Buenos Aires, Hispamérica, 1987, 1ª ed. 1940.

25. Capellán militar Marcelino Betoño, 25 de julio de 1944 en Buenos Aires, *Anuario de Vicaría Militar*, 1945.

26. Julio Meinvielle: *Concepción Católica de la Política*, edición corregida y aumentada, Buenos Aires, Curso Cultura Católica, 1941.

27. Julio Meinvielle: *De Lammenais a Maritain*, Buenos Aires, Nuestro Tiempo, 1945.

28. Delfina Bunge de Gálvez: "Una emoción nueva en Buenos Aires", diario *El Pueblo*, jueves 25 de octubre de 1945.

29. Entrevistas al Padre Hernan Benítez, 1985. Forman parte de "Historia Oral del catolicismo argentino", Forni-Mallimaci, mimeo. Más detalles sobre esta época a partir de estas experiencias en Floreal Forni, *Catolicismo y Peronismo*, Buenos Aires, Unidos, N° 14,17 y 18, 1987-1988.

30. Hernán Benítez: *La aristocracia frente a la revolución*, Buenos Aires, 1953.

31. Cipriano Reyes: *Yo hice el 17 de octubre. Memorias*, Buenos Aires, GS Editorial, 1973.

32. E. P. Thompson: 18th. Century English Society: Class Struggle Without Class en Social History, mayo de 1978, citado por Daniel James, *Peronismo...*, *op. cit.*

*meaning 'anti - liberal'

Impreso en mayo de 2001 en Talleres Gráficos Leograf SRL,
Rucci 408, Valentín Alsina, Argentina